JN066239

渡辺弥生・小泉令三 編著

ソーシャル・エモーショナル・ラーニング（SEL）

非認知能力を育てる教育フレームワーク

SOCIAL AND EMOTIONAL LEARNING

福村出版

はじめに

●渡辺弥生

この本は、「ソーシャル・エモーショナル・ラーニング」（Social and Emotional Learning: SEL）について書かれています。この言葉には、今まで、「社会性と感情の学習」、「社会性と情動の学習」、「社会的情動的学習」など様々な訳があり、定訳がありませんでした。ただし、重視されていることは、対人関係のスキルや思いやりといった社会性や、一般的に用いられる“気持ち”のコントロールなどを含めた感情や情動についての力を育むことの重要性についてです。

はからずも、こうした流れは知識・記憶・分析といった「認知」的な側面だけではなく「非認知能力」の側面を育てることが人格形成に必要だという国際的に掲げられる教育目標と合流し始めています。言葉の定義や何を指しているかはこの本に詳述されていますが、本書では、この捉え方が正しいというよりはむしろ、現在までの教育を一度立ち止まって捉え直し、新しい流れについて考えていくことに意義を感じています。

私は、大学院時代から思いやりの発達について研究し、思いやりを育てるプログラム（Voices of Love and Freedom: VLF）に魅了され、提唱者だったハーバード大学大学院教育学研究科のセルマン先生のところで客員研究員としてそのプログラムの実践を経験しました。アメリカから戻ってきた私は、幼稚園や小学校でこのプログラムを実践することになりました。人権教育にも関わることになり、自身を理解する上で自分とは異なる他者の理解が必要であり、相手の立場や視点にどれくらい立てるかという「役割取得能力（Role-Taking Ability)」を育てることに着目しました。エビデンスを基に実践することの難しさを肌で感じました。

その後私は、教育現場で、いじめ、不登校、非行など多くの問題を目の前にして個別に介入していくことよりも、むしろ、こうした子どもたちにいつ降りかかるかわからない個々の危機を大きく学校危機と捉えてその「予防」をしていきたいと考えるようになりました。カリフォルニア大学のサンタバーバラ校で、危機予防プログラム（Power of Play）にスペシャリストとして参加しました。このプログラムは、子どもたちに問題解決のスキルを教えるようなソーシャルスキルを学ぶ機会を与えるものでした。学校のいじめを減らし、向社会的行動を増やすエビデンスが明らかにされています。

こうした取り組みの中で、SELという大きな教育的枠組みに出会いました。子どもたちの持つポテンシャルに鍵をかけてしまうことなく、のびのびと成長できるようなコンピテンスを育て支援していこうという、この教育のうねりはとても魅力的です。

そして、こうしたコンピテンスを学校だけでなく、地域や保護者とビジョンを共有し、体系的に真摯に取り組む努力こそが本来の学びの成果につながり、健康的なメンタルヘルスを導くというビジョンには学ぶべきことがたくさんあります。この本は、こうしたSELの魅力を共有する仲間や教育実践者とともに、求められるビジョン、エビデンスのあるプログラム、発達に応じて学べるようなカリキュラム、アセスメント、指導案や具体的な教材などを盛りだくさんに紹介しています。

この本を読んでいただくことで、大きな時間的展望の中で子どもたちの「学ぶ」プロセスを、立ち止まって俯瞰することができると思います。この不確かな社会で子どもたちに必要な資質はなんだろうか。それをどのように導いていけば良いのか。そうした「問い」について考えていただける機会になれば幸いです。学びというプロセスが、知識の蓄積そのものではなく、幸せをセンサーできるチカラを育むことの大切さを見つめ直す機会にしたいと思っています。知性を導くことは大切なことは言うまでもありません。しかし、いとも簡単に感情に翻弄されやすい“人”の特徴を理解し、その特徴に愛をもって共感し、どう導いていけば良いのか、これからの新しい教育ビジョンが皆様のお役に立つことを切に願います。

目　次

はじめに　003

第1章　ソーシャル・エモーショナル・ラーニング（SEL）とはなにか　007

1　SELの定義と概論　008
2　SELで用いられているアプローチ　020
3　OECDが提唱するフレームワークとSELとの関連　031
4　IQからEQへ；認知能力から非認知能力への関心　045
COLUMN　日本SEL研究会のご紹介　060

第2章　SELの導入と実践　061

1　SELプログラムを学校に導入する　062
2　カリキュラム化　081
3　リーダーシップを担う役割　099
COLUMN　スクールカウンセラーと教員の協働によるSEL実践　117
COLUMN　養護教諭によるSELの実践　119

第3章　SELのアセスメント　121

1　SELの研修や理解の向上　122
2　SELに関わるアセスメント　149
COLUMN　教員研修の実践例　165

第4章　日本で効果のあるSELプログラム　167

1　小中学生用のSEL-8S　168

2　FRIENDS（フレンズ）　177
3　ソーシャルスキル・トレーニング　186
4　みらいグロース　195
5　セカンドステップ　203
6　レジリエンス包括プログラム（レジりんプログラム）　210
7　幼児用のSEL-8N　218

資　料　225
引用・参考文献　232

おわりに　244
編者・執筆者一覧　246

第1章

ソーシャル・エモーショナル・ラーニング（SEL）とはなにか

1

SELの定義と概論

●小泉令三

(1) ソーシャル・エモーショナル・ラーニングとは

ソーシャル・エモーショナル・ラーニング（social and emotional learning、略してSEL）は、社会性と情動の学習、社会性と感情の学習、社会性・情動学習、社会性・感情学習とも呼ばれています。これは、特定の教育方法や学習プログラムを指すのではなく、次のように定義される学習全般を意味しています。「すべての子どもや大人が、健康なアイデンティティを発達させること、情動（感情）をコントロールして個人や集団の目標を達成すること、他者への思いやり を持ちそれを表すこと、支持的な関係をつくりそれを維持すること、そして責任と思いやりのある決定ができるように、知識とスキルと態度を身につけて使えるようになる過程」（The Collaborative for Academic, Social, and Emotional Learning：以下、キャセル［CASEL］）です。これをもう少し簡単にして、「自己の捉え方と他者との関わり方を基礎とした、社会性（対人関係）に関するスキル、態度、価値観を育てる学習」（小泉，2011）といった説明もされています。

このSELのための学習プログラムが世界には非常にたくさんあって、それらの総称がSELプログラムになります。これはちょうど、風邪の治療のための飲み薬がたくさん売り出されていて、それらが「かぜ薬」という総称で呼ば

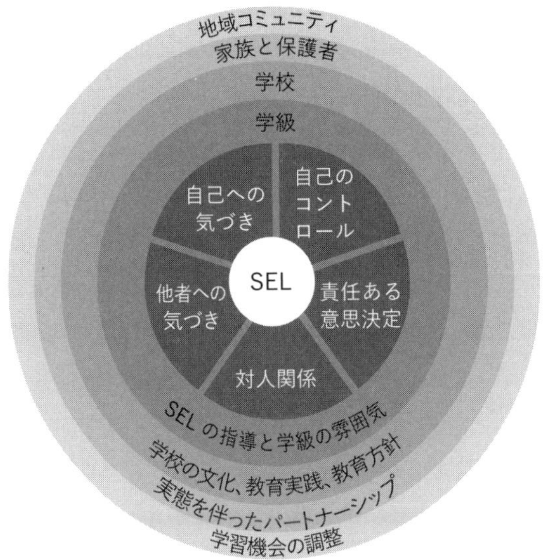

図 1-1-1　SELで育成を目指す能力と環境の関係（「キャセルの輪」）
（CASEL, n.d.a）

れているのと同じです。ですので、SELは大きな“枠組み（フレームワーク）”と考えることができます。

（2）SELで育成を図る能力

このSELでは、図1-1-1で示すような５つの中心的な能力（SELコンピテンシー）を育てることが目的となっています。これらの能力については、次の節で具体的に説明します。なお、SELプログラムとしては、必ずこれら５つの能力の育成を目指していたり、これらの能力が明示されたりしているわけではありません。これらの５つの能力は互いに関連がありますし、またそれぞれの能力に多様な概念が関係しますから、それらのいくつかの育成が目標となっていればSELとして位置づけられています。ですから、これらの５つの能力は、一種の“最小公倍数”のような意味を持つと考えるのがよいでしょう。

（3）SELの成り立ち

SELの概念は、1997年に出版された*Promoting Social and Emotional Learning: Guidelines for Educators*（邦訳『社会性と感情の教育——教育者のためのガイドライン39』，北大路書房，1999年）という本の中で示されたのが最初とされています。実は教育実践の面では、その30年ほど前の1968年にその発端があったようです。この年にイェール大学のカマー（Comer, J）教授のグループが、大学のあるコネチカット州ニューヘブン市の2つの学校で、今でいうところのSELプログラムを実践しました。その結果、1980年代初めごろまでには問題行動が減少し、さらに学力が国全体の平均以上に上昇するという結果が得られています。1987年～1992年には、シュライバー（Shriver, T）やワイスバーグ（Weissberg, R. P.）などが中心となっていたグループが、ニューヘブン市で幼稚園児から高校生までを対象にした社会性発達プログラム（図1-2-1）の実践を継続して実施しました。

大きな転機が1994年に訪れ、016ページの（7）で説明するキャセル（CASEL）というNPO法人が結成されました。これは、私的財団であるフェッツァー・インスティテュートが主催した会合に、研究者、教育者、実践家、そして子どもの擁護者などが学問の領域を超えて集まり、協働して学校で子どもの社会・情動面のニーズに応えるべきだという考えで一致したことによります。このキャセルの発足と同時に、SELという言葉が生まれました。

（4）予防教育としてのSEL

SELプログラムは大別すると、子どもすべてを対象にした予防開発的なものと、不適応状態が疑われる子ども向けのもの、そしてすでに不適応状態にある子どもを対象にしたものの3種類に分けることができます。これらは順に、ユニバーサルプログラム、セレクティブプログラム、インディケイテッドプログラムと呼ばれますが、SELプログラムの大半はユニバーサルプログラムです。

SELが提唱される以前から、予防教育としては多くのものがありました。それらの予防教育とSELの関係を日本の状況に合わせて表したものが、図1-1-2です。その中の上の図（a）は、いろいろな予防教育が実施されていますが、十分に整合性が取れていない状態を表しています。一方、下の図（b）はSELの枠組みの中に予防教育の取組が相互に調整されて位置づけられていることを示しています。こうすることによって、予防教育を全体として調和のとれた取組として進めることができます。

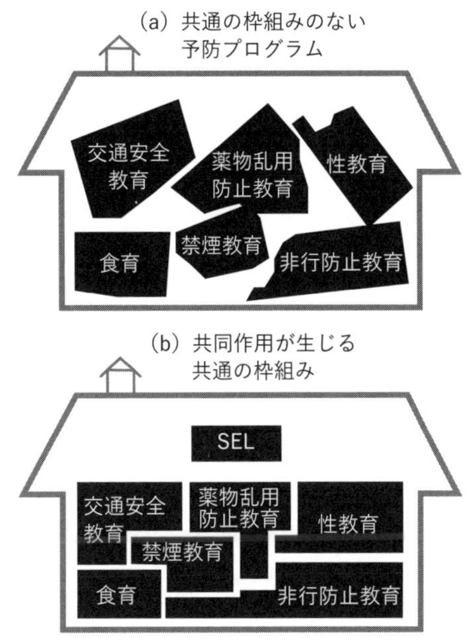

図1-1-2　SELと様々な予防教育との関係
（イライアス他，1999，p.18の概念図を日本に合わせて修正）

図（a）のように、予防教育の整合性が取れていない状態は、それらが導入された経緯や時期がバラバラですから、ある程度は仕方のないことかもしれません。例えば、図の中で最初に実施されたのはおそらく交通安全でしょう。車社会が到来して、子どもが関連する交通事故が急増したことにより導入されたものです。逆に、最も新しいのは食育です。食べることは生活の基本ですが、それに焦点をあてた教育を行うことで、生涯にわたる健康の促進と維持を目指そうと導入されました。さらに、ここには書かれていないものとして、インターネットやスマートフォンの使い方に関する教育の必要性が、近年急速に高まっています。ICT機器と通信環境の進歩によって、周囲の大人が感知できない経路で情報のやりとりが行われ、本人が気づかないうちに犯罪の被害者や加害者になってしまう事案が増えつつあります。その発生予防は急務の課題です。

では、図（a）で何が問題なのかというと、それぞれの予防教育の中で重なる部分があったり、逆に十分に考慮されていない部分があったりすることがあり、全体として効果的な取組にならない状況が生じるからです。まず、互いに重なる部分がある場合として、禁煙教育と薬物乱用防止教育を見てみます。禁煙教育は未成年の喫煙防止をねらいとしていて、一方薬物乱用防止教育は適法か違法かに関係なく薬物の不適切な摂取を防ぐことが目的です。それぞれの対象はたばこと薬物というように異なります。けれども、どちらも興味本位で始めたり、あるいは誘われたときに断り切れずに手を染めてしまったりするといった共通点があります。そこで必要なのは、禁止されたことや違法なことには手を出さない決意や、誘惑に打ち克つ自制心、そして不適切だと判断することに対しては適切に誘いを断るスキルなどです。これらの共通の能力やスキルを考慮して指導を計画すれば、効率的・効果的な取組にすることができます。

また、図（a）の中で見落とされることがある点として、非認知能力が軽視されることによって効果的な予防教育となっていない場合をあげることができます。これについては、図（a）に含まれていないのですが、スマートフォンの利用に関する情報モラル教育の例（図1-1-3）を見てください。通常、スマートフォンの誤った利用の危険性や、利用に関する注意点が指導されます。けれども、それだけでは十分な教育効果は期待できないのです。なぜなら、自分を大切にしようとする自尊心や、他者を尊重する規範意識がないと、逆に教えられた知識などから面白半分で試したりする生徒も出てくるからです。こうした自尊感情や規範意識、そして自己をコントロールする力、すなわち非認知能力を育てるためにSELが必要になるのです。

スマートフォンに限らず、一般に犯罪や問題行動のように不適切な行動については、何が危険なのか、どういったことが犯罪になるのか、またそれがどれほど重大な結果を招くのかといったことについての知識や情報を伝えます。けれども、その知識や情報だけでは、予防教育としては不十分です。スマート

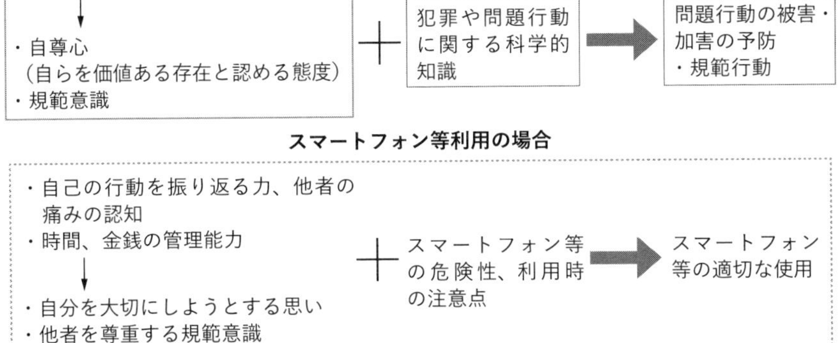

図 1-1-3 スマートフォン等利用での情報モラル教育のしくみ
（小泉・伊藤・山田，2021，p. 16）

フォン利用の指導で説明したように、自分を大切にしようとする自尊心や、ルールや規則を守ろうとする規範意識がなければ、効果的な予防教育にはならないからです。自尊心や規範意識がない状態で問題行動に関する知識だけを与えられると、逆に試してみようという思いやあるいは興味本位で不適切な誘いに乗ってしまうかもしれません。SEL プログラムを用いて社会的能力を育てることによって、種々の予防教育を効果的なものにして、問題行動の予防をすることができるのです。

このように図 1-1-2 の「共通の枠組み」、つまり図 1-1-3 の左側の社会的能力の向上による自尊心や規範意識などの向上を図る部分が欠けていると効果的な予防教育になりません。ですから、これらの「欠落部分」（the missing piece）、すなわち社会と情動のコンピテンスを埋めるために、SEL は重要な役割を果たすことができるわけです。

(5) 実際の SEL プログラム（アメリカ）

SEL は (7) で説明するアメリカのキャセルという団体によって、アメリカでの普及が図られています。このキャセルによって学習効果についてのエビデンス（科学的根拠）が確認されているプログラムのリストが、キャセルのホームページに掲載されています（2022年3月時点で88プログラム）。それらのプログラムの種類として、大きく次のような4つがあります。すなわち、① SELと通常の教科の学習を統合したもの、② SELを中心に学習するもの、③学校全体の組織や支援を整備して、社会性と情動のコンピテンスやSELを促進しようとするもの、そして④社会性と情動のコンピテンスを育てるための教師の実践面での工夫を中心としたものです。なお、1つのプログラムが複数の区分に該当するものも多数あります。

それぞれの代表的なものを、キャセルのホームページから簡単に紹介します。まず、① SELと通常の教科の学習を統合したものとしては、コネクト・サイエンス（Connect Science）があります。これは、SELと科学教育とを融合させたもので、学校が立地する地域社会への貢献をおこなうコミュニティ・サービス・ラーニングプログラムです。小学4年生を対象とした研究で、社会性と情動のスキルや態度、そして学力の向上が報告されています。

二つ目の② SELを中心に学習するものは一番数が多く、例えばパス（PATHS= Promoting Alternative THinking Strategies）が有名です。このプログラムはペンシルベニア州立大学の研究者が開発したもので、幼稚園入園前の段階から小学6年生を対象にしていて、情動面の問題や問題行動の減少、逆に社会的に好ましい行動の増加などが確認されています。また、ライオンズ・クエスト（Lion's Quest：Skills for Growing）は、ライオンズ・クラブ・インターナショナルが提供しているもので、幼稚園から中学2年生を対象にしています。日本でも、ライフスキル教育として実践されています。問題行動の減少や社会的に好ましい行動の増加が、プログラムの成果として報告されています。セカンドステップ（Second Step）（第4章5節参照）は日本にも事務局があり、実践が進んでいます。対象年齢は3歳から16歳までで、社会性と情動のスキル・態度の向上や問題行動の減少などが報告されています。SELが提唱され始めた初期の頃から効果的なプログラムとして推薦されているものの一つです。

次は、③学校全体の組織や支援を整備して、社会性と情動の発達や学習を促進しようとするものとして、ルーラー・アプローチ（RULER Approach）があります。情動面の教育や成長支援を重視していて、学校全体の文化の改善をめざしています。これはイェール大学の情動知能に関するセンターが提供していて、幼稚園入園前や小学５・６年生などで、問題行動の減少や学力の向上、そして教師の指導力向上などが確認されています。単に教師個人や学級だけを対象にするのではなく、学校全体を改善していこうとする点で特徴的なプログラムと言えます。

最後は、④社会性と情動のコンピテンスを育てるための教師の実践面での工夫を中心としたものとして、ピービーエル・ワークス（PBLWorks）を紹介します。これは、問題解決型学習あるいは課題解決型学習と呼ばれる学習に SEL を融合させたもので、学習効果を高めるために保護者を巻き込んで子どもの学びを進めます。学習場面で保護者が指導に加わってその専門性を生かしてもらったり、また子どもの学習成果発表の際の聴衆者となることを促したりします。対象は小学６年生から高校３年生までで、学力向上やアイデンティティの発達が報告されています。その他、保護者だけでなく地域社会の専門家や支援者との関係性の向上も成果として示されています。

(6) 実際のSELプログラム（日本）

わが国の SEL プログラムについては、その分類方法に定説があるわけではありません。一応、これまでに公表されている分類を、例として表 1-1-1 に示してあります。ここで示した３つの文献の間では分類基準が異なりますし、またそもそも何を SEL プログラムとして取り上げるのかも難しい課題だということがわかります。例えば、職業訓練やボランティア活動には SEL の要素があると考えられますが、では何が含まれていれば SEL とするのかは識者によって判断が分かれるのが実情といえるでしょう。単なる知識や技能だけでなく、それらを下支えして活かせるような社会性と情動のコンピテンスについて

表 1-1-1　日本におけるSELプログラムの分類の例

山崎・戸田・渡辺（2013）[a]	Ikesako & Miyamoto（2015）[b]	小泉（2015）[c]
独立した教育名を持つもの ●ソーシャルスキル・トレーニング ●構成的グループ・エンカウンター ●ピア・サポート ●トップ・セルフ ●サクセスフル・セルフ 問題の予防に焦点を当てたもの ●様々な問題を包括的に予防するもの ●特定の問題の予防に焦点化したもの よい側面の伸長に焦点化したもの ●ポジティブ心理学の影響を受けたもの ●社会性と情動の学習（社会・感情学習） ●よい側面別の教育	授業で指導するもの ●社会性と情動のスキルを向上させるもの ●主要教科に組み込んだもの ●ピア・サポート 課外活動で実施するもの ●部活動や他の放課後プログラム ●サービス・ラーニング ●見習い実習制度、職業訓練 学校・学級風土が間接的に影響するもの ●メンタリング ●ボランティア活動 ●野外冒険プログラム	心理学的手法の名称を冠するもの ●構成的グループ・エンカウンター ●社会的スキル学習 ●アサーショントレーニング ●ストレスマネジメント教育 特定の問題行動などの予防目的 ●アンガーマネジメント教育 ●CAPプログラム ●ピア・メディエーション 全般的な社会的能力の育成目的 ●セカンド・ステップ ●ピア・サポートプログラム ●ライフスキル教育 ●トップセルフ ●サクセスフルセルフ ●SEL-8Sプログラム

a　目次より　　b　研究のまとめの表より　　c　本文より

（小泉，2016）

の捉え方の違いが影響します。

この表のような分類例は今度もいくつか発表されると予想されますが、実践者（学校など）にとっては、各SELプログラムの特徴や実践効果を比較する確実な方法はまだありません。まずは身近な実践例やあるいは種々の機会を利用して情報収集をおこない、それらに基づいてSELプログラムを選択するのが現実的な方法と言えます。

（7）SELの推進役：キャセル（CASEL）

キャセル（CASEL）というのは、正式には「学習・社会性・情動学習のための協働体」（the Collaborative for Academic, Social, and Emotional Learning）といった意味で、SELの推進母体として1994年に結成されたNPOです。先にも書きましたが、研究者、教育者、実践家、子どもの擁護者など幅広い職種の関係者が集まってつくられている団体です。なお、設立当初は「社会性・情動学習促進のための協働体」（the Collaborative to Advance Social and Emotional Learning）となっていましたが、1997年に現在の「学習」を含む名称に変更されました。アメリカでは学業面を重視する傾向があるからだと考えられますが、略称自体はそのままで団体名の正式名称が一部変更になりました。

キャセルの使命は「エビデンスに基づくSELを、就学前から高校までの教育の中で、必須の部分となるように支援すること」で、目指すビジョンは「すべての子どもと大人が、自己認識、思いやり、責任感をもち、熱心な生涯にわたる学習者として、自らの目標を達成し、より包括的で公正で公平な世界を創り出すために協力していくこと」です（CASEL）。

キャセルが行っているのは、①研究面で、SELに関する研究の実施、委託、あるいは研究成果の統合を行い、②実践面では、研究成果の社会実装を進めるために、学校や教育区の支援をしています。また③教育政策面では、州政府や連邦政府レベルの政治家への働きかけによってSELの普及を図り、④広報面では、広くSELの周知と普及のためのオンライン研修や対面での集会、そして出版活動を行っています。

キャセルの発足に貢献した人々の中で、特に中心的な役割を果たした人として、シュライバー（社会奉仕活動家）、ワイスバーグ（イリノイ大学教授）、イライアス（ラトガース大学教授）などがあげられます。キャセルの事務局は、発足当初はコネチカット州ニューヘブン市のイェール大学にありましたが、1996年にイリノイ州シカゴ市のイリノイ大学シカゴ校に移り、現在はその近くのビルにあります。当初は1～2名程度の少ない人数で事務局を運営していましたが、現在はスタッフも常勤と非常勤を合わせると40名近い陣容となっていることがホームページで紹介されていて、上で述べたような諸活動を活発に展開しています。

(8) キャセルによるSELプログラム紹介

キャセルはエビデンスに基づくSELを推進することを目的としているため、独自に評価方法や評価基準を定めてSELプログラムの評価を行っています。そしてその結果をホームページで公開するとともに、学校や教育委員会が自分たちの目的に適したSELプログラムを選択できるように、工夫を行っています。その選択のカテゴリーと選択項目を表1-1-2に示してあります。この表にあるように、プログラムが該当する発達段階やプログラムの種類（4種類）だけでなく、どういった地域性の学校のどのような特徴の子どもについて、どんな評価結果が得られているのか、またどのような支援や研修が期待できるのかといったことについても資料が提供されています。SELプログラムの選択に際して、非常に有益な情報になっていると予想されます。

実は、こうした評価活動はSELの発足当時から行われていて、キャセルが最初に出版した教育者向けの書籍（イライアス他, 1999）でも、プログラム開発の現場を訪問できたものとして11のプログラム、訪問できなかったものとして12のプログラムを紹介しています。その後、より洗練され、また系統だった方法で評価活動を行い、現在のようなプログラム紹介にいたっています。今後も、このプログラムのリストの充実と選択の利便性の向上が図られるだろうと思われます。

表 1-1-2　キャセルのサイトでプログラムを比較・選択する場合のカテゴリーと選択項目

カテゴリー	選択項目
発達段階	①幼稚園前～小１、②幼稚園～小６、③中等（小６～中２）、④高校（中３～高３）
効果が確認されている学年	①幼稚園前～幼稚園、②幼稚園、③小１、④小２、⑤小３、⑥小４、⑦小５、⑧小６、⑨中１、⑩中２、⑪中３、⑫高１、⑬高２、⑭高３
プログラムの種類	①SELと通常の教科の学習を統合したもの、②SELの内容のみを学習するもの、③学校全体の組織や支援を整備するもの、④教師の実践を中心としたもの
実践のために提供される支援	①管理職への支援、②コーチング、③技術的支援、④教師の専門性向上のための研修グループ、⑤オンラインでの資料提供、⑥実践をモニターするための自己報告型ツール、⑦観察のためのツール、⑧生徒の変容の測定ツール
実践の場	①学級、②学校、③地域コミュニティ、④家庭
学校の特徴（地域性）	①郡部、②都市部、③郊外、④北東部[(1)]、⑤南東部[(1)]、⑥南西部[(1)]、⑦中西部[(1)]、⑧西海岸[(1)]、⑨アメリカ以外
子どもの特徴	①アジア系／アジア系アメリカ、②アフリカ系／アフリカ系アメリカ、③ヒスパニック系／ラテン系、④先住民族、⑤白人、⑥多民族／その他、⑦低所得者層
重要な評価結果	①学力向上、②情動面の問題減少、③アイデンティティの発達およびエージェンシーの促進、④問題行動の減少、⑤学校の雰囲気の向上、⑥学校へのつながりの向上、⑦社会的に好ましい行動の増加、⑧教育実践の向上、⑨他のSELスキルと態度の向上
訓練（研修）の提供[(2)]	①バーチャルトレーニング、②学校外での研修、③トレーナーの養成
言語[(3)]	①フランス語、②スペイン語

(1) アメリカ国内の地域、(2) 校内での研修以外を選択する場合、(3) 英語以外を選択する場合
（CASEL, n. d. b）

2

SELで用いられているアプローチ

●小泉令三

(1) SELコンピテンシー

前節で、SELプログラムで育成を目指す能力として、自己への気づき、自己のコントロール、責任ある意思決定、対人関係、他者への気づきの5つがあると説明しました。ここでは、それについてもう少し詳しく説明します。これらは「SELコンピテンシー」あるいは「the CASEL 5」とも呼ばれています。表1-2-1に、能力ごとの説明と具体的な例をあげてあります。説明を読めばわかるように、5つの能力はどれもかなり幅広い内容となっていて、それらに含まれる概念なども多様です。また、あるSELプログラムを取り上げたときに、必ずこれら5つの能力がすべて明示されているとは限りません。これらの能力は互いに関連していますから、ターゲットになった能力が他の能力を引き上げる効果を持っていたりすることがあると考えられます。

SELでは、何か特定の理論を背景としたり、あるいはここで説明した5つのSELコンピテンシー以外に固有の理論を打ち立ててそれに基づいて研究や教育実践あるいはその支援を進めたりするといったことはしていません。むしろ、SEL推進のアプローチに関する特徴として①全人的視点に立ち、②包括的なアプローチによって、③感情・情動、行動、認知の育成を図ることが特徴になっ

表 1-2-1 SELコンピテンシーの説明と具体例

能力	説明	具体例
自己への気づき（self-awareness）	自分の感情（情動）や思考や価値観と、それらが状況全般における行動にどのように影響を及ぼすのかを理解する能力。これには、十分に根拠のある自信と目標のもと、自分の長所と限界を認識する能力を含む。	・個人的アイデンティティと社会的アイデンティティの統合 ・個人的・社会的・言語的な強みを明らかにすること ・感情（情動）の特定 ・正直さと誠実さを示すこと ・感情、価値観、思考を結びつけること ・偏見や先入観の吟味 ・自己効力感の体験 ・成長への考え方を持つこと ・興味と目的意識を育むこと
自己のコントロール（self-management）	様々な状況で自分の感情（情動）、思考、行動を効果的に調整する能力。これには、個人および集団の目標達成のための、満足遅延、ストレス管理、そしてモチベーションとエージェンシーを感じる力を含む。	・自分の感情（情動）の管理 ・ストレス管理方略の特定と使用 ・自己鍛錬と自己動機づけを示すこと ・個人および集団の目標設定 ・計画と組織化のスキルの使用 ・率先して行動する勇気を示すこと ・個人および集団のエージェンシーを示すこと
責任ある意思決定（responsible decision-making）	様々な状況での個人的行動や社会的相互作用について、思いやりのある建設的な選択をする能力。これには、倫理基準と安全上の懸念を考慮し、個人的、社会的、および集団のウェルビーイングのための様々な行動による利益と結果を評価する能力を含む。	・好奇心とオープンマインドの表出 ・個人的および社会的問題の解決策の特定 ・情報、データ、事実を分析した後、合理的な判断を下すための学び ・自分の行動の結果についての予測と評価 ・批判的思考のスキルが学校の内外でどのように役立つかの認識 ・個人、家族、地域社会のウェルビーイングを促進するための自分の役割についての振り返り ・個人的、対人的、コミュニティ、および制度による影響の評価
対人関係（relationship skills）	健全で協力的な関係を確立および維持し、多様な個人やグループとの設定を効果的に導く能力。これには、明確にコミュニケーションを行い、積極的に耳を傾け、協力し、問題解決と建設的な紛争の交渉のために協力して作業し、異なる社会的および文化的な要求と機会を伴った状況をナビゲートし、リーダーシップを発揮し、必要に応じて助けを求めたり提供したりする能力を含む。	・効果的なコミュニケーション ・好ましい関係の構築 ・文化的能力を示すこと ・チームワークと協働的な問題解決の実践 ・衝突の建設的な解決 ・好ましくない社会的圧力への抵抗 ・グループでのリーダーシップの発揮 ・サポートと支援の希求または提供

他者への気づき（social awareness）	多様な背景や文化や文脈を持つ者を含めて、他者の視点を理解し、共感する能力。これには、他者への思いやりをもち、様々な状況での行動に関するより広範な歴史的および社会的規範を理解し、家族、学校、および地域コミュニティのリソースとサポートを認識する能力を含む。	・他者の視点をとること ・他者の強みの認識 ・共感と思いやりを示すこと ・他人の気持ちに関心を示すこと ・感謝の気持ちを理解し、表現すること ・不正なものを含む多様な社会規範の特定 ・状況に応じた要求とチャンスの認識 ・行動に対する組織やシステムの影響の理解

（CASEL, n.d.）

ていると考えられます。以下に、それぞれについて特徴的な取組やあるいは関連すると考えられる理論や概念を紹介します。

（2）全人的視点

全人的視点とは、子どもの物理的・状況的側面すなわち生活場面全般という面と、現在から将来に向かってという時間的側面の2つを含んでいます。生活場面全般というのは、次のような説明からも理解できます。「……社会性と情動の教育の活動は、概して広い視点にたっている。この活動では、積極的な学習方法、場面に限定されないスキルの一般化、どんな状況にも対応できる社会的な意思決定や問題解決スキルの発達をより強調している。」（イライアス他, 1999, p.3）

そして、時間的側面としては、子どもが「生産的で、責任感があり、社会に貢献する一員」、あるいは、「肯定的な価値観を身につけた善良な市民」（イライアス他, 1999, p.2, 4）になることを目指している点から、単に現在の学校生活だけが視野にあるのではなく、成人してからの社会人としての生活を念頭に置いていることがわかります。以下に、まず生活場面全般での指導に関する例、そして次に時間的側面として発達段階重視の例を紹介します。

生活場面全般での指導例：全人的視点にたっての子どもの生活場面全般への支援という点での代表的取組として、ライフスキルをあげることができます。ライフスキルは、WHO 精神保健部（1997）が「個々人が日常生活で遭遇する要求や難しい問題に対して効果的に対処できるように、適応的、積極的に行動するために必要な能力」と説明しているものです。具体的には、①セルフエスティーム（健全な自尊心）形成スキル、②意思決定スキル、③目標設定スキル、④ストレス対処スキル、⑤対人スキルがあげられています（JKYB 研究会, 2005）。

このライフスキルの考えが、キャセル設立の基盤の一部になったと考えられるコネチカット州ニューヘブン市での社会性発達カリキュラム（Social Development Curriculum）に取り入れられています。この実践と研究は、前節で述べたようにキャセル設立メンバーのシュライバーやワイスバーグなどが中心となって行われました。そのカリキュラムにどういった領域が設定されていたのかを、図 1-2-1 に示してあります。ライフスキルの５つのスキルをそのまま使用しているわけではありませんが、かなり類似していることが分かると思います。

発達段階重視の指導例：全人的視点に立った場合、時間的側面として発達理論に目を向けないわけにはいきません。SEL プログラムの対象は幼児から高校生ぐらいまでの子どもですが、この期間に子どもは大きく成長し、生涯で最も発達的変化が著しい時期になります。ですから、校種やあるいは同じ校種の中でも学年によって、発達段階に応じた教育や支援が求められます。

表 1-2-2 に、SEL の推進母体であるキャセルのメンバーが最初にまとめた本に示されているカリキュラムの骨子を例示します。これは、情動、認知、行動といった面の中で、紙幅の関係で情動と認知に関する部分だけを例示したもので、幼稚園から高校生までが示されています。例えば情動面については、幼稚園・小学校低学年段階では、様々な情動を区別して名称を言ったり、また欲求不満耐性を高めたりすることが中心となります。その後、年齢が上がると、怒りのコントロールやその適切な伝え方、あるいはその他の情動・感情を含めて

幼稚園から高校までのライフスキル・カリキュラムの領域

スキル

●自己管理
セルフ・モニタリング
セルフ・コントロール
ストレス・マネジメント
根気強さ
情動に焦点化した対処
自己への報酬

●問題解決と意思決定
問題の認識
感情への気づき
見通しの獲得
現実的で適応的な目標設定
適応的な対応戦略への気づき
別の解決思考
起こりうる結果についての思考
意思決定
計画
行動の決定

●コミュニケーション
非言語的コミュニケーションの理解
メッセージの送信
メッセージの受信
状況に即したコミュニケーション

態度と価値

●自己について
自己尊重
有能感
誠実さ
責任感
成長への意思
自己受容

●他者について
社会的基準や価値への気づき－仲間、家族、地域社会、社会
個々人の相違の受け入れ
人間の尊厳の尊重
他者への配慮や同情
他者との協力の重視
対人的な問題解決の動機づけ
貢献への動機づけ

●課題について
懸命に働く意思
実際的な問題解決の動機づけ
学業上の問題解決の動機づけ
教育の重要性の認識
所有物の尊重

内容

●自己／健康
アルコールや他の薬物の使用
エイズや性行為感染症の教育と予防
成長や発達と 10 代の妊娠予防
栄養
運動
個人的な衛生管理
個人的な安全と応急手当て
個人的な浪費の理解
余暇の利用
信仰的なものへの気づき

●関係性
関係性の理解
多文化への気づき
友達づくり
異なる性、民族、人種の仲間との肯定的な関係の構築
仲間との好ましい関係
家庭生活の理解
きょうだいとの関係づくり
両親との関係づくり
人間関係の喪失への対処
後の人生での結婚や子育ての準備
争い事についての教育と暴力の予防
優れた指導者の発見

●学校と地域社会
学校への出席についての教育と無断欠席・退学の予防
責任の引き受けと対処
集団への適応的な参加
現実的な学業上の目標の設定
効果的な学習習慣の発達
環境移行
環境への責任
地域社会への関与
進路計画

図 1-2-1　ニューヘブン市の社会性発達カリキュラムの領域
（イライアス他，1999，p. 5）

表 1-2-2　校種ごとの情動と認知に関するカリキュラム範囲

<table>
<tr><th></th><th>幼稚園・
小学校低学年</th><th>小学校
（中・高学年）</th><th>中学校</th><th>高校</th></tr>
<tr><td>◆本人</td><td></td><td></td><td></td><td></td></tr>
<tr><td>［情動］</td><td>・恐れ、無力、怒り、愛情、興奮、熱意、失望を適切に表現し、管理できる
・自己と他者の否定的情動と肯定的情動を区別し、名称を言うことができる
・欲求不満耐性が強まる</td><td>・感情の肯定的方法での表現
・自己の怒りのコントロール
・目にした情動の名称を言う
・他者の感情を調和させる</td><td>・自己への気づきと自己批判
・自分の感情を調和させる</td><td rowspan="2">全領域を一体として考慮すべきである
・傾聴と口語でのコミュニケーション
・読み、書き、計算の能力
・スキルを身につける学習
・自尊感情、目標設定、自己の動機づけ、などの自己管理
・自己・行為・行動の、個人的評価と道徳的評価
・将来に注目し始める
・自己の命、生命全般、そして神の超越性の意味を探る
・自分を大切にする、危険な行動（性行動、薬物使用）の結果を認識する、好ましくない結果から自己を守る
・自他の感情を調和させる
・適応性、特に障壁や障害に対しての、創造的思考と問題解決
・金銭を稼ぎ、予算をたてる
・進路設計と、大人としての役割への準備
・個人的な進路発達と進路目標、仕事完成の誇り</td></tr>
<tr><td>［認知］</td><td>・内省的視点をもち始め、役割取得を開始する。他人は何を見、感じ、考え、意図し、好むのかを考える
・対人的行動で、他の選択可能性を考える
・注意持続スキル、事象を思い出すことと関連づけ、対処・問題解決方略の言語化の強調</td><td>・健康的な食物と運動についての知識
・協力、計画の場面が見受けられる。しばしば、問題解決に複数のやり方があるという知識をみせる
・目標設定、結果の予想、障害克服のための努力
・自他の長所への注目
・問題状況をじっくり考え、起こりうることを予想する</td><td>・アルコールや薬物の乱用と予防の重要性の認識
・健康のための規範の確立
・現実的な短期の目標設定
・問題、論争、議論の両面を見る
・他者、自己、標準的基準に対して比較する能力、他者の反応を考慮しての能力
・自己表明と自己称賛の重要性の認知</td></tr>
</table>

（注）高校の記述には、この表に続く「行動」、「統合」部分の内容も含まれており、それらを含めて「全領域を一体として」と記述されている。（イライアス他，1999，p. 211）

全体を調和させて、日々を健やかに過ごせるように学習が進みます。そして、高校段階では情動、認知、行動などを含めて全領域を統合した学習内容が設定されることになります。SEL プログラムによる学習を効果的なものにするには、発達理論は重要な役割を果たしています。

(3) 包括的アプローチ

包括的アプローチとは、子どもだけでなく子どもを取り巻く環境全体に目を向け、その中での様々な関係性や取組に注目するやり方です。包括的アプローチ理論の代表例が、図 1-2-2 に示したブロンフェンブレンナー（1996）によるものです。子どもの発達に関しては、環境との関わりは無視することができま

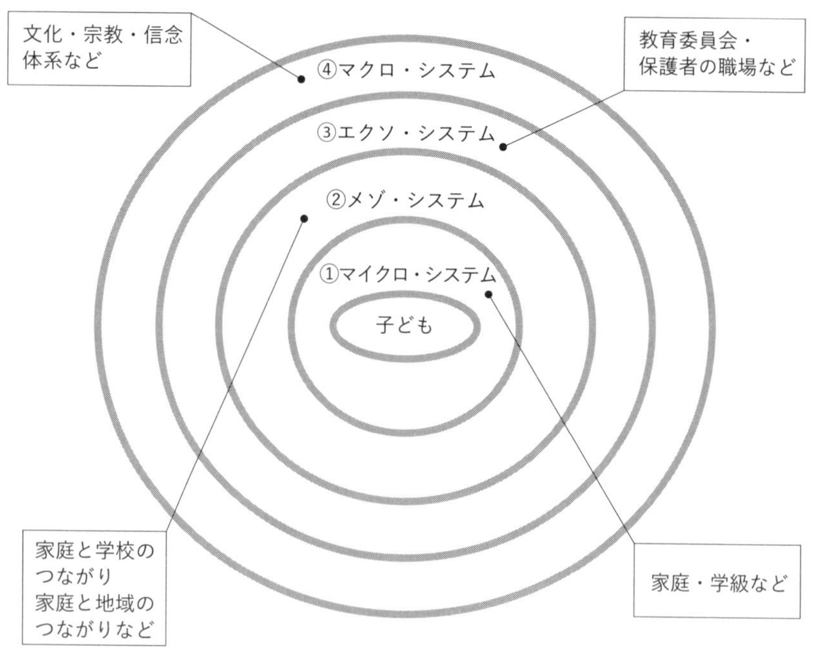

図 1-2-2　子どもを取り巻く環境の構造
（ブロンフェンブレンナー，1996 を図式化したもの）

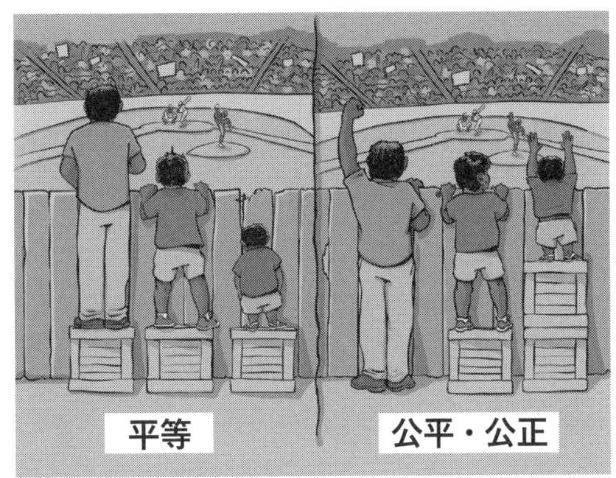

図 1-2-3　平等と公平・公正の違いを表した図
（Interaction Institute for Social Change）

せん。この理論では、その構造が入れ子になっていて、内側からマイクロ・システム、メゾ・システム、エクソ・システム、マクロ・システムと呼ばれています。マイクロ・システムとは、子どもが直接的に接する家庭や所属する学級を意味しています。メゾ・システムは複数のマイクロ・システムから成り立っていて、例えば家庭と学校のつながりが該当します。その外側にエクソ・システムがあり、これは間接的に子どもに影響力を持つもので、教育政策の決定や施行を担当する教育委員会や、家庭に経済的基盤を提供し保護者に社会的役割を提供する保護者の職場などがあります。これらを含む大きなマクロ・システムは文化や信念体系などを意味しています。宗教と学校教育との関係などは、このマクロ・システムでの話になります。

この図を見ると、「キャセルの輪」（図 1-1-1）とよく似た構造になっていることが分かります。こうした考え方は、子どもの教育を単に教師との関係や保護者による養育だけに委ねるのではなく、広い意味での社会全体で担うべきであり、それを視野に入れた取組が必要だという立場を示したものです。

この包括的アプローチに関しては、キャセルにはもう一点特徴があります。それは、SEL が子どもの教育や成長に関して公平、公正を目指しているということです。この考えを分かりやすく示すために図1-2-3を用意しました。この図は、身長差があっても支援の工夫をすれば、同じように野球観戦が楽しめる様子を表したものです。同様の図を、特別支援教育の合理的配慮に関して見たことがある人もいるでしょう。教育に関して、この図の踏み台となっている箱の役割をSELが果たすことができるという意味です。

アメリカでは同じ町の中でも通りが異なると、地域環境や家庭環境が大きく異なることがあり、それが子どもの学びや成長に影響します。そうした違いが学校生活だけでなく、卒業後の社会生活にも影響することが種々の研究や調査で明らかになっています。すなわち、無職層の割合、低収入世帯、犯罪、家庭崩壊などの増加といった問題です。そうした状況であっても、SELをきちんと実践すると地域環境や家庭環境に起因する不利な状況を克服して、教育成果を上げやすくなると考えられていて、このための具体的対策としてSELの普及が目指されています。

(4) 感情・情動、行動、認知の育成

SELプログラムの指導に際しては、認知行動療法の考え方が最も一般的に使われているようです。これは、情動面、行動面そして認知面の問題について、その改善を図ったりあるいは不適応的な傾向を強めたりすることがないことを目指して行われるアプローチです。

怒りのコントロールを目的に行われる「こころの信号機」の学習で、その流れを見てみます。図1-2-4で示したように、①まず怒りに任せて行動してしまったために失敗したり、身近でそうした場面を見たりした経験を思い出します。そして、そうした行動の危険性について考えます。②そこで、怒りを爆発させないための「こころの信号機」モデルについて学習します。大切なのは最初の赤の段階で、具体的には深呼吸やあるいは「5つ数える」などの方法があることを知ります。ポスターなどを使うと、視覚的に理解が進むでしょう。③ここで日常的な場面を想定して、指導者同士あるいは指導者と子どもで「ここ

学習の流れ

1. 衝動的に怒りを表出する危険性について考える。
2. 強い衝動を感じたときの対象法として「こころの信号機」モデルを知る。
3. 「こころの信号機」を使ったモデルを見る。
4. 「こころの信号機」を使って、ロールプレイをする。
5. 日常生活で使おうという意欲を持つ。

図 1-2-4 「こころの信号機」の学習の流れとポスターの例
（小泉・山田，2011）

ろの信号機」を使うモデルを見せます。観察によるモデリング学習で、子どもに何が大切なスキルなのかを確認させます。④次に2人組か小グループで、日常生活で出合いそうな場面を想定してロールプレイ（役割演技）をします。これは行動リハーサルと呼ばれるもので、できるだけ現実にありそうな場面を設定すると学習効果が高くなります。適切に行動していたら指導者や子ども同士でほめたり、あるいはさらによくなるための助言をしたりします。⑤こうして適切な行動様式を知って練習したら、最後にこれからの生活の中でこのスキルを使おうという意欲を持たせます。

　この一連の学習の流れやその中で扱う場面は、子どもの発達段階に即したものでないといけませんし、子どもの実態に合わせる必要があります。つまり、どういった場面を例示したり、あるいはロールプレイ場面を設定したりするとより効果的なのかを十分に吟味する必要があります。そして学習後には、日常の生活場面でこのスキルを使うように促したり、あるいは使っていたり使おうとしていたりするなら、適切に賞賛してこのスキルが定着するような支援が必要です。行動変容を図るためには、これらの指導方法の工夫が求められるのです。

(5) わが国におけるアプローチ

本節では、SELコンピテンシーとSELで用いられている3つのアプローチについて説明してきました。わが国でのSELの研究と実践については、まだ欧米ほどにはSELの概念が普及しているとはいえませんが、学校での予防開発的な取組として心理教育(例:安達, 2012)あるいは心理教育プログラム(例:冨永、2000)といった名称で実施されています。これらの取組で用いられているアプローチの方法は、SELで用いられている3つのアプローチ、すなわち①全人的視点(生活場面全般での指導、発達段階の重視)、②包括的アプローチ、③感情・情動、行動、認知の育成と同じです。

ただ、全体的に学習プログラムの数が少ないことと、包括的アプローチに関して家庭や地域社会を視野に入れた取組がやや希薄なのが課題と考えられます。1点目の学習プログラム数については、今度、メンタルヘルスやウェルビーイングが重視される傾向が強まるのであれば、そのための具体的な取組として開発と実践が求められるでしょう。2点目の課題については、その原因は学校と家庭・地域社会の関係が制度や財政の面でそれほど密接ではないために、学校と家庭・地域社会が別個に考えられる傾向があるためと考えられます。例えば、学校の運営や教職員の人事は、地域社会とは関係なく運用されていますから、どうしても両者の関係は弱くなります。ただ、子どもの成長のための環境として家庭や地域社会は重要な役割を担っていますから、今後、この面での推進方法を検討する必要があります。

OECDが提唱するフレームワークとSELとの関連

●渡辺弥生

（1）OECDが目指す子どものウェルビーイング

1）OECDとは

経済協力開発機構（Organization for Economic Cooperation and Development：以下OECD）は、民主主義を原則としている38カ国が集まる国際機関の一つです。デジタル化しつつあるこの時代にあって、人々は瞬時に同じ情報を共有できるようになり、交流は国境をこえて地球規模に広がっています。そのため、OECDはこうした世界の動きについて経済を中心に据えて、社会や環境にまつわる多くの課題に取り組んで来ています。2015年には調査書“Skills for Social Progress/The Power of Social and Emotional Skills”が報告され、その翻訳も刊行されています（経済協力開発機構，2018）。パンフレット“Social and Emotional Skills：Well-being, connectedness and success”にも興味深い調査の結果が明らかにされています（https://www.oecd.org/education/school/UPDATED%20Social%20and%20Emotional%20Skills%20-%20Well-being,%20connectedness%20and%20success.pdf%20(website).pdf）。

ここでは、これまで学びで重視されてきた認知スキルと区別して社会情動的スキルの必要性が主張されています。そして、子どもたちの学びの成果と認知

表 1-3-1　アメリカにおける高校生の 3 つのグループのスキルとその成果

	社会情動的スキル	認知スキル	学びの成果
高校退学（証明なし）	低い	低い	―
GED で卒業	低い	高い	―
普通に卒業	高い	高い	＋

※GED（General Educational Development）は、後期中等教育の課程を修了した者と同等以上の学力を有することを証明するための試験（OECD, 2015）。

スキルおよび社会情動的スキルを含む非認知スキルの関連性について考察しています。表 1-3-1 は、高校を退学した生徒と高校をドロップアウトしたがテストによって高校を修了できた生徒、そして、高校を卒業した生徒の 3 グループに分けて、社会情動的スキルと認知スキルと、学びの成果（outcome）の関連性を見たものです。その結果、学びの成果と結びついているのは認知スキルだけではなく社会情動的スキルが必要であることが示唆されています。

また、新型コロナウイルス感染症などのパンデミックによって、その存在を身近に感じるようになったデジタルの世界と、子どもの幸せやウェルビーイングとの関係についてまとめられています（バーンズ・ゴットシャルク，2021；白井，2020）。

教育の分野における OECD の取り組みは、まず参加している諸国が、連携し協力して、国際規模の調査や研究を行います。さらに調査や研究結果の比較分析を行い、これを広く公表していくことによって各国の教育改革を推進し、教育水準の向上に寄与していくことを目指しています。その仕組みとして「教育政策委員会」と「教育研究革新センター」の 2 つの機関が設置されています。前者は、各国の政策課題の分析を行います。後者は教育改革とその実践のための研究を行っています。その他にも、「生徒の学習到達度調査（PISA）」「高等教育機関の管理運営に関するプログラム（IMHE）」「教育施設プログラム（CELE）」などが設置されています。

OECD は、各国の特徴を説明したカントリーノートを公開しており、他国と比較した各国の特徴を報告しています（https://doi.org/10.1787/69096873-en）。「図表で見る教育2020年版」の日本（https://doi.org/10.1787/5958c52c-ja）について、注目されている点をいくつか挙げてみましょう。例えば、現在の高等教育への進学傾向が続くと、OECD諸国平均では若者の38%が30歳になる前に人生で最初の高等教育課程を修了することになるそうです（留学生を除く）。これに対して、日本の若年層では67%が30歳までに人生最初の高等教育を修了することになるとあります。また、日本では民間部門が幼児教育・保育サービスのほとんどを提供しており、就学前教育を受けている子どもの76%が民間施設に通っていることがわかります。その他、日本の初等教育から高等教育までの教育機関への支出は対GDPの4%ですが、OECDの平均を下回っていることが明らかです。さらに、初等および中等教育課程の教員の法定給与が8%減少していることなどが具体的に数字を活用して報告されています。こうした報告結果については慎重に考察する必要はありますが、他国と比較した特徴を知ることは、教育を改善していく上で大変参考になるでしょう。

特に、予測できない自然災害や新型コロナウイルス感染症のようなパンデミックが長期化する状況では、人はまさに出口が見えにくい長いトンネルの中にいるような心地になるものです。同時に、かつては見過ごしていた問いを新たに胸に突きつけられるような経験をすることでしょう。すなわち、幸せとは何か、学びとは何か、生きていくために必要なことは何かという問いを当たり前のことではなく、あらためて誰もが考えることになります。例えば、経済を優先すれば人が密になる割合が高まり、感染リスクが高まることにつながってしまうとか、対照的に密にならないよう子どもの安全を考えて学校を閉鎖すると学びを停止させてしまうことになるなどです。生きていく上で、本来対立すると思いもよらなかったことが新たなジレンマとして立ちはだかってくるのです。ですから、新しい時代に向けて、どのような子どもたちを育てていけば良いのか、何をすれば子どもたちのウェルビーイングにつながっていくのかを時に立ち止まり、展望を持つことが必要だと思います。

2）社会情動的スキルについて

OECDの「教育研究革新センター（Center for Educational Research and Innovation：CERI)」による「21世紀の子供たち」プロジェクトは、このデジタル時代において子どもたちがどのように発達していくのか。また子どもと密接に関わる学校、教師、親、地域はどのように連携していくべきなのか。子どもが子どもらしく育つにはどうすれば良いのかという問いのもと多くのことを報告しています。

①デジタル時代の健康とウェルビーイング

新型コロナウイルス感染症のパンデミックの影響は子どもたちの教育に大きな影響を及ぼしています。多くの国では学校がロックダウンされ、リモートによる学習になり、デジタル化が遅れている国では、学びがストップするような状況にさらされました。しかし、デジタルテクノロジーのおかげで、子どもの生活は健康面、治安、心身のウェルビーイングが守られているとポジティブにも捉えることができるようになりました。ロックダウンしてもオンライン学習が可能であれば、学びをストップすることなく継続していくことができます。また、動画などを効率よく用いて学びの世界を深めていくことも可能なことが明らかになりました。

しかし、他方でデジタルテクノロジーの発展のために、ストレスや不安を訴える子どもが増加しているという負の側面も多く指摘されています。オンラインは嫌で友達と会いたいと苦しんでいる子どもたちの声が少なくないことが指摘されています（Donna Lord Black, 2021）。他方で、教育的および経済的な水準が低い状況でデジタルテクノロジーの恩恵を得たいという子どもたちもたくさんいます。いわば、デジタルテクノロジーは、諸刃の剣と言えるかもしれません。さらに、こうした困難な状況に置かれながらも、依然子どもたちは競争の激しい教育環境におかれています。すなわち他人と比較して競争に勝つことが期待されている子どもたちが少なくありません。こうした背景に関連して身体面での睡眠不足や肥満などが深刻な問題になっています。また、スマートフォンなどを含めたスクリーンタイムの増加によって、外で遊ぶ絶対時間が減って

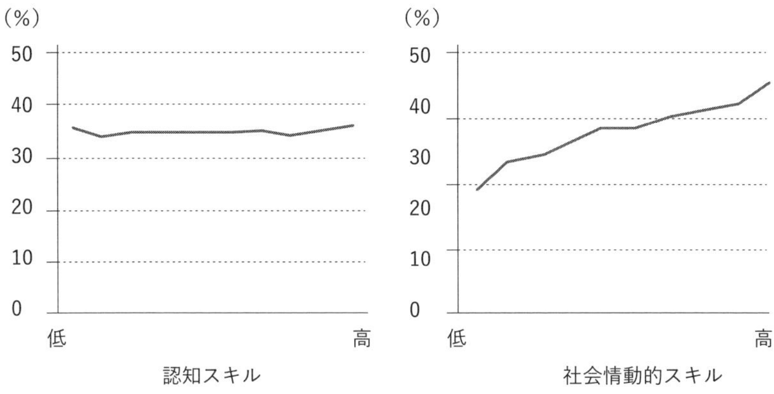

図 1-3-1　認知および社会情動的スキルに関連する幸福感情
（OECD, 2015）

おり、遊びから学ぶ多くの機会が奪われていることが大いに危惧されています。

このような社会の変化を受けて、教育における「ウェルビーイング」の考え方も変化してきています。いわゆる知識の詰め込みではなく、子どもたち各々のパーソナリティやスキル、不屈の精神につながるレジリエンス など社会情動的スキルにスポットライトが当てられつつあります。これからの学校には、自身を理解し共感性を持って他人と交流でき、自立して働く力や一市民として社会に貢献する力が必要と考えられるようになっています。先述したOECDの 2015 年のパンフレットに報告されている図（図 1-3-1）を紹介しましょう。左が認知スキルの高低と主観的な幸福感、右が社会情動的スキルと主観的な幸福感の関連を示しています。「幸せだな」という主観的幸福感は、認知スキルの高低と関連が見られていませんが、社会情動的スキルについては、このスキルが高まるほど幸福感が高まっていることがわかります。

②「21 世紀の子どもたち」プロジェクト

教育研究革新センターによる「21 世紀の子供たち」プロジェクト（21st Century Children）には 4 つのテーマが掲げられています。「身体的健康」「感情的ウェルビーイング」「デジタルテクノロジー」「家族と友人」というテーマで

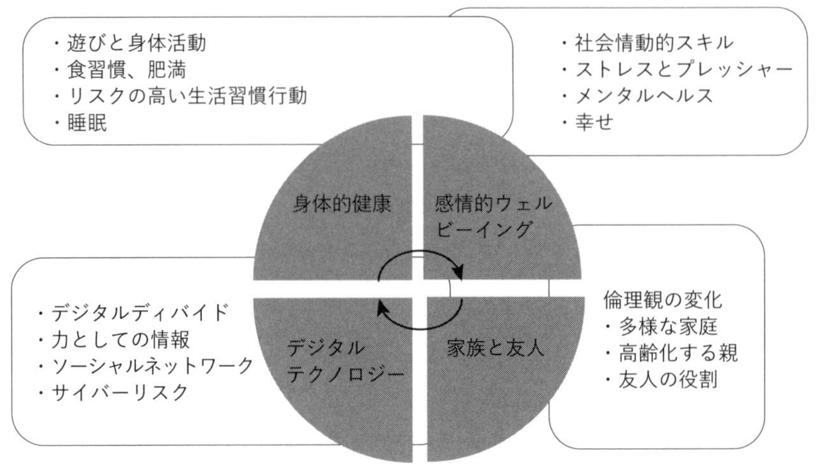

図 1-3-2 「21 世紀の子供たち」プロジェクト
（バーンズ・ゴッドシャルク，2021）

す。図 1-3-2 にわかりやすく、互いの関連性と各テーマに含まれている内容を示しました（バーンズ・ゴットシャルク，2021）。

OECD は、特に感情的ウェルビーイングについて重要視しています。幼少期から青年期の発達は、子どもの発達過程の上で大切な時期です。成人期のメンタルヘルスの問題の多くは思春期以前に発症していると考えられていることからも、早くから予防的な支援をすることが望まれます。とりわけ、我が国だけに限られた事ではないですが、世界的にもいじめについては減少する様子が見られないことや抑うつや不安を訴えるものが多くなっています。そのため、早くに手段を講じる必要性が指摘され、「社会情動的スキル」を向上させることに大きな関心がよせられています。

③社会情動的スキルと暴力、いじめ、虐待

子どもの権利条約は、暴力からの解放は子どもの基本的人権であると明記しています。しかし、こうした条約が締結されていながらも、実際には世界中の子どもたちは様々な暴力にさらされています。多くの国々において、若者の暴力、特にいじめが深刻な問題になっています。OECD（2019）の PISA の調査

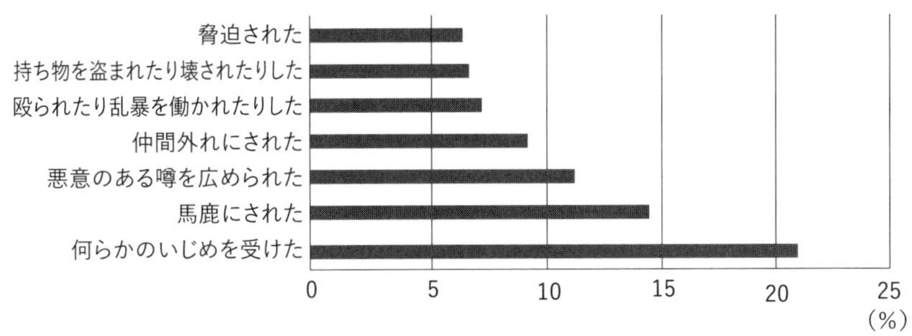

図 1-3-3　１カ月に数回以上、これらのいじめを受けたと回答した生徒の割合
（バーンズ，ゴッドシャルク，2021）

データから明らかになっていることは、加盟国の 23%の生徒が 1 カ月に数回以上のいじめにあっており、8%が頻繁にいじめられていると報告されています。いじめの方法は、仲間外れにする、噂を広める、身体的暴力など多様な形式が報告されています。加盟している国の 15 歳の生徒における行動の割合を図 1-3-3 に示しました。

こうしたいじめは子どもの生活、中でも感情的なウェルビーイングに深刻な影響を及ぼします。加害者も被害者も抑うつ症状や不安症状を示すことが多く、自尊心が低下します。さらに，孤独感が強くなり、何事に対しても無関心になると指摘されています（Choi, 2018）。特に、近年はデジタルテクノロジーの進歩とともに、ネットでのいじめが増え、大人の見えない世界で深刻な問題が生じています。したがって、OECD においてもいじめ政策について積極的に取り上げ、支援のエールを送っています。

(2) OECDの変遷と目的とするコンピテンシー

1）コンピテンシーとは

1997 年から 2003 年にかけて、OECD は「DeSeCo（Definition and Selection of Competencies）プロジェクト」を実施しています。このプロジェクトでは「キー・コンピテンシー」という言葉が用いられています。このキー・コンピテンシーは、筆記試験で測っているような一般教養や政治、行政といった知識では収まらない能力であると考えられるようになっています。つまり、かなり幅広い潜在能力まで含まれて考えられるようになっています。

こうしたコンピテンシーという言葉は、教育の分野では、スキル（skills）あるいはリテラシー（literacy）という言葉とほぼ同義でも用いられることが少なくありません。ソーシャルスキル・トレーニングというプログラムがありますが、かつては「技能」と訳されていることが多く（渡辺，2018）、日本の教育現場では狭い意味で捉えられることが多々ありました。言葉自体の語感のために、技能訓練というイメージが、教育が目指す人間像となかなか結びつけられず、学校に実践を導入する際の壁となりました。しかし、本来は生きる力と重なる考え方であり、「スキル」という言葉のオリジナルな意味は、より広い概念で使われています。

2）コンピテンシーを考える複数のアプローチ

まず、コンピテンシーの概念の特徴としては、統合的な視点に立つアプローチと文脈に則して捉えるアプローチの2つがあり、OECDの取り組みを日本語で白井（2020）が訳した図1-3-4で説明できます。

統合的なアプローチでは、コンピテンシーは、個々の状況に必要な能力を指すものと考えられていません。例えば、あるものを作るのに道具を使う能力が必要である、といった能力をイメージしていません。むしろダイナミックに個々のスキルや知識を必要な時にまとまりのあるように集め、それらを開花させるような潜在能力として捉えられています。図1-3-4に示されるように、文脈Aにおいては、相対的に「自律的に行動する力」や「異質な人々から構成される集団で相互に関わり合う力」が重視されていますが、文脈Bにおいては「道具を相互作用的に用いる力」が重視されるというように必要なスキルを組み合わせながら統合するプロセスが想定されているのです。

これに対して、文脈に則したアプローチからコンピテンシーを捉えると、文脈に依存してコンピテンシーをいくつも多様に考えることとなります。例えば、

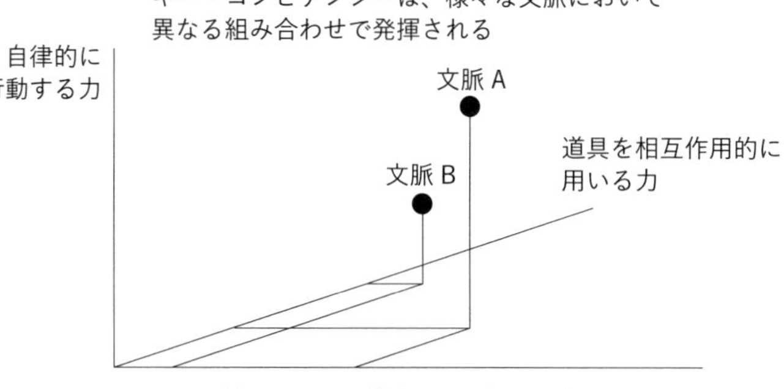

図1-3-4　DeSeCoにおけるキー・コンピテンシーの考え方
（白井，2020）

日本では他人と協調していくことが重視される傾向があるのに対して、アメリカでは自分を主張することが大切にされる、といった求められるコンピテンシーが社会や文化で異なってくることが仮定されます。こうした考え方をとりながらも、いかなる文脈でも適用することのできる汎用性の高いコンピテンシーをさらに探ろうとすると、具体的なスキルというよりは、むしろ批判力や創造力といった抽象度の高いスキルが結果的に選ばれることになります。

こうした複数のアプローチについて議論が重ねられ統一されてきたキー・コンピテンシーの概念が図1-3-5に示されています。2030年に向けては,「新たな価値を創造する力」「対立やジレンマに対処する力」「責任ある行動をとる力」という3つのコンピテンシーが挙げられています。これら3つは、「変革をもたらすコンピテンシー」としてまとめて考えられることも明示されています。

DeSeCoの流れは日本にも大きな影響を及ぼしています。2017年からその翌年にかけて行われた学習指導要領の改訂においては,この「DeSeCoプロジェクト」の成果がふまえられて検討が進められてきています。日本では、コンピテンシーに該当する「資質・能力」という言葉が正式に用いられるようになりました。各教科において育むべき「資質・能力」は「知識・技能」「思考力・

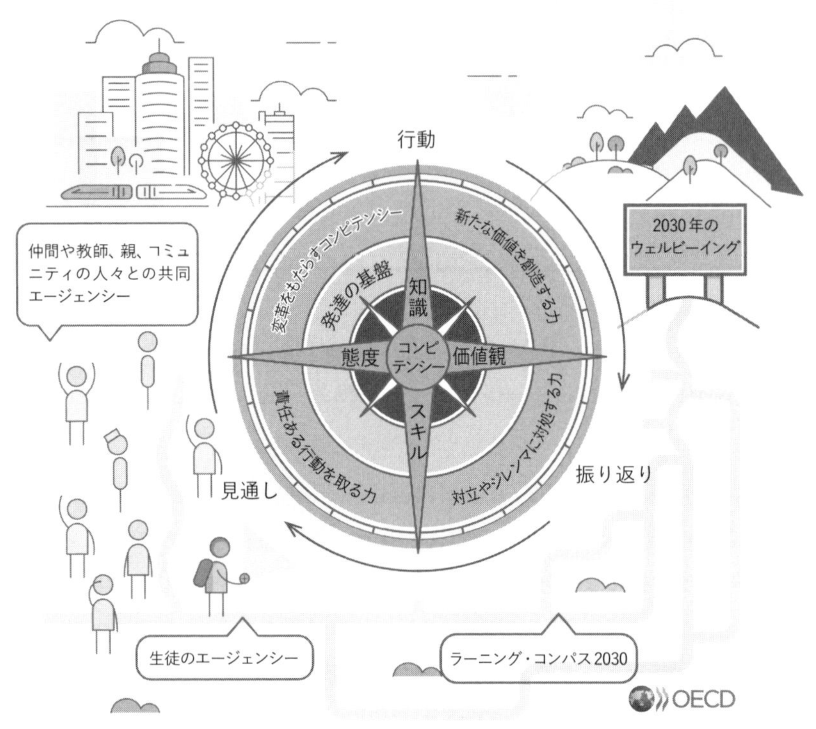

図 1-3-5　Education 2030 ラーニング・コンパス
（OECD, 2019：白井, 2020 を基に作成）

判断力・表現力等」「学びに向かう力・人間性等」という 3 つの柱から構成され、バランスの良い育成が目指されています。授業においては「主体的・対話的で深い学び」を目標とするとともに、こうしたコンピテンシーを育成することが具体化されてきています。

(3) OECD の Education 2030 で目指されていること

図 1-3-5 に示されるように、OECD では、新たに Education 2030 プロジェク

トが始まっています（白井，2020）。この議論のポイントの１つ目は、「メタ認知」をどのように捉えるかということです。21世紀型スキルにおいては、「省察・振り返り」という形でメタ認知という概念が捉えられていました。興味深いのは、メタ認知は認知スキルに入る概念として考えられていましたが、次第に認知および非認知をまたぐ概念として捉えられるようになっているところです。

2つ目は、ソーシャルスキルや情動的（感情）スキルをどのように捉えていくかについてです。自律的に行動する力は個人の内面に関わる力です。他方、多様な人々から構成される集団で相互に関わり合う力は個人を超えた外の力として考えられます。ただし、ここでは個人の内とか外の力と区別せず一つのまとまったスキルとして捉えられるようになっています。

3つ目は態度としてどのように概念化するかという点についてです。態度は、道徳で重視されており価値観と深く関わる概念として態度および価値観として一つにまとめられて考えられていた過程もありますが、2019年には図1-3-5のように態度と価値観がまた独立しているように捉えられています。

最終的に、図1-3-5の真ん中の絵のような「ラーニング・コンパス」（学びの羅針盤）という切り口が新しく設定されています。子どもたちが学びを進めていくうえでどのようにしていけば良いのか、そのイメージが具体化されてきているわけです。コンパスの内側の円の部分が「発達の基礎」と想定されています。外側の部分には、「新たな価値を創造する力」「対立やジレンマに対処する力」「責任ある行動を取る力」「変革をもたらすコンピテンシー」の4つに収束されています。

このラーニング・コンパスにおいては、生徒自身の学びのサイクルについても言及されています。このサイクルはAAR（Anticipation-Action-Reflection）サイクルと呼ばれています。矢印に伴って、「見通し、行動、振り返り」というサイクルで循環するイメージが描かれています。学ぶ者が考えていることを継続的に改善し、意図的にまた責任を持って行動ができるような繰り返しの学びのプロセスが想定されています。

自身の取る行動がどのような結果を導くかを考え、その上で行動を選び、実際に行動を起こすことが目指されているわけです。選ばれる行動自体に正答が一つあるわけではありません。様々な可能性があるわけですが、その後に、振り返ることが、次の見通しを持つことで重要になってきます。こうした学びのサイクルを学習者が身につける必要が指摘され，この主体となる学ぶ者は図1-3-5の左下にイメージとして描かれていますが、「エージェンシー」として位置づけられています。このエージェンシーは、他人に自分のことを決めさせるのではなく、自分で行動することを指します。いわば、自分の未来を自分で形作っていくことを指します。したがって、生徒がエージェンシーとなることは、生徒自身が自身の生活や周囲の世界に対して良い影響を与える意思と能力を有しているという信念を持つことを意味します。目標を設定し、変化を生じさせるために責任ある形で行動をする能力を備えていることが想定されています。

（4）OECDの考える社会情動的スキルとSELの関係

OECDが2015年に刊行した社会情動的スキルに関する報告書によれば，社会情動的スキルこそが教育や仕事、人間観、さらには健康を含め多くのことに影響を与えるとまとめられています。発達の基盤を考えると、幼少期においては「自己意識」や「自己調整」などのスキルをしっかり身につけていると、長期的にその後の人生に良い結果のもたらされることが報告されています（Schon, Nasin, Sehmi, & Cook, 2015）。

どのような学びにおいても、学ぶ主体の発達的な基盤を考えることが大切です。発達に応じて適切な考え、感情、行動について学ぶことができるように、支援や教育が必要です。したがって、これはSELに限られる場合だけではないですが、発達的な理論をベースに考えていく必要があります。

Education 2030が目指している2030年頃は、VUCAの時代になると考えられています。VUCAとは、Volatile、Uncertain、Complex、Ambiguousの頭文字をとった言葉ですが、「予測困難」「不確実」「複雑」「曖昧」な世の中が予測されるということです。これだけ目まぐるしく科学的な技術が進化するとともに、人間の予測を超えるような状況が重なると、目標となること自体が変わってしまうことも考えられます。しかし、そのベースに必要な発達的基盤に応じて学びを考える必要性については、常に考えなければならない点だと言えます。OECDの報告書には、アメリカ発信ですでに欧米やアジアにも普及しつつある生徒のSELについての紹介があります。紹介されているのは、生徒の社会性や感情のスキルを高める学校への介入の効果に関する研究です（Durlak et al., 2011）。例えばデュラックら（Durlak et al., 2011）の分析から明らかにされたのは、SELのプログラムが社会情動スキルや自己、他者、学校にポジティブな効果を示していることです。これらのプログラムは、向社会的行動を増やし、問題行動を減らし、学業を向上させたと報告しています。従って、人は変化しない社会情動スキルを持って生まれるのではなく、人生においてスキルを発達させるポテンシャルを持っていると報告されています（Helson et al., 2002）。また、教師や生徒に関するデータから教師が生徒の社会情動スキルに大きな影響を及ぼしていることも示唆されています。教師や学校は、PISAや他のテストで測られるような生徒の成績だけではなく、生徒の社会情動的スキルの発達に寄与する情緒的に支援的な環境を作り出す重要な存在なのです（Pianta & Hamre, 2009）。

（5）日本の教育にSELを取り入れるための視点

OECDでは、こうしたコンピテンシーや学ぶ者の礎になる概念の体系化に力が注がれてきています。ただし、実際にどのような教育が必要かといった具体的なカリキュラムや指導法については、指針となるものがあまり存在していないように思います。

実際に、子どもたちを目の前にすると、必要なのは抽象的な概念だけではなく、むしろその概念につながる具体的なカリキュラムや指導法です。教員は学びの方向性や目標については抽象的にイメージを獲得することができても、それではどのようなカリキュラムで、何をいつどのようにすれば良いのか、そういったところで戸惑ってしまうことが少なくないのです。SELにおいても、具体的なカリキュラムについては未だモデルとして詳細に紹介されていないように思います。具体的な方策と抽象的な概念が結びつくような指針が今後望まれます。

この節の最後として、多くの国が課題としているカリキュラムについて述べて括りたいと思います。先に、具体的な方針を知ることが必要だと述べましたが、抽象的な概念と結びつけずにただ具体策のみを考え、実際に教える内容を増やし続けると、カリキュラムのオーバーロードの問題が生じてきます。生徒の学ぶべき事柄が増加の一途を辿っていくわけです。教える内容が多すぎると、アクティブラーニングを活用して主体的に対話的な時間を取れないことにもなります。そのため、内容を深く理解するというよりは広く浅くなってしまいます。

ですから、大切なことは、「学び」とは、そうした知識を子どもの頭に注入するのではなく、図1-3-5のように生徒の心にラーニング・コンパスを育て、エージェンシーとして学びを深めようとする姿勢を持たせることを常に根幹として考えることが必要ではないかと思います。抽象的な学びの目標と具体的な教育方法とをバランスよく考えることが望まれます。

この節では、主にOECDの大きなプロジェクトを通して、そこで目指されていることを紹介しました。またそれが日本の教育に与える可能性について考えました。次の節では、社会性や感情の側面が着目されるようになった経緯について、少し角度を変えて述べたいと思います。

IQからEQへ；認知能力から非認知能力への関心

●渡辺弥生

(1) IQから社会的な知能への関心

社会性および感情に関わる知能への関心がうねりを持って大きくなった背景には、「知能」についての考え方の変遷に依拠するところがあります。1920年にソーンダイク（Thorndike）が対人能力に着目し「社会的知性」という概念を提唱しましたが、これが学術的な文献の源流と考えられます。その後、キャッテル（Cattell, 1963）は正確さと速さに重きをおいた流動性知能と一般的な知識や言葉の理解に関する能力である結晶性知能という2種類の知能の存在を唱えました。

さらに、時を経てガードナー（Gardner, 1975, 1983）が「多重知能理論（Multiple Intelligence）」を唱えました。ガードナーは教育現場において、言語的な知能や論理的および数学的知能に偏った教え方に疑問を持ちました。そして、自然界への敏感さや社会的な知能など知的な能力を多重的なものとみなし、図1-4-1のような8つの知能の存在を明らかにしました。すなわち、言語的知能、音楽的知能、数学的知能、空間的知能、運動的（身体的）知能、個人内知能、対人的知能、自然的知能です。ここで示された対人的知能は、他者の感情や意図を認識し、また弁別する力が想定されています。

8つのインテリジェンス

言語的知能（“word smart”）
数学的知能（“number/reasoning smart”）
空間的知能（“picture smart”）
運動的（身体的）知能（“body smart”）
音楽的知能（“music Smart”）
対人的知能（“people smart”）
個人内知能（“self smart”）
自然的知能（“nature smart”）

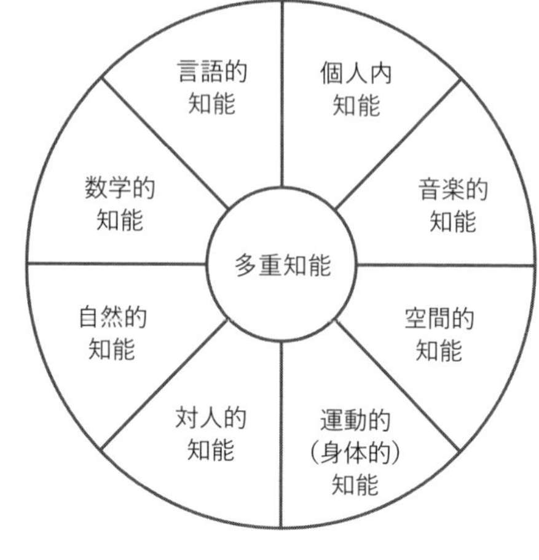

図1-4-1　8つのインテリジェンス

その後、スタンバーグ（Sternberg, 1984）は、知能を構成するものとして分析的知能、創造的知能、実践的知能の3つの側面があるという独自の理論を提唱しました（鼎立理論：A triarchic theory of intelligence）。三部理論とも称されています。従来の知能についての考え方が情報処理のシステムに依拠している傾向にありましたが、経験や社会の文脈にも関心を寄せたことに特徴があります。そして、こうした知能をバランス良く組み合わせて、社会で成功していくために必要な知能である成功知（Successful Intelligence）が獲得できるという考えに至りました。分析的知能は必要なものの、それだけでは前に踏み出していけません。リスクがあるなか前進していくためには創造的知能が大切だと考えられています。そして、これらの知能を適切にマネジメントして現実世界に適応するための知能が実践的知能であるとしています（スタンバーグ, 1998）。

このように、知能がある特定の分野に限定されるような単純な構成ではなく、複数の側面から複雑に構成されていることが、様々な研究を経て提案されるようになってきました。その一つとして社会的知能（社会的知性とも言われる）が重視されつつあります。とりわけ、社会的知能を含むコンピテンスという概念に注目が集まるようになり、円滑な対人関係を築く力は、言語的知能とは切り離すことのできない重要な知能として考えられるようになりました。

(2) 感情への注目

このように、知能について様々な研究がなされるなか、社会的知能に焦点が当てられるようになりました。科学的分野や経済的分野においても、心の社会性や感情についての発達が着目されてきていました。かつては言語的知性や論理数学的知性など、IQ（Intelligence Quotient、知能指数）に寄せられていた関心が次第に対人関係や感情コンピテンスへと関心が移行してきたのです。ロボット開発においても感情といった非認知機能のメカニズムについて探索されるようになりました。

実際、現実生活において社会に適応している人たちを見渡すと、IQの高さだけでは、仕事の能力を評価できないことが経験的に周知されつつあります。知識を活かすためにも、他人と交流する力や異なる意見が生じても冷静にマネジメントできる感情力が必要なことは明らかです。人間に、より近いロボットをつくろうと研究が重ねられています。記憶力に優れ、難しい言葉を獲得し、その上いくつかの社会的な行動パターンを獲得するよう、様々にプログラム化されています。しかし、言語的な側面だけでなく、表情やしぐさなどのノンバーバルなコミュニケーションを含めて相手の感情を理解し、ロボット自身が感情を持つかのように振る舞うことは未だ難しい状況にあります。ただし、こうした努力が積み重ねられること自体が大切です。人の感情面の不思議さや、感情とは一体どのようなメカニズムなのかについて、今後いっそうの理解を得る糸口になると考えられるからです（渡辺，2019）。

学術的なレベルにおいて感情研究を概観すると、立役者ともいえる存在がいます。イェール大学のサロベイやニューハンプシャー大学のメイヤーです（Mayer & Salovey, 1997）。彼らは、感情知能（感情知性）（Emotional Intelligence：EI）について独自の理論を展開しました。このEIという言葉は、1964年にベルドック（Beldoch, M）によって提唱され、1966年にロイナー（Leuner, B）の論文のタイトルに用いられて、その後知られるようになりました（大森，2020）。

学術的にはEIが用いられることが多いですが、一般的にはEQという言葉で知られるようになりました。1995年に科学ジャーナリストのゴールマンが著書*Emotional Intelligence*（邦訳『こころの知能指数』）のなかで、IQに対比される概念として、Emotion Intelligence Quotient（EQ）を全世界に紹介したことから、この言葉が定着してきています。ただし、大森（2020）によると、メイヤーとサロベイはこの感情知能を「能力」として強調しているのに対して、ゴールマンはパーソナリティとして捉えようとしているところに差異があるようです。

このEQ理論では4つのコンピテンスが挙げられています。自分がどのように感じているかを知覚して識別する「感情の認識能力」、状況判断や課題達成のために自分の感情を利用する「感情の利用能力」、感情がなぜ生じてどのように変化するのかを理解する「感情の理解能力」、そして、他者に働きかけるため自分の感情をコントロールする「感情の調整能力」です。サロベイが立ち上げたエモーショナル・インテリジェンス・センターを、筆者は以前訪れたことがありますが、気分や感情の存在意義や機能、感情知性の測度や理論、教育プログラムのエビデンスのチェックなど、感情について国際的に研究され、また具体的な実践プログラムが開発され推し進められています。

他方、類似した概念として「感情コンピテンス」という用語も用いられています。発達心理学領域では、ソノマ州立大学で教鞭をとったサーニ（Saarni, 1979）が感情コンピテンスの必要性を唱え、感情は問題解決や道徳教育などとも関連づけて考えられています。感情コンピテンスをスキルとして捉え、発達的な観点から興味深い研究が行なわれてきています。感情コンピテンスは、感情を喚起させる社会的なやりとりにおいて自己効力感を表すものとして定義づけられています。すなわち、自己、エゴアイデンティティ、道徳性、発達的な視点を含む包括的な概念として捉えることができます。

具体的なスキルとして次の8つのスキルが挙げられています。①自分の感情を知覚する、②他人の感情を区別する、③感情を述べる、④他人の経験に共感する、⑤内的な感情状態と外への表現との違いに気づく、⑥嫌悪の感情に対処する、⑦関係性の構造において感情の役割を知覚する、⑧感情についての自己効力です。

感情コンピテンスに含まれる自己効力感は、何かを成し遂げたいときに、それを可能にするだけの自信とスキルを持つことにあり、対人関係にも多大な影響を与えていると指摘されています。すなわち、対人間のコミュニケーションは、単なる知識の交換ではなく、互いに感情的に受け入れられるかどうかを模索しながら、同時に何かを成し遂げようという効力感を刺激するプロセスといえます。感情や感情表現を駆使しながら互いの意図を確かめ合っているプロセスなのです。したがって、成熟したやりとりには、感情コンピテンスが必要であると考えられたわけです。

さらに、サーニは、社会的表示規則（Social Display Rules）と呼ばれる概念を紹介しています。発達に応じて、社会や文化に合わせて自分の感情を調整するようになることです。ある状況では相手を傷つけないようにどのような感情を表出するべきかというルールを身につけることを指します。

例えば、欲しかったプレゼントを人からもらったとき、人は満面の笑みを浮かべて喜び、ありがとうという感謝の気持ちを表現するでしょう。他方、好みでないものをもらったときにはどうでしょうか。多くの人は、好みのものではなくても、笑みを浮かべて感謝の言葉を述べるでしょう。

こうした相手を傷つけない対人関係のルールをいつから獲得できるのか、サーニはこの点について研究しました。様々な状況で、子どもがどのように反応するかについて観察研究を重ねていますが、幼い子どもといえども感じたことを常にそのまま表現するわけではないことが明らかになりました。すなわち、幼児においても、もらったものが欲しかったものでない場合に、笑みを浮かべるということができることが見出されたのです。

このことから、発達過程において社会的慣習の存在に気づくようになり、次第に社会から期待される行動を理解し、それに応じて気遣いができるようになることがわかりました。相手を傷つけないように自分の気持ちをありのまま表現せず、抑制することが可能となることが示唆されたのです。このようにサーニは発達的な観点から「感情コンピテンス」という概念を提案し、感情を「能力」というよりは獲得可能な「スキル」として捉えようとしました。

このように、感情への関心が高まりつつも、研究者によって感情の捉え方が様々であることがわかります。能力的な側面からであったり、パーソナリティとして捉える切り口であったり、獲得できるスキルとして考えられたりしています。オリジナルの英語の概念自体多義的ですが、翻訳の言葉もまだ一つに定着していません。

(3) 教育や支援のターゲットとしての「感情リテラシー」

「コンピテンス」という言葉の概念は、「潜在能力」を念頭におかれて用いられていましたが、実際に、感情知能や感情コンピテンスと言ったように、研究者によって捉え方が異なることは先述しました。ただし、教育や支援について具体的に考えようとすると、抽象度が高く曖昧模糊とした定義のもとに実践を考えるよりも、むしろ、教えることが可能なイメージを持つ用語を活用することに効果があると考えられます。

そのため、実践者は、好んで「感情リテラシー」という言葉を用いています。本来、リテラシーという言葉は、理解・解釈・分析という概念に相当し、「読み書き」の意味を指す言葉として使われています。感情を育むという文脈においても、リテラシーという言葉を用いるほうが、コンピテンスという言葉よりも、具体的に学ぶことが可能なイメージを喚起するので、多々用いられています。

最近の研究では、この感情リテラシーに重きをおいたトルコの研究があります。ここでは、感情リテラシーを、自分や他人の人生において個人的な力や生活の質を向上できるように、感情それ自体について知ることとして捉えられています。ハイン（Hein, 2013）によれば、「私は感じている（I feel）」というように、感情を捉えることができるような能力を指しています。

子どもたちは、成長するにつれて、自分の周りに世界というものが存在することを理解し、日々直面する問題を解決していくことが求められます。例えば、ある難しい状況に直面した時に、いくつかの感情が喚起されるわけです。その際、その感情がどういう種類のものかを考え、他の人に伝えたほうが解決しやすいのではないかと思うような体験を重ねます。同時に「怒った」とか「悲しい」といった言葉の意味を理解し、感情語彙を増やします。

そして、次第に自分からそのような気持ちを持ったことを、他人に表現することができるようになり、そのほうが他人からの理解を得やすいことに気づいていくわけです。また、他人がこうした言葉を使った時に他人の心理状態を知ることができるようになります。対人関係の仕組みを深く理解し、関係性を変えていくことも可能であることに気づくようになります。

したがって、幼児期であれば、「悲しい、怒った、嬉しい、驚いた、不安だ」といった感情を理解し、その言葉を使えるようになることが、まず必要になります。このような文脈を考えると感情を表現するスキルは、自然に身につくものではなく、親や友達とのやりとり、あるいは遊びを通して学んでいくと考えられます。遊びという自由な時間や空間でいろいろな人たちと関わり、「負けて泣くのは恥ずかしいよ」「なんで嫌って言わないの」といったやりとりが対人交互作用の中で積み重ねられ、問題解決に必要な感情リテラシーを身につけていくと考えられるのです。

大人自身は子どもとの関わりの中で、感情教育をしている意図は持っていないかもしれません。生活のなかで「怒りん坊だから、こんなことになっちゃったね」「あんな大声出すと、恥ずかしいよ」といったやりとりをし、「怒る」「恥ずかしい」という気持ちの存在や気持ちを表す言葉を伝えています。言葉の意味や、怒りをうまく調節しないと解決できないことなどを、無意識に教えていると考えられるのです。

しかし、こうした期待される親子のやりとりが希薄化していることが指摘されるようになり、学校教育でこのような感情リテラシーを教えていく必要性があるという声が高まっています。感情の表出と理解、さらに感情の強さ、感情の調節（コントロール）などです。例えば、感情の理解については、友達が

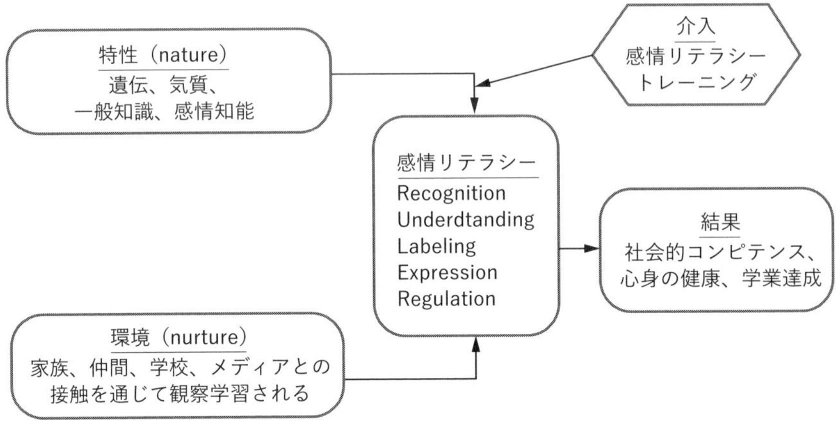

図 1-4-2　RULER アプローチ
（大森，2020）

笑っている表情を見ると嬉しい、鼻にしわを寄せると嫌悪といった理解をすることができるようになることを教えていくということです（Denham, Bassett, Brown, Way, & Steed, 2015）。感情の強さについては、7 歳から 30 歳を対象にして、気持ちの温度計など感情を可視化できるツールを使った研究などがあります（Wintre, Polivy, & Murray, 1990）。

このように、感情リテラシーという捉え方をしている SEL の一つで、大変ポピュラーなプログラムとなっているルーラー・アプローチ（RULER Approach）を紹介しましょう。イェール大学のエモーショナル・インテリジェンス・センターで実施されているアプローチです。図 1-4-2 のように（大森，2020）、感情リテラシーとして 5 つのスキルが紹介されています。自他の感情の認識（Recognition）、感情の理解（Understanding）、感情の語彙によるラベリング（Labeling）、感情表現（Expression）、感情の調節（Regulation）を育成することが目指されています。これらの頭文字をとって RULER と名づけられています。感情リテラシーを育てるユニークな教育方法や教材が取り込まれています（渡辺，2019）。そのほかにも、ノースキャロライナ州の 3C Institute が開発している Adventures in Emotional Literacy（AEL: https://www.3cisd.com/portfolio/featuredproduct-4/）なども豊かな感情の育成や思いやりの行動に結びつく実践が紹介されています（渡辺，2020）。

（4）認知能力から非認知能力へ

さて、ここでは、社会性や感情、社会情動的スキル、社会情緒的能力など非認知能力に関心が寄せられるようになった経緯について振り返ってみましょう。発端となったのは、ペリー就学前計画です。1960 年代にミシガン州で実施された調査研究であり、教育上のリスクがある子どもたちとその家庭を対象とした研究でした。

研究の対象となったグループでは子どもが幼稚園での幼児教育プログラムに参加すると同時に、専門家が家庭訪問をして養育者に対する教育が実施されました。自発的な遊びの中でソーシャルスキルを教えるなど非認知能力を育てる内容が含まれていました。その後、対象となったグループとそうでない統制群が 40 年以上にもわたり追跡調査がなされました。その結果、対象グループであった人たちのほうが犯罪率が低く、年収が高いなどよりよい生活を送っていることが明らかとなったのです（遠藤，2017）。

この非認知能力は、認知的なテストで測られるものとは区別される概念であると考えられています。例えば、パーソナリティの切り口から明らかにしようという研究があります。最も顕著なものとしてビッグファイブのモデルがそれに当たるでしょう。図 1-4-3 に掲げられている 5 つの概念が、個人のうちに仮定される何らかの行動を説明するものとして考えられ、時間や状況を超えて安定した機能を持つと想定されています。小塩（2021）によれば、SEL の効果をまとめたレビューにおいて、「誠実性」に関わる内容を含む社会情動的スキル全般が、介入することによって向上が確認されていると紹介されています。その他、このビッグファイブと非認知スキルと考えられる概念の比較を通して、子どもの気質やそれと関係する特性などをまとめる試みもなされています（Heckman & Kautz, 2012）。

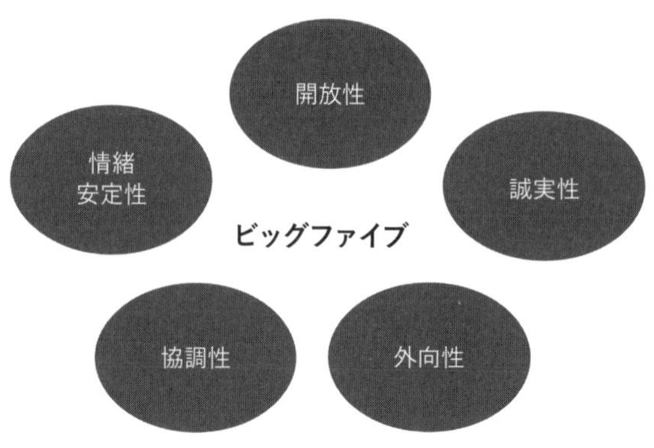

図 1-4-3　ビッグファイブ（パーソナリティの 5 因子モデル）

ノーベル経済学賞を受賞したヘックマン（Heckman, 2013）は、IQ といった認知能力の発達にもし差がないのであれば、人生において差を生じさせるのは非認知的能力ではないかと示唆しました。そして、就学前の介入や支援で子どもたちの粘り強さ、自制心や動機づけなどを育んだことが、後のより良い人生の実現につながったと解釈したのです。こうした流れを汲むと、幼児期などの早い段階で社会情動的スキルを高めるような教育や介入をすることが重要であることを意味します。また、社会情動的スキルを高く持つ個人のほうが経験を通した学習効率が良いなど、認知スキルの向上にとっても、非認知スキルが効果を持ちうる可能性の大きいことは示されています。

ただし、この非認知能力は、非認知スキル、社会情動的スキル、社会情緒的スキルと、「的」が入って紹介されたり、感情も情緒であったり情動として紹介されたりと、まだ定訳が定まっていない状況にあります。この稿では特に統一しようとせず、おおよそ同じ概念として捉えて読んでいただけると良いと思います。

小塩（2021）は、『非認知能力』というタイトルの書籍を刊行していますが、2010 年以降に「非認知」という言葉がよく見られるようになったと紹介しています。この書籍では、非認知能力あるいは、それに類するものとして 15 の心理特性を取り上げています。15 が選ばれた理由としては、個人がそれらの

表 1-4-1　非認知スキルに含まれるコンピテンススキルに関する異なるフレーム

種類（denomination）	例
包括的コンピテンス （Generic Competences）	Tuning Educational Structures（Wagenaar & Gonzalez Ferreras, 2008）
キー・コンピテンス （Key Competences）	UNESCO（1996）, OECD（2003）, EU（2006; 2018）
ライフスキル／コンピテンス （Life Skills/Competences）	WHO（1993）, UNICEF（2010）, JRC LifeComp（2020）
横断的スキル （Transversal Skills）	UNESCO（2015）, ESCO（2019）
転送可能スキル（Transferable）	EC（European Commission）（Balcar et al., 2011）
21 世紀スキル	OECD（2009）, Partnership for 21st Century Learning（2015）, World Economic Forum（2015）

（Cinque, Carretero, & Napierala, 2021）

要素をより多く持つことが何らかの良い結果をもたらす可能性があるものであるという説明がなされています。ただし、絶対的に良いとは言い切れないものであり、誰にとって、何にとって良いと考えるかという視点が重要だと述べられています。具体的には、「誠実性」「グリット（困難な目標への情熱と粘り強さ）」「自己制御・自己コントロール」「好奇心」「批判的志向」「楽観性」「時間的展望」「情動知能」「感情調整」「共感性」「自尊感情」「セルフ・コンパッション」「マインドフルネス」「レジリエンス」「エゴ・レジリエンス」などが非認知能力として詳しく説明されています。

同 2021 年のジョイント・リサーチ・センター（Joint Research Center：JRC）の労働、教育とテクノロジー（Cinque, Carretero, & Napierala）のレポートには、現時点での非認知スキルと他の概念の共通点と相違点がまとめられています。表 1-4-1 では、2009 年から 2019 年までの労働市場に関する文献の中で非認知スキルとして用いられた概念や言葉をもとにまとめています。

このように、国際的なレポートでも名称や枠組みが異なっています。今後、継続的に議論が重ねられ、さらに分類や包括的な関係の考え方が変わる可能性が大きいです。

(5) 大切な発達のアウトライン

EIや非認知能力という概念について概観してきましたが、こうした力を育むにはいったいどうしたら良いのでしょう。この点については、まず社会性や感情がどのように発達するのか、そのエビデンスを明確にしていく必要があると思います。教育にこうした考えを導入するためには、子どもの発達を考慮していくことが大切です。発達時期に適切なスキルや能力を育むような教育が求められるからです。また、ここでいう発達は個人とその個人に影響を与える環境を含めた考えです。先天的な要因と後天的な要因との相互作用をあらためて考えていく必要があるでしょう。

ここでは、紙面に限りがありますが、非認知能力と考えられる中でも、社会性や感情がどのように発達するのか概略を紹介します。

乳児期：乳児の泣きは、感情が迸(ほとばし)るという表現がぴったりなくらい強烈です。親以外の周囲の大人達をつき動かすような威力を持つほどです。このつき動かされるような不快の源は、空腹など生理的な欲求がベースにあります。乳児にとって誰からも気づかれない状態にあることは死と直結するからです。同時に、乳児期は周囲から愛情を引き出す力を生得的に備えています。誰もが乳児を見ると表情を綻ばす様子が観察されることからも推測できます。

乳児が気持ち良い時に出すクーイングは、その声を聞く人の気持ちを癒す効果があります。親はこの泣き声やクーイング、そして喃語などを敏感に感じとり、応答することが求められています。生後3カ月くらいになれば、微笑（社会的微笑）を示すようになります。満足げな笑顔を見て、親の気持ちはさらに温かくなり、互いに心が通じ合うようになるものです。このようなやりとりを通して形成される心の絆は「愛着（アタッチメント）」と呼ばれています。

生後6カ月くらいになると、いつも応答してくれる親とそうでない人を見分ける力がついてくることから、見知らぬ人に見つめられるだけで泣き出したりする「人見知り」が始まります。特別な人への愛情が根づいてきたことの表れであり、信頼関係が成立します。乳児は自身が表す様々な感情に、親身に応答してくれる人を求めており、深い愛を感じとることは、自分の存在価値を確認し、自分がここに存在していて良いのだという自分の価値を感じることにつながると考えられています。

養育者が乳児の状態を感じとって応答するプロセスの中で、乳児の感情は分化していきます。スルーフ（Sroufe, 1996）は、乳児の感情の分化について、月齢4カ月以降で楽しみや喜びなどの気持ちに分化し、9カ月頃には、見知らぬ人への恐れの気持ちが生じていくと指摘しています。その後に、照れや羨望、さらには恥や罪悪感の感情が現れると考えました。リッドウェイ、ウォーターズとクチャイ（Ridway, Waters, & Kuczaj, 1985）は、18カ月から71カ月の子どもたちを対象に、どのような感情ボキャブラリーが使われているかを調べているが、1歳半からすでに快や不快に関わる単語がよく用いられるようになると報告されています。

幼児期：平行遊び（複数の幼児が同じ場所にいて、同じ遊びをしながらも、相互に関わりを持たない遊び）をするようになると互いに関心を持ち、接近するなどの行動を見せるようになります。連合遊び（まだ協同できませんが互いに関係性を持ち始める遊び）になるとおもちゃを共有し、交代することができるようになり、援助の行動もしばしば見かけるようになります。その後協同遊びになると、目標や計画を立て、組織化し、互恵的な遊びを行い、様々な社会的役割を楽しむごっこ遊びを盛んにするようになります。

この頃になると、言語能力も増して、視点取得、注意や記憶力も高まります。遊びが複雑になると感情をマネジメントし、言葉を活用して解決することができるようになります。ただし、幼児期は、依然、万能感が強く自己中心的思考が強い傾向にあります。そのほか、感情を表す言葉も限られてはいます。「うれしい、かなしい」といった基本的な感情は3歳あたりで理解し、それを言葉で表すことができるようになります。0歳では「いや」というネガティブ感情が出だし、1歳になるとネガティブな言葉のほかにも、「おもしろい」といったポジティブな言葉、そして「ごめん」といったニュートラルな言葉が使われているのが、2歳以上になるとボキャブラリーが増え、3歳児ではネガティブな感情表現が増えていきます。また、好みに関わるポジティブな言葉など種類が増えてきます。

児童期：6、7歳頃になると、感情については相手がぎくりとした様相や驚きなどについて、理解ができるようになります。息をのむ顔を見て恐れと関連づけたりなど、関連性の理解が始まります。おおよそ9歳になると予測できるようになります（Widen & Russell, 2002）。ワイデン（Widen, 2012）は、表情の理解が、怒りから嫌悪、悲しみ、恐れへと、次第に分化していく様子を説明しています。遊び場面など日常生活での典型的な場面を設定し、投影的に感情を表現させる方法を用いた調査では、小学校1年生は感情のボキャブラリーが少ないものの、2年生で増加し、それ以降の学年では同じくらいの数の感情語が使われていることが報告されています（渡辺・藤野，2016）。おおむね10歳以降になると、ポジティブとネガティブの両価の感情を言語化でき、理由も説明できるようになることが明らかになっています。感情を適切に理解するということは、自分の感情を言葉で表現できるだけではなく、さらに、感情の強さや質についても、より分化して認識できることだと指摘しています。

感情を表す語彙数の発達については、必ずしも学年とともに増加するわけではありませんが、年齢による表現の仕方に顕著な違いが見られるようになります。低学年は気持ちを単語一語で「うれしい」などと表現する傾向が高いのに対して、中学年では「あんなに練習したのに6位か」というように、その場面の状況や登場人物の行動に言及する文章での表現の仕方に変わるのです。さらに高学年になると、こうした行動や状況を言及する上で感情語も使えるようになることが明らかになり、おおよそ9歳か10歳をピークに表出の仕方が変化していくことが指摘されています（渡辺，2011）。

青年期：小学生から中学生にかけて、うれしさ、悲しみ、怒りといった基本的な感情をありのままに表現しなくなります。特に家族へは、気持ちの開示が少なくなることが明らかにされています。多感な青年期は様々な感情を抱きつつも、それをありのままに周囲に開示しなくなると考えられます。ネガティブな気持ちを、家族に隠すようになり、この傾向は、女子よりも男子のほうが強いようです。これに対して、うれしさのようなポジティブ感情は、怒りや悲しみの感情に比べると急激に抑えるわけではないが、やはり少しずつ表さなくなる傾向が明らかです（渡辺，2019）。青年期は、気持ちをストレートに出さなくても気づいて欲しいという青年期特有の甘えも見え隠れします。多様な心理状態を経験しながらも、実際に用いられる感情表現は投げやりとなり、「まじ」「やばい」といった短い言葉に集約される傾向も高くなります。どちらかといえば、親しい仲間内だけで盛り上がりたく、少し悪ぶることで、仲間意識を高めようとする意図も推測できます。家族に知られることの気恥ずかしさといった「羞恥の感情」がありますが、青年期の羞恥心と一口にいっても、失敗などの劣等感からくるもの、異性に対する感情、対人関係による緊張に伴うもの、また自己内省からくるものなどに大きく分かれます。自分と他人という違いを強く意識し、他人から見られる自分を過度に意識しすぎることが原因にあります。さらに、羞恥心の他にも、屈辱感、恨み、妬み、後悔など複雑なネガティブな気持ち、またポジティブな感情として「感謝」の心が現れることも指摘されています。こうした感情の発達の知見は、一部ですが、このような発達のアウトラインを理解した上で、教育していくことが望まれます。

ここでは詳述できませんでしたが、定型の発達とは異なるユニークな発達を呈する自閉症スペクトラム症など、個々が抱える特徴を捉えた発達のアウトラインについても今後明らかにしていくことが望まれます。子どもたちのすべてが人生においてウェルビーイングにつながるエビデンスが重ねられ、そうしたエビデンスをふまえた適切な教育や支援が求められるのです。

日本SEL研究会のご紹介

●理事長 宮﨑　昭

日本SEL研究会（Japanese Group of Social-Emotional Learning: JSEL）は、SEL（Social-Emotional Learning；社会性と情動の学習）の研究・発展・普及に寄与することを目的として2009年10月25日に設立されました。

世界が、戦争・紛争・分断、貧富の格差、飢餓や感染症、環境汚染・気候変動などの問題に直面する中で、OECD（経済協力開発機構）もSELの調査（Survey on Social and Emotional Skills; SSES）を始めました。

日本においても、少子・高齢化に伴う様々な問題の解決や国際化・情報化への対応が求められています。教育に目を向ければ、暴力、いじめ、不登校、多様な特徴がある子どもたちの教育への対応などが求められています。

こうした社会の変化に応じて柔軟な問題解決ができるスキルをSELによって培い、人類の社会的協力による繁栄と環境保全を実現していく力が21世紀の子どもたちに求められます。

本会の活動としては、様々なSELプログラムに関する研修会の開催、学術研究大会の開催、「SEL研究」（Journal of Social Emotional Learning）の発行（準備中）、国際学校心理学会（ISPA: International School Psychology Association）や日本教育心理学会（The Japanese Association of Educational Psychology）などの関連学会における研究発表とシンポジウムの開催などを行っています。

乳幼児の保育や学校教育、あるいは様々な困難のある人の支援をされている方々と共に、21世紀の諸問題をかるがると解決していくことができる子どもたちを育てましょう。（研究会ホームページ：https://j-sel.org/）

第2章

SELの導入と実践

1

SELプログラムを学校に導入する

●瀧澤 悠・松本有貴

(1) 導入につながる日本におけるエビデンス

1) SELプログラムを受けた約60%の子どもに効果

日本の学校では、2000年以降にSELプログラムの実施が加速しました。学級内の全児童生徒を対象に行われるユニバーサル設定のSELです。ソーシャル・スキル・トレーニング（SST）、様々な方法・理論を複合的に取り入れた複合的SELプログラム（SEL-8やTOP SELF）、認知行動療法、ストレスマネジメント教育、構成的グループエンカウンター、ピアサポートグループなどの様々なSELプログラムが、全国の幼稚園・小中学校・高等学校で実施されてきています。SELプログラムのSELスキル（自己への気づき、他者への気づき、自己のコントロール、対人関係、責任ある意思決定）、自己・他者・社会への態度（自尊心や向社会的行動など）、社会性（友人や教員との関係性など）、暴力問題、情緒問題（不安やうつなど）、学業成績などに対する日本におけるSELの効果を研究した論文が200本以上発表されています。

瀧澤・松本・石本（2022）は、SELプログラムを受けた5～18歳の子ども（介入群）への効果を、SELプログラムを受けなかった子ども（待機群・統制群）と比較した91の研究（総参加者27,157名）のメタ分析を行いました。メタ分析は、過去に行われた多くの研究結果を集めて行われます。メタ分析の結果は、一番信頼性が高い最上位のエビデンス（科学的根拠）であると国際的に評価されています。

瀧澤ら（2022）が行ったメタ分析には、学校現場の教員、スクールカウンセラー、研究者、大学生が、幼稚園・小中学校・高等学校の学級で実施し、最低 1 つ以上の SEL スキルの向上を目的とする研究が含まれています。発達や精神的問題を持つ生徒のみを対象とした研究など、特定の児童生徒を対象にした研究は除外しています。また、効果量（Hedge's g）を計算するために必要な数値（サンプル数、平均値、標準偏差など）が明示されていない研究も除外しました。SEL プログラムの学習成績への影響を調べた研究のうち、分析条件を満たす研究は 1 つのみでしたので、SEL プログラムの学習成績への効果のメタ分析を行

表 2-1-1　日本と海外でのSELプログラムの実施後の効果の比較

	日本で行われた 91 の研究の分析結果（瀧澤ら，2022）			海外の 213 の研究の分析結果（Durlak et al., 2011）		
分析項目	効果量（Hedge's g）	待機群の平均的変化よりも改善した子どもの割合（%）	研究数	効果量（Hedge's g）	待機群の平均的変化よりも改善した子どもの割合（%）	研究数
SELスキル	0.20	57.9%	46	0.57	71.6%	68
自分・他人・社会への態度	0.26	60.3%	51	0.23	59.1%	106
社会性	0.22	58.7%	35	0.24	59.5%	86
暴力的な行動	0.18	57.1%	28	0.22	58.7%	112
情緒の問題	0.18	57.1%	55	0.24	59.1%	49
学業成績	–	–	–	0.27	60.6%	35
総合的な効果	0.21	58.3%	91	0.30	61.8%	213

（注）SELスキルは 062 ページを参照
効果量（Hedge's g）の数値は大きくなるほど効果が大きいことを示し、0.2 で小さな効果、0.5 で中程度の効果、0.8 で大きな効果を意味します。

うことはできませんでした。

メタ分析の結果、SELプログラムを受けた子どもの57.1〜60.3%は、受けなかった子どもの平均的変化に比べ、SELスキル、社会性、暴力行動、情緒問題に改善がみられました。これは、アメリカ、欧州、カナダ、オーストラリアなどSELが普及している国の研究結果と同程度の効果を示しています（Durlak et al., 2011）（表2-1-1）。

2）SELプログラムの効果の維持

メタ分析に含まれた研究のうち、プログラム終了後どのくらい効果が続くかを調べた日本のフォローアップ研究は18ありました（表2-1-2）。フォローアップの期間の平均は19.3週間でしたが、3週間から2年までフォローアップした研究を分析しました。総合的な改善効果は統計的に確認することができました。特にSELスキル、自分・他人・社会への態度、社会性に関しては、

表2-1-2　日本と海外でのSELプログラムのフォローアップ効果の比較

	日本の18の研究の分析結果（瀧澤ら，2022）			海外の82の研究の分析結果（Taylor et al., 2017）		
分析項目	効果量（Hedge's g）	待機群の平均的変化よりも改善した子どもの割合（%）	研究数	効果量（Hedge's g）	待機群の平均的変化よりも改善した子どもの割合（%）	研究数
SELスキル	0.37	64.4%	8	0.23	59.1%	29
自分・他人・社会への態度	0.42	66.3%	8	0.13	55.2%	26
社会性	0.44	67.0%	5	0.13	55.2%	28
暴力的な行動	0.12	54.8%	5	0.14	55.6%	34
情緒の問題	0.18	57.1%	14	0.16	56.4%	35
学業成績	–	–	–	0.33	62.9%	8
総合的な効果	0.27	60.6%	18	–	–	

（瀧澤ら，2022）（注）SELスキルは062ページを参照

フォローアップ時点での改善効果のほうがプログラム直後よりも高い傾向が明らかになりました。この理由としては、子どもがSELスキルを日常生活において継続して応用したことによって効果が高まったのではないかと考えられます。海外の82の研究を分析したテイラーら（Taylor et.al., 2017）の結果と比較すると、改善効果は日本の研究のほうが高いことも明らかになりました。テイラーら（2017）の研究では、プログラムが終了した後に、6カ月以上もの期間をフォローアップした研究のみに絞って分析しているので、短い期間のフォローアップを含む日本の研究のほうが効果が高かったのかもしれません。

3）異なる種類のSELプログラムの効果の比較

ソーシャル・スキル・トレーニング（SST）、認知行動療法、ストレスマネジメント教育、構成的グループエンカウンター、ピアサポートグループ、SEL-8などのSELプログラムのそれぞれの効果を分析した結果、ピアサポートグループと構成的グループエンカウンター以外は、統計的に効果があると分かりました（表2-1-3）。

SST、複合的SELプログラム、認知行動療法、ストレスマネジメント教育などの統計的に有意な効果があったSELプログラムは、キャセルが定義するSEL

表2-1-3　SELプログラムの種類別の効果の比較

SELプログラムの種類	効果量 (Hedge's g)	待機群の平均的変化よりも 改善した子どもの割合（%）	研究数
SST	0.25	59.9%	32
複合的SELプログラム	0.21	58.3%	19
認知行動療法	0.26	60.3%	18
ストレスマネジメント教育	0.26	60.3%	11
ピアサポートグループ	0.04	51.6%	4
構成的グループエンカウンター	0.05	52.0%	3
その他	0.16	56.4%	4

（瀧澤ら，2022）

スキルのうち、最低2つ以上のスキルの獲得を目標としたプログラムでした。一方で、統計的に有意な効果がなかった構成的グループエンカウンターは、自己への気づき、他者への気づき、対人関係スキルなどの自己学習を促す交流活動は実施しているものの、具体的なスキル訓練は行なわれていませんでした。また、同様に統計的に有意な効果が見出されなかったピアサポートグループは、授業で訓練する具体的なスキルは主に傾聴スキル（対人関係スキルの一種）のみでした。

こうした結果から、子どもの自己・他者・社会への態度、社会性、暴力問題、情緒問題の改善を図るにあたり、効果を期待するには、最低でも2つ以上のSELスキルを教えることが重要であると理解できます。ただし、教えるスキルが多すぎてもプログラム全体の効果が必ずしも高まるわけではないことも、分析から明らかになりました。いずれにせよ、SELの一つひとつのスキルは、実際場面での練習の積み重ねが必要です。そのため、スキルの数に関わらず、子どもが一つひとつのスキルを獲得できるように時間をかけた取り組みが重要であると考えられます。

4）SELプログラムは経験のない教員が実施しても効果的

日本におけるSELプログラムの効果を、実施者を2グループに分けて分析しました。現場の教員が実施したSELプログラムの研究と、その他（スクールカウンセラー、メンタルヘルスの専門家、学生）が実施した研究と比べると、その他が実施した研究のほうが高い効果を示しました（表2-1-4）。しかし、教員が実施した研究においても、プログラムを受けた55.2～59.5%の子どもは、プログラムを受けなかった子どもよりSELスキル、社会性、行動問題、情緒問題に改善がありました。

実施した教員は、SELプログラムを研修会で初めて知り、自分のクラスでプログラムにチャレンジして成果を得ることができました。すなわち、SELプログラムを初めて学んだ教員が行っても子どもたちの問題を改善する効果が期待できることが明らかになりました。教員が持つ生徒との関係性や、クラスやグ

表 2-1-4　教員と他の専門家が実施したSELプログラムの効果の比較

	教員がプログラムを実施			その他がプログラムを実施		
分析項目	効果量 (Hedge's g)	待機群の平均的変化よりも改善した子どもの割合（%）	研究数	効果量 (Hedge's g)	待機群の平均的変化よりも改善した子どもの割合（%）	研究数
SELスキル	0.18	57.1%	25	0.28	71.6%	21
自分・他人・社会への態度	0.24	59.5%	32	0.34	59.1%	19
社会性	0.19	57.5%	24	0.34	59.5%	10
暴力的な行動	0.16	56.4%	15	0.23	58.7%	13
情緒の問題	0.13	55.2%	24	0.26	59.1%	31
学業成績	0.19	58.3%	48	0.28	61.8%	53
総合的な効果	0.27	60.6%	18	–	–	

（瀧澤ら，2022）（注）SELスキルは 062 ページを参照

ループを運営するスキルが、SEL プログラム実施に有利に働いた可能性が示唆されます。

5）SELプログラムは様々な年齢の子どもに効果的

このメタ分析では、幼稚園で実施した SEL 研究は 1 つでした。そのため、幼稚園で実践した研究は小学校で行われた研究と一緒に分析されています。様々な種類の SEL プログラムは、幼稚園・小学校、中学校、高等学校のそれぞれで統計的に見て効果がありました。SEL プログラムは、中学校の生徒に対してよりも、幼稚園・小学校の児童に対してのほうが、やや効果が高い傾向がみられました。海外の研究でも年齢の低い子どもにより高い効果が報告されています（表 2-1-5）。

年齢が低い子どもは新しいスキルや知識を学ぶ脳の働きが柔軟であることが、SEL プログラムがより年齢が低い子どもに対して効果的である理由の一つであ

表 2-1-5　学校レベルによる効果の比較

分析項目	効果量 （Hedge's g）	待機群の平均的変化よりも 改善した子どもの割合（%）	研究数
幼稚園・小学校	0.23	59.1%	61
中学校	0.19	57.5%	25
高等学校	0.24	59.5%	5
総合的な効果	0.22	58.7%	91

（瀧澤ら，2022）

ると考察されます。一方で、SEL プログラム効果は、高校生のほうが中学生よりも高い傾向がありました。高等学校へ進学した生徒は、知識とスキル学習能力がより身についているからだと考えられます。

6）SEL プログラムの規模と効果は反比例する傾向

SEL プログラム実施の規模は、プログラム効果と反比例することが分かりました（表 2-1-6）。学級・学年単位の比較的小規模の実施では、学校教員、スクールカウンセラー、研究者、学生アシスタントのうち複数がプログラム実施者として関わる研究が多数を占めました。一方で、学校全体や複数の学校にまたがる大規模な実施では、担任教員 1 人でアシスタントを伴わず SEL プログラムを実施した研究が多数を占めました。このことから、実施規模が小さいほ

表 2-1-6　SEL プログラムの実施規模と効果の違い

参加者数	効果量 （Hedge's g）	待機群の平均的変化よりも 改善した子どもの割合（%）	研究数
100 名以下	0.26	60.3%	43
100-500 名	0.25	59.9%	38
501-1000 名	0.11	54.4%	4
1001 名以上	0.08	53.2%	6
総合的な効果	0.22	58.7%	91

（瀧澤ら，2022）

表 2-1-7　SAFEを満たす・満たさないSELプログラムの効果の違い

プログラム分類	効果量（Hedge's g）	待機群の平均的変化よりも改善した子どもの割合（%）	研究数
SAFEを満たすプログラム	0.23	59.1%	70
SAFEを満たさない・確認できないプログラム	0.15	56.0%	21
総合的な効果	0.22	58.7%	91

（瀧澤ら，2022）

ど、計画通りにSELプログラムを実施し、効果が高まったと考えられます。

この結果から、学級・学年規模で行うこと、さらにはアシスタントが入るSELプログラムを実施することが効果を高める上で大切なことが明らかになりました。規模を大きくして効果を上げていくためには、教員がSELプログラムを何度か経験し熟達度が高まってきてから、展開していくことが有効であると考えられます。

7）SAFEを満たすSELプログラム

国内で行われたSELの分析（瀧澤ら，2022）でも、SAFEという基準を満たすSELプログラムのほうが、基準を満たさないあるいは確認できないプログラムより効果が高いという、海外の研究と同様の結果になりました（表2-1-7）。

SAFEとは、Sequenced、Active、Focused、Explicitの頭文字で、プログラムを効果的に実施するために重要な基準のことです（Durlak, 1997）。Sequenced（シークエンス）は、子どもが一歩一歩着実にステップを踏んでスキルを獲得できるように考えられたプログラム構成を意味しています。Active（アクティブ）は、講義形式の授業で知識を詰め込むのでなく、ロールプレイなどを通して子どもが実際にスキルを練習できるアクティビティが準備されていることを意味します。Focusは（フォーカス）は、スキル訓練に充分な時間をかけることです。スキルは時間をかけて実際の場面で繰り返し練習してこそ身につくからです。Explicit（イックスプリシット）は、明確なプログラムの学習目標が制定されて

表 2-1-8　マルチコンポネントプログラムであるかどうかの効果の違い

プログラム分類	効果量（Hedge's g）	待機群の平均的変化よりも改善した子どもの割合（%）	研究数
マルチコンポネント	0.17	56.7%	11
学級での授業のみ	0.24	59.5%	80
総合的な効果	0.22	58.7%	91

（瀧澤ら，2022）

いることを意味しています。例えば、「配慮するスキル」「共感性」「自分の気持ちや考えが分かるスキル」などの特定のスキルの獲得を目標に設定してプログラムを実施することです。

8）マルチコンポネントプログラムの効果

SEL プログラムの実施には、授業以外での取り組みも含めるマルチコンポネントプログラムという実施方法が 2 種類あります。1 つ目の種類は、学級で SEL の授業を行うことに加えて、保護者にも子どもの SEL スキルの獲得をサポートしてもらうプログラムの実施方法です。保護者へのニュースレターを通じて学校での SEL の取り組みを伝える、保護者に対して短時間の講習会を行うなど、家庭環境でも SEL スキル練習をサポートしてもらう方法です。

2 つ目の種類は、学校の教員全員へ SEL プログラムの講習会を行い、学校全体で子どもの SEL スキルの獲得を共通目標として掲げ、学校の活動全体で SEL スキルの向上を目指していくという学校全体アプローチの実践です。

しかし、海外の研究結果と同様に、国内の分析でも、マルチコンポネントプログラムは授業のみの SEL プログラムと比べて統計的な有意性はありませんでした（表 2-1-8）。保護者が SEL プログラムに効果的に関与する方法論が確立されていないことや、学校全体の教員を SEL プログラム実施のために上手く一斉に訓練する方法論が確立されていないことが理由だと考えられます。

SEL プログラムへの保護者の関わりや学校全体アプローチは、長期的には有効であると考えられます。そのため、まずは学級・学年レベルの実践を行い、保護者やSELプログラムの実施に直接関わらなかった教員の理解や関心を求め、徐々に学校全体アプローチに移行していき、それと同時に、保護者の有効的な関わりを探っていく取り組みが重要であるといえます。

(2) 知識と計画の共有

1) 知識の共有

①SELって何？

ここでは、まずSELを実践するための基本的な知識を紹介します。SELを実践していくためには、まず、SELとは何かをイメージするための知識が必要ですが、実践に関わる人たちの間で、このイメージや知識を共有することも大切になります。正確な知識を持っているかどうかをチェックする例としていくつか挙げてみます。

□ SELは社会性と情動の学習です。
□ SELは、社会的スキルと感情スキルを教えます。
□子どもや大人が、対人関係に関するスキル、態度、価値観を発達させる過程です。
□ SELは特定のプログラムの名称ではなく、自己理解・社会性・共感力・感情制御力などの育成のために行われるプログラムの総称です。これらの自己への気づき・自己コントロール・他者への気づき・対人関係・責任ある意思決定の５つの視点・スキルの育成を狙いとしており、これにより子どもたちの問題行動の減少、学力向上などが期待できるとされています。
□学びに向かう力を育てる教育がSELです。

どれくらい理解されていたでしょうか？　最後の例は、教員、保育士養成課程で学ぶ学生に対してSELとは何かを伝えるために普段用いている例です。学校や保育園、幼稚園、認定こども園には、近年注目されている非認知能力の育成が導入され「学びに向かう力」として位置づけられました。「学びに向かう力」は「SELスキル」と考えられますから、SELは学びに向かう力を育てるという説明になるのです。このような説明が教員や保育士を志望する学生のSEL理解を促すようです。したがって、誰に伝えるかによって説明に工夫が必要になります。

SELが育てる何かを「力」「能力」と表したり、「スキル」と言ったりします。そのため、SELについての理解が少し混乱する理由になっているかもしれません。スキルは練習して身につけていける感じがします。繰り返しスキルを練習していくとその能力を獲得できます。繰り返しは脳神経のネットワークを作り強くするという脳科学の理論があり、この意味で、SELは目的となる～スキルを練習して育てるという過程を提供します。つまり、SELは具体的な活動を通じてスキルを訓練することにより、社会性と感情の力を伸ばす学習です。

②SELは役立つの？

次に、SELの効果に関する知識が求められます。本章1の（1）に紹介されたメタ分析（瀧澤ら，2022）で、日本におけるSELは日本の子どもに効果があると分かりました。エビデンスといわれるものです。海外で積極的に取り組まれている教育が日本の子ども支援に役立つという知識は、実践者の励みになります。

データによる効果検証をどう捉えるかは人によって違ってきます。教育現場や家庭から報告される「よい変化があった」という評価はもちろん重要です。でも、個人的評価は立場や環境、状況で違ってくるでしょう。日本社会でもデータによるエビデンスの大切さは認識されてきています。

本章で紹介されたSEL効果のメタ分析は、日本で初めて行われたもので、海外とほぼ同じ効果が日本のSELにもあるという結果になりました。海外で実践が広がっている理由の一つに、SELは効果的であるというエビデンスの蓄積があるようです。分析された研究は普通クラスで行うというユニバーサル設定で実施されました。普通クラスにはいろいろな子どもがいます。社会性を例にとっても、高い子、問題のない子、少し困っている子、問題を起こしている子など、多様なレベルがみられます。つまり、実施前から、目的とするSELスキルに優れている子ども、他の子どもより時間をかけて学習する必要がある子どもなど、多様な子ども集団での「半分ちょっと」なのです。心理療法でも、ユニバーサル設定では効果は低くなるといわれています。そして、今のレベルはどうであっても、身につけたSELスキルはいざというときにどの子どもにも役立つと期待できます。

学校にSELが導入される形として、トップダウン（上から下へ）型とボトムアップ（下から上へ）型があります。どちらにも、どんないいことがあるかという知識は大切です。学校・地域・社会への恩恵、子どもたちへの恩恵を伝える知識はSEL理解につながります。学校・地域・社会におけるSEL効果は、経済協力開発機構（OECD）の調査報告が分かりやすいでしょう。認知スキル（学業に関係する読み書きなど）と非認知スキル（SELスキル）の関係を報告しています。2012年にOECD加盟11カ国で得られたデータから、認知スキルとSELスキルの社会経済的成果への効果を調べた報告書があります（無藤ら，2018）。認知スキルの評価（学力試験の結果や成績）が高いと、教育と就職、その後の成功につながるという効果が確認されています。それに対して、SELスキルは、教育（学業成績など）には小～中程度、就労（所得や雇用など）には中程度の影響でした。しかし、社会に対する影響（犯罪や家族形成など）は、SELスキルのほうが認知スキルよりも高いという結果になりました。SELスキルの評価として、誠実性、社交性、情緒安定性が用いられました。これらは行動規範、生活習慣の形成、認知的能力をうまく使うことに関係します。調査結果から、OECDは、SELスキルの習得は社会経済的格差を解消する方策としての意義があると述べています。

アメリカのメタ分析（Durlak et al., 2011）によるSELプログラム効果を表2-1-9にまとめています。この表では、学業成績向上を目的とするプログラムの数は多くありません。しかし、改善ポイントは11と高くなっています。「SELで学業に成功する」（Jins et al., 2004）は、態度、行動、パフォーマンスが学業の向上に関係すると報告しています。学業・成績の向上につながる要因の

表 2-1-9　アメリカにおけるSELプログラムの改善効果

プログラム目標	改善ポイント	効果の大きさ	プログラム数
情緒的な健康	100 点分の 9	中くらい	106
行動の改善	100 点分の 9	中くらい	112
学業成績向上	100 点分の 11	中くらい	35

（Durlak et al., 2011）

例をまとめました。SEL が育てる非認知能力を 3 グループに分けて確認すると、確かに各要因が学力向上につながると理解できます。

態度：つながりの意識、学習への動機づけ、行動の結果に対する意識、中程度のストレスに対する対応力、学校に対する前向きな姿勢

行動：向社会性、出席率、やり遂げようとする努力、自分自身の勉強方法、行動問題の減少、敵対性の減少、退学の減少、卒業率の向上、退学率の減少、高校進学率の向上、熱心な取り組み

パフォーマンス：数学、言語や社会、音韻認識、長期的な学習、標準テストの点数、聴覚に障害がある児童生徒の読解力、テストや成績、問題解決能力、高レベルの推論、非言語コミュニケーション、学習スキル

③SELの指導ってどうするの？

実践に必要な知識も大切です。授業がイメージできるための知識です。SEL では 5 分野（自己への気づき・他者への気づき・自己のコントロール・対人関係・責任ある意思決定）のスキルを育てます。具体的にはどういうスキル、力になるのでしょうか。フィリバートの *Everyday SEL in elementary school*（Philibert, 2016）は、分野の例をいくつか挙げています。

自己への気づき：自尊感情・身体の気づき・感情の気づき・選択肢の理解

他者への気づき：傾聴・共感・奉仕・地域貢献・自分への問いかけ

自己のコントロール：感情表現・ストレス対応・問題解決・意思決定スキル

これらのスキルが、その他の2分野のスキルである対人関係と責任ある意思決定につながります。

どんなプログラムがあるのか、どうしたら実施できるのか、どう指導するのかについては第4章や【資料】を参照してください。

④効果的な実践ポイントは？

プログラムを効果的に実施する知識も共有されるべきです。本章（1）7）のSAFEは効果的な実践の条件です。S（シークエンス）：順序だった学びによりスキルを積み上げていく構成、A（アクティブ）：ロールプレイなどを用いた主体的・対話的で深い学び、F（フォーカス）：伸ばしたいSELスキルに集中するための時間確保、E（イックスプリシット）：特定のスキルを習得するための目的を明確に設定、という4点です。

SAFEの4つの特徴は、脳の働きを考えると学習に大切だと分かります。私たちが何かをできるようになるには、それに関係する脳神経のネットワークを強くしていく過程が必要です。順序良く、活発に、集中して、目標とするSELスキルを身につけていくと効果的な学習になります（Connolly, 2022）。SAFEには、気持ちが影響します。指導する先生の熱意、熱心な指導がクラスに影響するのです。

⑤SELにはどんなものがあるの？

本章（1）に紹介されたメタ分析研究に含まれるSELのタイプは、表2-1-3にまとめられています。SELとは特定のプログラムではないので、いろいろなタイプのSELが実践されているのです。

一番多いのが、ソーシャル・スキル・トレーニング（SST）で37.4%です。SSTとは「特定の個人に、必要なソーシャルスキルを教え、獲得させるための訓練」（渡辺ら，2020）です。授業は、インストラクション（トレーニングの目的とターゲットスキルの説明）、モデリング（スキルのお手本）、リハーサル（ペアやグループでロールプレイを使った練習）、フィードバック（よかった点と次に気をつける点)、ホームワーク(自分の生活で実践)の順に行われます。

SSTのスキル訓練にも、確かに効果的なSELの特徴であるSAFEが確認できます。順序だった学習、主体的・対話的で深い学びという、2つの特徴(S・A)は明らかです。学習目的となるスキルには、あいさつ、上手な聴き方、あたたかい言葉がけ、上手な断り方など人とうまくつき合うときに役立つ対人スキル、怒りのコントロールや共感スキルなどの感情スキルがあります。学級で育てたいスキルを選び、特化して集中的に時間をかけ練習しますので、残りの特徴(F・E)も明らかでしょう。2番目に多いSELプログラムは20.9%ですが、これについては第4章を参照してください。

3番目に多い認知行動療法(Cognitive Behavioral Therapy:以下CBT)は18.7%、4番目のストレスマネジメントは12.1%となっています。これらのプログラムでは、心理学の知識が活かされています。例えば、フレンズ(第4章2参照)は不安対応のCBTに基づくSELプログラムです。CBTベースのプログラムには、グループや学級で実践できる要素があり、フレンズも学級全体で取り組むプログラムになっていきました。ほとんどは自分の感情に気づくなど自己認知から始まります。ストレスマネジメントには心理学での研究に基づく効果的な対応法が提案されています。

⑥SELの主体的・対話的で深い学びって?

脳神経のネットワークを強くするために、子どもが活発に、熱心にスキル練習に参加できるよう工夫します。SELで用いられている効果的な教授方法は多様です。スキル練習・ロールプレイ・話し合い・本やストーリー・モデリングやフィードバックの活用・絵などを用いた表現・小道具やプリント資料・書く作業・描写・創作・視覚的な教示・ビデオ・歌・ゲームなどです。対象となるクラスの状況や子どもの発達段階に応じた活動形態を考え、組み合わせて準備します。

2) 計画の共有:SEL計画ステップ

学校におけるSEL実践には、教職員全員のSEL理解が求められます。全児童生徒の社会感情的健康と学業に影響を与えるためには、教職員全員の連携が必要になります（松本，2013）。関係者と連携して進める SEL の計画ステップは次のように構成されています（Gueldner et al., 2020）。

ステップ 1：ニーズアセスメント

・今までの SEL 実践と利用可能な SEL 教材を調べ確認する
・学校風土と学級風土を評価する
・児童生徒・職員・保護者のニーズを調査する
・ニーズと実践に伴う障害を明らかにする

ステップ 2：SEL 実践目標の決定

・複数のデータ（学級風土など）をもとにニーズを見直す
・SEL の評価基準を確認する
・SEL を実践する 1 ～ 3 つの目標を設定する

ステップ 3：SEL プログラム・指導方法の選定

・SEL プログラム・SEL 指導案を決める

ステップ 4：支援者の獲得

・実践（話し合い・トレーニング・観察など）に教職員の支援を得る
・アンケート、小グループでの実施、討議などで、児童生徒の感触を探る
・家族と地域関係者の支援を得る（双方向コミュニケーション）

ステップ 5：必要なリソースの確保

・時間の確保
・実践者に対するトレーニングや実践力向上に役立つリソースの確保
・経済的支援の確保

ステップ 6：実践計画の作成

・実践の質向上に必要となる要素の特定
・社会文化的適応性の検討
・組織内の連携の確立
・外的機関・専門職との連携の確立

ステップ7：評価計画の作成

・学級風土や対人関係性の評価プラン

・SEL 実践目標と児童生徒の変化の評価プラン

・実践の質の評価プラン

ステップ1のニーズアセスメントは、目標設定とプログラム選定に欠かせない準備になります。アンケート用紙を使うだけでなく話し合いや観察を通じて、学校や学級の課題を明らかにします。ユニバーサルプログラムで役に立つ尺度として、SDQ（強さと困難さのアンケート）が推奨されています。厚生労働省のホームページや（https://www.sdqinfo.org/）から無料でダウンロードできます。

ステップ2では、プログラム・授業を評価できる基準を確認します。目標と内容を振り返るとき、どんな基準で評価するかを決めておくと共通理解につながります。実践するチームで話し合って決めておく必要があります。

ステップ3では、目標達成を実現するプログラムを選び指導案を決定します。

ステップ4では、可能な支援者に協力を求めます。時間と労力がかかりますが、実践者だけでプログラムを実施するよりも、継続した実践につながります。教育委員会、管理職、保護者と連携します。児童生徒の理解も重要です。

ステップ5では、具体的に、カリキュラム編成、時間と経費、実施者などの準備になります。例えば、授業のカリキュラム編成では、特別活動（学級活動など）、総合的な学習の一部を利用した編成が多いようです（藤原・山口, 2020）。さらに、プログラム目的と内容に適した科目（道徳や保健体育など）や科目の一部分（SEL の目標を含む国語科・音楽科の単元など）が考えられます。

ステップ6では、実施メンバーの体制作りが重要になります（藤原・山口, 2020）。オーストラリアの SEL 展開では、各校にアクションチームが構築され、実施の推進を支えます。メンバーには、学校長、担任教員、保護者代表、子どものウェルビーイングに関わる専門職（スクールカウンセラーやスクールソーシャルワーカーなど）が含まれます（松本, 2013）。また、学校職員全体の SEL 理解が大切です。

さらに、実践者となる教員には、１日か２日にわたるプログラム実施のための研修が効果的な支援になります。実践者は、授業の質向上につながる知識やスキルを学びます。マニュアルにそって各セッションが進められるように計画された教材があると分かりやすい研修になります。児童生徒が取り組む活動を、ロールプレイやグループ討議により実際に体験します。十分に練習したとしても、実施にはスーパーバイズが欠かせません。スーパーバイズを頼める人材が身近にいない場合には、お互いがスーパーバイズし合うという方法があります。

ステップ７の評価は必須です。現状の問題や課題を検討し、目標が設定されると、その目的を実現するプログラムの選択が行われます。目標がどのくらい達成できたかという評価はエビデンスになります。

3）SEL実践の意欲づけ

①コミットメント

コミットメントとは「関わり合い」であり「約束の言葉」です。そこに、思い入れ、愛着、貢献のような強い気持ちが入るようです。ある商品を売るとき、その商品を良いと思ってこそ熱心に売ろうとします。SEL実践においても、SELを必要だと信じ、SELを通じて子どもや成人、社会、世界に貢献しようという気持ちと態度が重要です。例えば、SELを広げようと活動している仲間たちは、幸せな子ども時代をどの子にも保障できる社会の実現を願っています。

コミットメントは組織や就業で大切にされることが多いように、何かを成し遂げるときの大きな力になります。SEL実践を継続する大きな推進力として必要なのです。何でもそうですが、理解が不足していると信頼をおくのは難しいものです。SELをよく理解し、コミットメントを育てたいものです。そのためにはSELの知識が欠かせません。

②モチベーション

モチベーションは、動機づけです。何かをしようとするときに積極的な態度を引き出すことにつながるものです。例えば、達成感、承認、楽しさ、成長、昇進などがあります。SEL実践のモチベーションも様々でしょう。

実践後の子どもの変化から得られる達成感には、アセスメントが効果的に作用するでしょう。承認は、連携して取り組むと得られます。楽しさを味わうには活動内容の計画が大切になるでしょう。SEL モチベーションは SEL の計画を工夫することにより高めていきたいものです。

カリキュラム化

●小泉令三

(1) 導入形態：トップダウン型とボトムアップ型

学校でSELプログラムを導入する際には、その形態として大きくトップダウン型とボトムアップ型の２つのタイプがあります。トップダウン型というのは教育委員会（都道府県あるいは市町村）が導入を決めて、学校が実践を始めるものです。一方ボトムアップ型というのは、学校独自に実践を開始する場合で、これもさらに管理職が主導するものと、管理職以外の教員が実践を開始してそれが全校規模で実施されるようになる場合の２通りがあります。

それぞれの型にメリットとデメリットがあります。トップダウン型の場合にはまず主担当の係や校内組織を作るところから始まりますから、校内体制を整備しやすく、また研修会の時間も優先して確保しやすい状況になります。さらに、予算措置がされていることが多いでしょうから、必要図書・資料の購入や準備がしやすく、先進校視察のための旅費なども確保しやすいでしょう。一方、トップダウン型のデメリットは、研究指定などを受けていた場合にその指定期間を終えた後に、実践が継続されないことがあるという点です。研究発表会や研究報告書作成がゴールになってしまい、特に実践の効果が教職員間で十分に実感されない場合には、“立ち切れ”の傾向が強くなります。

ボトムアップ型の場合のメリットは、トップダウン型のような何らかの指定や行政面の方針に基づいているわけではないので、いったん実践が定着すると比較的継続されやすいという点です。これは、実践定着の過程で教職員がその教育効果を実感することが多く、学校独自の取組として意識されるために、少々の状況の変化があっても実践継続が可能になるためでしょう。一方、ボトムアップ型のデメリットは、全校での実践開始や実践定着に時間を要することです。管理職以外の教員が実践を開始したり、実践を提唱したりする場合には特に全校での実践を軌道に乗せるまでに時間がかかります。また、予算措置なども得にくい場合があるでしょう。この節で注目するカリキュラム化についても、トップダウン型とボトムアップ型では違いが見られます。トップダウン型では、導入が決まれば次の年度当初からの実施が可能なように、前年度中にカリキュラム編成が行われることがあり、比較的短い時間でこの作業が開始されます。一方、ボトムアップ型ではもう少し長めの時間が必要で、最低1～2年をかけてカリキュラムが組まれることが多いようです。

(2) SELプログラムの種類

SELプログラムには、その実践方法の点でいうと大きく2種類あります。1つは実施回数、実施順序、学習内容、学習時間が定められていて、その通りに実践することによって学習効果が得られると説明されているものです。欧米を中心に、有料の教材や指導書が用意されていて、要望に応じて有料でプログラムの実施者（教師など）のための研修会のインストラクター派遣や、実践の場を訪問しての助言を提供するプログラムもあります。

日本の学校の場合は、このタイプの学習プログラムは実施が難しい状況にあります。それは、学習指導要領によって教育課程が決められていて、学習内容と学習時間を自由に組み替えることが難しいためです。また教材の購入は児童生徒負担であれば支払えますが、全般的に学校の裁量による予算が少なく、さらに実施のためのインストラクター派遣要請費用が予算費目にないために経費として計上しにくいといった実情があるためです。

SELプログラムのもう1つのタイプは、実施回数、実施順序、学習内容、学習時間が厳密に定められているわけではなく、学校の実践の場で適宜、調整して工夫できる自由度があるものです。日本で提供されているものは、大部分がこのタイプの学習プログラムです。

このタイプの学習プログラムの場合には自由度が高いために、各学校の創意工夫が可能である反面、カリキュラムの組み方、すなわち実施回数、実施順序、学習内容、学習時間の設定に留意しないと、効果的な実践にはならないことがあります。

(3) 学校生活への位置づけ

学習指導要領のような規則で定められている部分と、それ以外の部分や明文化されていない内容も含めた学校生活全般の両方を視野に入れると、SELは図2-2-1のような位置づけとすることができます。大きな矢印の外枠の全体が学校生活を意味していますが、実はそれ全体がSELの適用対象になっていることを意味しています。そして、その内側はA～Cの3つの領域に分けることができます。これらの3つの領域を、以下に順に説明していきます。

1) 領域A：教育課程内での明示

日本でSELプログラムを実践するためには、既存の教育課程の中に適切に組み入れる必要があります。領域Aとは、SELプログラムの学習のねらいと既存の教科などの学習のねらいが一致している領域のことです。例えば「生活上の問題防止」であれば、薬物乱用防止教育として保健体育に位置づけられるユニットがあります。また「他者への気づき」であれば、道徳の「他者への思いやりの心をもち、親切にする」といった価値の学習として実施できます。特別支援教育の場合は、個別の指導計画にある学習に充てられたり、また周囲の子どもに関しては、種々の障害理解と相互の支援を目的に位置づけたりすること

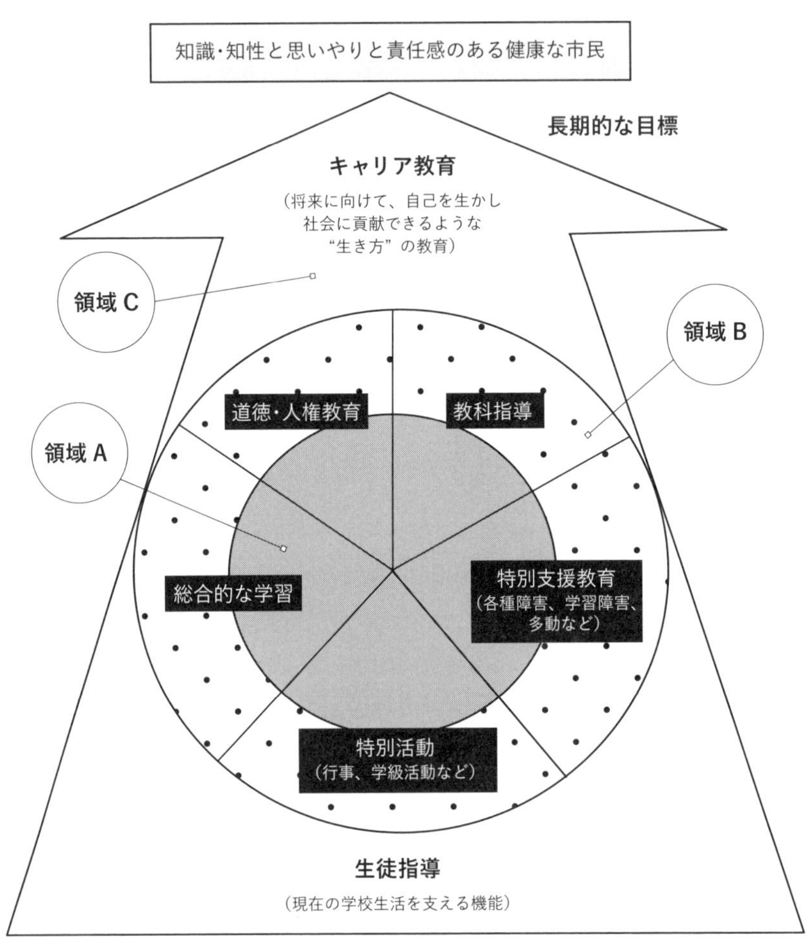

図 2-2-1　教育課程内外への SEL プログラムの位置づけ
（小泉，2011）

ができます。

全体的傾向として、現状では特別活動（学級活動、学校行事、高等学校のホームルーム活動など）、総合的な学習の時間（高等学校では、総合的な探究の時間）、また特別の教科 道徳、そして通常の学科・教科（保健体育など）に位置づけて実践されています。その際、SEL のすべての回の学習を 1 つの教科や領域に位置づけるのではなく、目的に合わせて複数の学科・教科や領域に割り振って実施されています。そのとき、当然のことですが唐突に SEL プログラムだけがある時間に組み入れられることのないようにすべきです。それぞれの学科・教科や領域の目的に合わせた位置づけが必要なのは言うまでもありません。

2）領域B：教育課程内にあるが明文化されない領域

この領域は、図では領域 A を取り巻くような位置づけになっています。領域 B では、学習のねらいが SEL プログラムと既存の教科などとの間で領域 A ほどには一致していないものを指します。けれども、領域 A での学習を学校生活で活かしたり、定着させたりするには重要な役割を担っています。

例えば、教科の学習で小グループでの意見集約や何かの決定をしたりする場面であれば、それまでに領域 A で学習した聞く・話すあるいは意見交流のスキルを活かす機会となります。あるいは、意見が衝突しそうになって怒りをコントロールする必要が生じるかもしれません。これらの状況での指導にあたっては、学習指導案でいえば、学習指導の留意点やまたは備考欄で、「意見交流のスキルの活用を促す」といった記述で表示されることになります。

この領域 B の学習が十分に機能すると、子どもにとっては SEL での学びを実際の学習場面のどこでどのように活用するのかを知り、さらに実用的な意味での有用性に気づく機会となります。逆にこの領域での学習がなかったり希薄になったりした場合には、SEL での学びを実際の学校生活で活かす機会が減り、身につけにくくなると予想されます。

3）領域C：教育課程外となっている領域

領域Ｃは、一般には教育課程に含まれない領域です。朝の会や帰りの会（ショートホームルーム）、当番活動、休憩時間、放課後の部活動などがこれに該当します。通常、これらの時間の指導案などはありません。けれども、教師は意図的か無意図的かにかかわらず、これらの場面で子どもに様々なメッセージを送っています。例えば、SELでの学びを生かすことができる場面があれば、「ほら、○○の学習で習ったスキルが使えるよ」と学習の成果を使用するように促すことができます。さらに、SELでの学びを生かした場面が観察できたのであれば、しっかりと賞賛や励ましによって、そこでの行動や判断が定着するように導くことができます。

この領域Cだけでなく領域Bにも該当することですが、これらの領域での子どもへの指導にあたっては、できるだけ多くの教職員がSELの指導を意識すると効果的です。ですから、学級単位だけでなく学年単位で、そしてさらに学校全体でSELが実践されることが理想です。そうすれば、授業中や休み時間、登下校の途中、部活動などあらゆる場面がSELの指導の場となります。学級担任教師だけでなく、教科担当教師やあるいは偶然に出会った教職員が、「○○で学習した△△のスキルを、上手に使っていたね」と褒めることができれば、大きな教育効果につながります。SELプログラムを導入する際には、学校全体を1つのシステムと考える必要があるのは、このためです。

なお、図2-2-1では領域Cに生徒指導とキャリア教育が書かれていますが、これらは領域Cだけでなく領域Aと領域Bにも関わっていますから、それらの円の下の部分も含んでいると考えてください。実際、生徒指導とキャリア教育は学校生活のすべての場面で実践することになっています。

(4) 必要な学習回数

わが国では、学習の実施回数や実施順序が定められておらず、それらを各学校で工夫できるSELプログラムが多いと説明しましたが、そこで問題になるのがどれくらいの学習頻度が必要なのかということです。多くの種類のプログラムで検討したものではありませんが、1年間に7回程度以上は必要だという結果が報告されています（図2-2-2）。この図は、SEL-8Sという学習プログラムを約1年間実施した中学校2校で、情動的知能が事前と事後でどのくらい変化したかを表したものです。ここでは情動的知能の3つの面を調べたのですが、

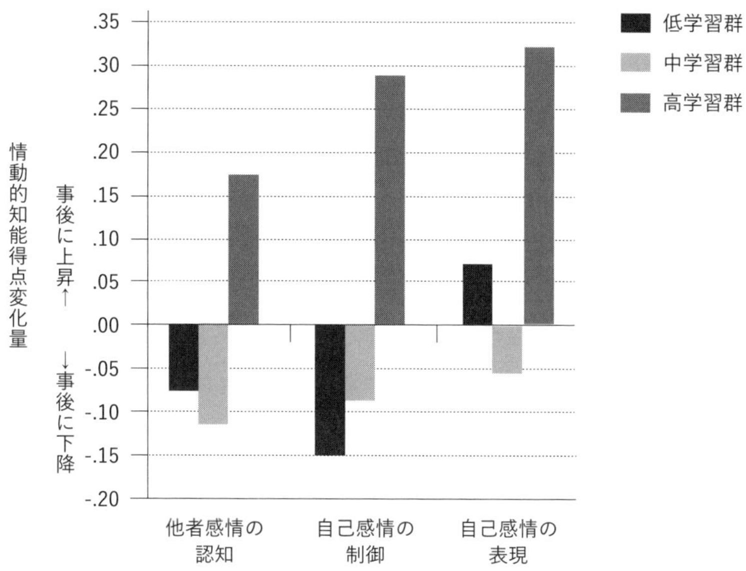

（注）年間の学習回数が低学習群（423人）は０～２回、中学習群（238人）は３～６回、高学習群（309人）は７回以上

図 2-2-2　学習の実施回数の違いによる情動的知能の事前・事後の間の得点の変化（中学生）
（小泉・山田・箱田・小松，2013）

どれも７回以上学習したクラスの生徒が得点の上昇が高くなっていました。

ここでは、なぜ７回なのかといったことは分かっていませんが、少なくとも年間２～３回程度の学習では効果は得られないようです。学校で取り組まなければならない学習が年々増加している現状の中で、SELプログラム実施のための時間確保は難しくなっています。けれども、子どもの学びと生活の基盤作りという観点から、SELプログラムの実施時間を確保する必要があることが分かります。

（5）「点から線へ」

SELプログラムのカリキュラムを考える際に注意すべきことは、単に学習回数だけでなく、子どもの学校生活のどの機会を捉えるのかという点も重要です。すなわち、子どもの日々の生活は連続していますから、学習の順序やタイミングを工夫することによって、学習効果を高めることができるということです。ここではそれを、「点から線へ」と呼ぶことにします。

例えば、外部講師を招いて薬物乱用防止教育を実施した場合に、その後1週間以内に「断り方」の学習を設定するといったやり方です。その際、初めに先の薬物乱用防止教育の学習内容を想起させて簡単に復習するとともに、「では、先輩などに誘われたときにはどうやって断ったら良いのか？」という導入部分を設定します。そして、断り方のスキル学習を進めるといったやり方です。

別の例として、例えば総合的な学習の時間に福祉のテーマを扱い、実際に施設の訪問を計画するとします。その際、事前学習の中に「他者の理解」に関する学習を位置づけることによって、それに続く施設訪問の学習効果を高めることができます。もし、そうした事前学習を行わない場合には、日常的に幼児や高齢者あるいは障害者と接する機会がほとんどない子どもの場合、不安感が強かったり不適切な行動を取ったりして、嫌悪感に似た感情だけが喚起されて十分な学習効果を得ることができないかもしれません。

「点から線へ」はこうした学習の流れを意味しますが、これはまさにカリキュラムマネジメントの一環と言えます。そして、こうしたやり方は教科学習や行事などの学習効果を高めるだけでなく、子どもの社会性と情動のコンピテンスを向上させる効果が期待できます。すべてのSEL学習の時間についてこうした関連づけを図る必要はないかもしれませんが、できるだけ子どもの意識が連続したものとなって、学習効果が高まるような工夫が必要です。

(6) 小・中・高等学校でのカリキュラムの例

図2-2-3は、小学校中学年（3・4年生）のカリキュラムの例を示したものです。この例では、SELの時間を教科の学習、学級活動、道徳の時間に位置づけて実施するような計画になっています。年間10回の学習の機会を確保して、

	3年		4年	
月	SEL-8Sの学習内容	教科・領域　単元など	SEL-8Sの学習内容	教科・領域　単元など
4	(A6) 生活リズム「早寝早起き朝ご飯」	体育（保健）「健康な生活」	(B4) 他者理解「しっかり聞こう」	国語「話し合いの仕方について考えよう」(5月計画)
5	(A5) あいさつ「おはよう、こんにちは、さようなら」	学活「あいさつをしよう」	(A5) あいさつ「おはよう、こんにちは、さようなら」	学活「気持ちのよいあいさつについて」
6	(B4) 他者理解「しっかり聞こう」	国語「質問をしたり感想を言ったりしよう」(5月計画)	(E3) ストレス対処「こんな方法があるよ」	学活「こんな方法があるよ」
7	(F5) 誘拐防止「こんなときは注意！」	学活「夏休みの過ごし方」	(F4) 安全教育「危険な場所」	学活「夏休みの過ごし方」
9	(D4) 協力関係「みんなで力を合わせて」	国語「進行を考えながら話し合おう」	(H3) 学校でのボランティア「持ってあげようか」	道徳「気持ちのよいあせ」
10	(D3) 自己制御「こころの信号機」	学活 2（カ）心身ともに健康で安全な生活態度の形成	(A6) 生活リズム「早寝早起き朝ご飯」	学活「食育」
11	(E2) ストレス認知「イライラよ，さようなら」	体育（保健）「健康な生活」	(C5) 意思伝達「断る方法いろいろ」	学活「場に応じた話し方」
12	(C3) 感情伝達「じょうずだね」	道徳「ぼくのいいところ」		
1			(C4) 意思伝達「手伝ってほしい」	学活「係活動の計画を立てよう」
2	(H2) 家庭でのボランティア「わたしの役割	道徳「雨の日のチャボ当番」	(B3) 自己の感情理解「自分はどんな気持ち？」	学活「自分はどんな気持ち」
3	(G4) 進級「もうすぐ 4 年生」	学活「もうすぐ 4 年生」	(G4) 進級「もうすぐ 5 年生」	学活「もうすぐ 5 年生」
時数	学活　4 時間／道徳　2 時間 国語　2 時間／体育　2 時間　合計 10 時間		学活　8 時間／道徳　1 時間 国語　1 時間　合計 10 時間	

(注)「SEL-8Sの学習内容」の列にあるアルファベットと数字（例：A6）は、SEL-8Sプログラム（小泉・山田，2011a）の学習配列を表す。

図 2-2-3　小学校中学年のSEL年間指導計画例
(大和，2016)

子どもの成長を確かなものにしようという取組になっています。

次も同じように小学校のカリキュラム例ですが、図 2-2-4 は総合的な学習の時間での「ボランティア学習」のねらいに迫るために、学校行事、道徳、学級活動、そして教育課程外とされる朝の会・帰りの会なども加えて、学習の流れの全体計画を示したものです。(3) 学校生活への位置づけの①～③で説明した

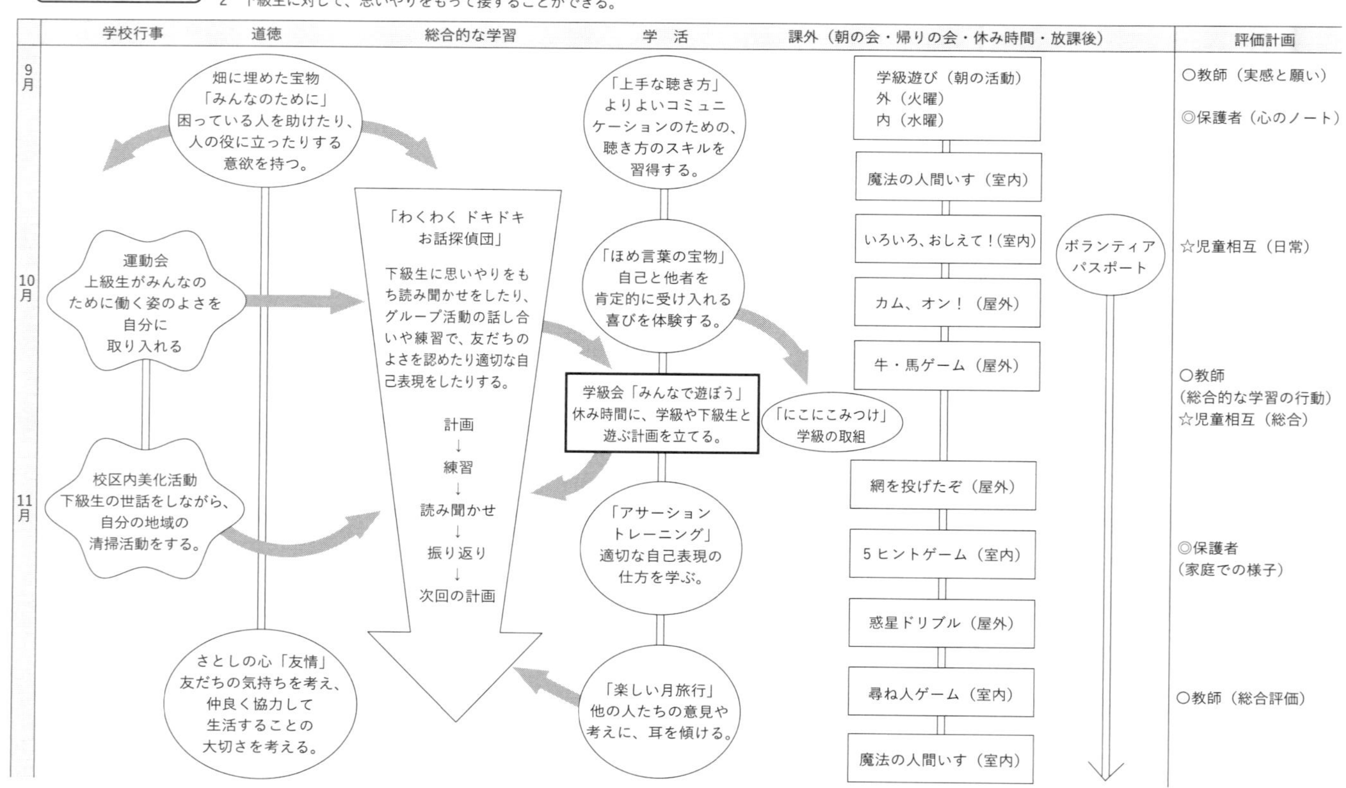

図 2-2-4　小学校 3 年生 2 学期「総合的な学習の時間」の「ボランティア学習」を中心としたカリキュラム
（小泉，2011，p.131）

領域Aから領域Cのすべてを含めた計画です。こうした全体計画を各学年で、学期ごとに組んで進めていくと、教師だけでなく子どもも大きな学習の流れを実感する学校生活になると予想されます。

図 2-2-5 は中学校 1 年生の年間の SEL 実施計画を図示したものです。このカリキュラムも、SEL の実践は学級活動が中心ですが、それに道徳、行事、あるいは教育課程外とされるボランティア活動などを関連づけたり、あるいは意識させたりして、学びが進んでいることが分かります。

高校での SEL 実施計画例を図 2-2-6 に示してあります。この例では、学校行事などとの関連づけが図られています。高校は教育課程による違い（全日制、定時制）、学科による分類（普通科、専門学科、総合学科）、そして学年制の有無による違い（学年制、単位制）など多様ですから、小中学校以上に各学校の生徒や教育課程の実態に即した SEL カリキュラムの構成が求められます。そして、卒業後の進路を考えると、高校での学校生活だけでなくキャリア教育の観

	基本的生活習慣	自己・他者への気付き	伝える	関係づくり	ストレスマネジメント	問題防止	ボランティア
5月	**学級活動** 「私たちの生徒規則」	**道徳** 広い心「殿さまのちゃわん」	**総合的な学習の時間** 史跡めぐり			**道徳** きまりの意義「人に迷惑をかけなければいいのか？」	**ボランティア活動** トイレをきれいにする集い
6月	学年行事 海のつどい	**学級活動** 「“聞く”と“聴く”」	**道徳** 気持ちを伝える「半分おとな半分こども」	**道徳** 差別を許さない「私もいじめた一人なのに……」 **総合的な学習の時間** 里めぐり音頭		**道徳** 正しい異性理解「アイツ」	**ボランティア活動** 町内一斉掃除 薬物乱用防止キャンペーン
7月		**学級活動** 自分を見つめる「1学期を振り返って」		**道徳** 友情「本当の友人関係とは」		**学級活動** 「ダメ！万引き」 **学校行事** 防犯教室 **道徳** 自主的な判断「アキラの選択」	

図 2-2-5　中学 1 年生の年間 SEL 実施計画例（学級活動で枠囲みをしたもの）
（小泉，2020，一部修正）

（次ページに続く）

（前ページから続く）

	基本的 生活習慣	自己・他者への 気付き	伝える	関係づくり	ストレス マネジメント	問題防止	ボランティア
8月							**ボランティア活動** クリーンキャンペーン 児童作品展 ちびっこ夏祭り
9月	学校行事 体　育　祭						**学校行事** 体育祭
		道徳 広い心で「自分らしさ」 自分をきたえる「ぼくの性格をつくった友人」	**学級活動** 「わかりやすく伝えよう」				
10月		**総合的な学習の時間** 「自分発見」		**学級活動** 「いろんな意見」 **道徳** 差別を許さない「ある日のバッターボックス」 真の友情「雨の日の届け物」			**道徳** みんなのために「合唱コンクール」 **ボランティア活動** かっぱ祭り
11月	学校行事 文　化　祭						**学校行事** 文化祭 生徒会選挙 **道徳** 真の国際貢献「リヤカーは海をこえて」 **学級活動** 「学校でのミニボラ？」
	道徳 日々の心構え「出船の位置に」	**総合的な学習の時間** 「自分史新聞」		**道徳** 心のあたたかさ「夜のくだもの屋」			
12月		**学級活動** 自分を見つめる「1学期を振り返って」		**道徳** 公徳「無人スタンド」 正義「島耕作ある朝の出来事」		**道徳** 誠実な行動「裏庭でのできごと」	**ボランティア活動** 町内一斉掃除 年末夜警パトロール
1月		**道徳** 強い意志「目標は小刻みに」			**学級活動** 「ストレスマネジメント」		**ボランティア活動** 町内とんど祭 新春子どもカルタ大会

（注）最上段の「基本的生活習慣」などは、SEL-8Sプログラム（小泉・山田，2011b）の8つの学習領域（進路指導を除く）を示す。

点からのSEL位置づけが小中学校以上に重要になります。

（7）SELの時間確保のための工夫

SELプログラムを教育課程に位置づけて実施しようとすると、多くの学校で

	学校行事など	SEL-8Careerプログラムのユニット
4月	入学式	D1 友だちや知人をつくろう
5月	1学期中間考査	A1 時間を大切に
6月	文化祭	D2 意見を述べよう
7月		C3 仕事で使う電話
	インターンシップ	G2 何のために働くのか
9月	就職試験開始	A3 初対面の人へのあいさつ
10月		D3 トラブルの解決
	体育大会	D4 要領よく上手に話そう
11月		
	推薦入試開始	E1 ストレスとうまくつきあおう
12月		
1月		
	修学旅行	H2 ちょっとした声かけ
2月	一般入試開始	G3 困難な状況に対処しよう
3月	卒業式	

(注)「SEL-8Careerプログラムのユニット」の項目についているアルファベットと数字（例：D1）は、高校生用のSEL-8Cプログラム（小泉・伊藤・山田，2021）の学習配列を表す。

図2-2-6　高校での学校行事との関連づけによるSEL実施計画例
（小泉・伊藤・山田，2021，p.13）

ぶつかるのが時間確保の問題です。学校あるいは教育委員会独自で教育課程を編成できる自由度が高いとよいのですが、わが国ではそれが難しいのが実情です。そこで、図2-2-1で示した領域C、すなわち教育課程外の時間を利用する例を図2-2-7に示してあります。

この小学校では、毎日ある朝の会（15分）を1カ月に1回、SELに利用しています。夏休み前の第1学期であれば、4月から7月までで4回実施できます。それを1学期に1回、学級活動の時間に計画してある45分の「核のプログラム」と関連づけて、1学期の大きな目標である「安心できるクラスづくり、自己コントロール」が達成できるように組んだものです。こうした工夫は中学校などでも可能ですから、検討の価値があると考えられます。

(a) 1 単位時間の学習（核のプログラム、45 分）と朝の会（ショートプログラム、15 分）の計画例

	6 学年　年間指導計画		
	ねらい	核のプログラム	ショートプログラム
4 月	安心できるクラスづくり自己コントロール		自己紹介　気持ちのコントロール
5 月			下級生のお世話
6 月		最高学年になって	自分がしたいことベスト 3
7 月			X からの手紙
9 月	自己理解他者理解		どんな気持ち？
10 月		こんなときわたしは…	わたしの対処法
11 月		あいてはどんな気持ち？	共同絵画
12 月			ともだち見つけた
1 月	協力まとめ		新聞文字探し
2 月		続・謎の宝島	人間コピー
3 月			いよいよ中学生

(b) 1 学期の学習に関する学習内容の説明と関連性

第 6 学年 1 学期　対人スキルアップ学習計画

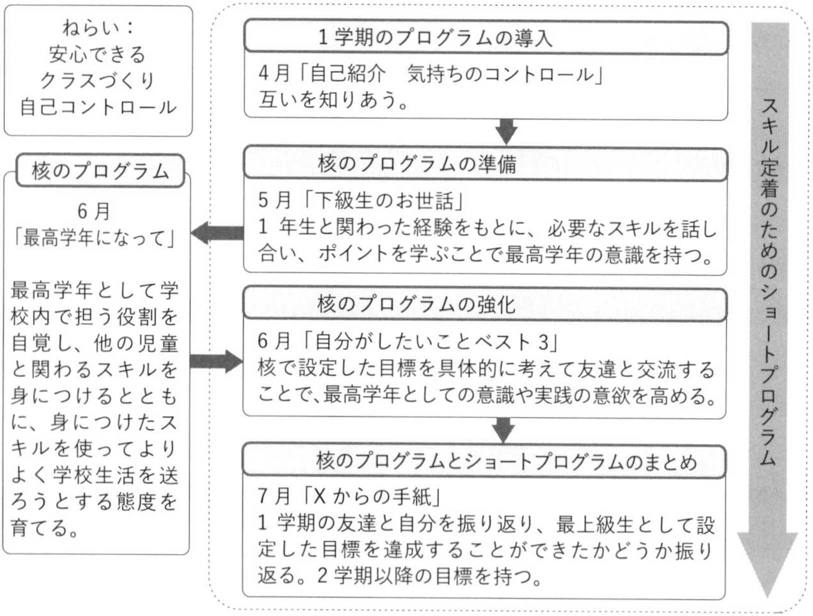

ねらい：
安心できる
クラスづくり
自己コントロール

核のプログラム

6 月
「最高学年になって」

最高学年として学校内で担う役割を自覚し、他の児童と関わるスキルを身につけるとともに、身につけたスキルを使ってよりよく学校生活を送ろうとする態度を育てる。

スキル定着のためのショートプログラム

1 学期のプログラムの導入

4 月「自己紹介　気持ちのコントロール」
互いを知りあう。

核のプログラムの準備

5 月「下級生のお世話」
1 年生と関わった経験をもとに、必要なスキルを話し合い、ポイントを学ぶことで最高学年の意識を持つ。

核のプログラムの強化

6 月「自分がしたいことベスト 3」
核で設定した目標を具体的に考えて友達と交流することで、最高学年としての意識や実践の意欲を高める。

核のプログラムとショートプログラムのまとめ

7 月「X からの手紙」
1 学期の友達と自分を振り返り、最上級生として設定した目標を達成することができたかどうか振り返る。2 学期以降の目標を持つ。

（注）この例では、SEL は「対人スキルアップ」という名称で実施されている。

図 2-2-7　学級活動と朝の時間を組み合わせた SEL 実施例（小学校 6 年生）
（黒水，2016）

(8) 子どもの個別のニーズへの対応

SELは全員の子どもを対象とすることが多いのですが、その場合でも子どもの個人差を考慮する必要があります。特に、特別な教育的ニーズを持つ子どもについては、何も工夫しないでおくと学習効果が期待できないことがありますし、他の子どもの学習に影響を与えることもあります。この問題に関する質問は、特に学級内に特別支援学級に在籍する子どもや、通級指導教室に通う子どもがいる場合によく出される質問です。

その場合、図2-2-8に示すように、個別指導と全体指導を適切に組み合わせることで、特別な教育的ニーズのある子どもも含めて子ども全員にとって、有意義な学習の機会とすることができます。つまり、事前に個別指導でスキルの説明をし練習をおこない、つまずきそうな点を除去しておきます。こうしてレディネスを高めておくことによって、全体指導では他の子どもと同じような学習ができるだけでなく、指導者が適切に賞賛したり学級の他の子どもから承認を得られたりするような場を設定することによって、学級内での心理的安定と所属意識を高めることができます。

この指導方法の具体例を図2-2-9に示してあります。これは、助けが必要な友達への声のかけ方を学習する内容ですが、事前に通級による指導の場などを利用して、類似の内容で個別指導を受けるようにします。そうすると、在籍学

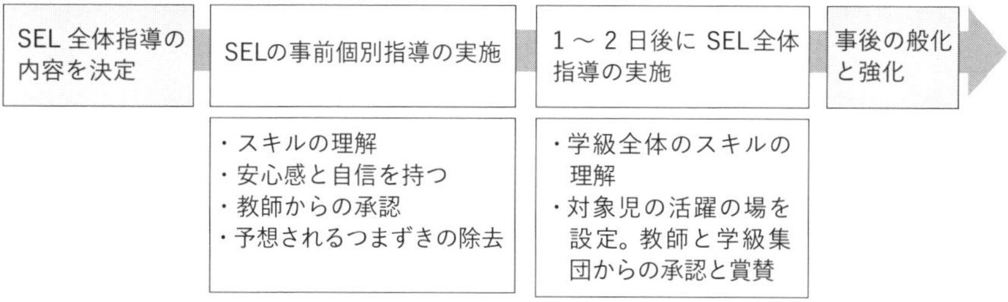

図2-2-8　特別な教育的ニーズのある子どもに対するSELの個別指導と全体指導の組み合わせの概要
（有本，2019）

図 2-2-9 特別な教育的ニーズのある子どもに対する指導例（図 2-2-8 の具体例）
（有本，2019）

級での全体指導の場で学習に参加しやすいだけでなく、実質的に2回目の学習になりますから、学習内容の定着につながることにもなります。こうした学習方法を繰り返すことによって、このSELへの動機づけが高まり好ましい行動が身につきやすくなります。それまでは、学習に参加できないだけでなく他の子どもの学習に支障を与えることもあった児童が、適切な行動を身に着けていくことができるチャンスとなるのです。

この指導方法で留意すべき点は、関係者間でのカリキュラムの調整と、事前個別指導と全体指導での学習内容および学習方法の類似性の十分な検討です。まず、カリキュラムの調整とは特別支援学級担任または通級指導教室担当者と学級担任が十分に打ち合わせを行わないと、学習間隔が開いてしまうなどの問題が生じて適切な学習の流れになりません。また、事前個別指導と全体指導の学習内容と学習方法が類似しすぎていると、新奇性がなくなり、動機づけが低下します。逆に相違点が大きすぎると事前指導の意味がなくなります。該当の子どもに関する十分なアセスメントと、関係者の連携が求められます。

(9) コーディネーター的教員の役割

これまで説明してきたカリキュラム編成については、実践の中心となるコーディネーター的教員の果たす役割が大変重要です。校内での名称は様々ですが、多くは生徒指導担当、教育相談担当、特別活動（ホームルーム活動）担当、あるいは教務担当教員などがこの任に当たっているようです。その職務としては、推進計画の立案、評価方法の検討、研修会の企画運営、学校内外への広報などがありますが、SEL カリキュラムの編成は特に重要です。

これまで説明してきたような事項に配慮して、子どもの実態から出発して目指す姿に近づけるにはどうしたらよいのかを考えます。その道筋を明示するのがカリキュラムだと捉えればよいでしょう。教育課程内あるいは教育課程外も含めた学校生活全般のどこに SEL の学びを位置づけるのか、どの程度の学習頻度で、どの内容を、どういう順序で進めるのか、さらにより効果的な取組となるように他の教科や学習内容との関連づけを工夫できないか、などといったことが留意点です。

なお、意外に見逃されやすいのが、学校内外への広報です。SEL の概念図（図 1-1-1）に、学校や家族そして地域社会が書かれているように、カリキュラムは単なる計画や文書化されたものではなく、子どもの生活の中に SEL を根づかせるための道筋なのです。ですから、それについての関係者の理解を得る努力が必要です。図 2-2-10 に、参考までに校内での SEL 実践への理解促進を目的にした便りの一部を示しました。様々な工夫をこらして、SEL を学校に根づかせていくことが求められます。

図 2-2-10　コーディネーター的教員による校内研修便り（部分）の例
（佐竹，2019）

3

リーダーシップを担う役割

●西山久子

SEL は子ども個人にも学校にも、様々なポジティブな効果が期待できます。それに関するエビデンスも、国内外の研究において徐々に蓄積されています。本節では、教育現場において SEL を教育に確実に位置づけることを目指して、初等・中等教育機関、つまり小学校・中学校・高等学校で SEL を推進するリーダーが担う役割について、海外の専門職養成の現状や、日本で推進されている専門性向上の実際を交えて、教育相談・生徒指導などの担当者や、校長をはじめとする管理職に期待されるリーダー役の視点から論じます。

学校で SEL 推進をリードするのは、どのような人材でしょうか。校長・副校長・教頭・主幹教諭・教務主任などのフォーマルなリーダーだけでなく、生徒指導・教育相談など児童生徒支援の担当者など、SEL の領域を担う者も、SEL 推進においてはリーダーといえます（図 2-3-1）。学校での SEL 実践を単発の取組とせず、組織的な実践に発展させるには、個人の力量や熱意のみに依存して、一時的な充実に終わることは避けたいものです。本節では、学校内に SEL 推進を導入し、それを維持するため、何が行えるか、学校の様々な役割のスタッフに期待される、組織的な SEL 推進のリードのあり方を検討します。はじめに、SEL の概念が最も早期に広まったアメリカでの SEL に関わる役割分担の概要をもとに、わが国で取り組めることを検討します。

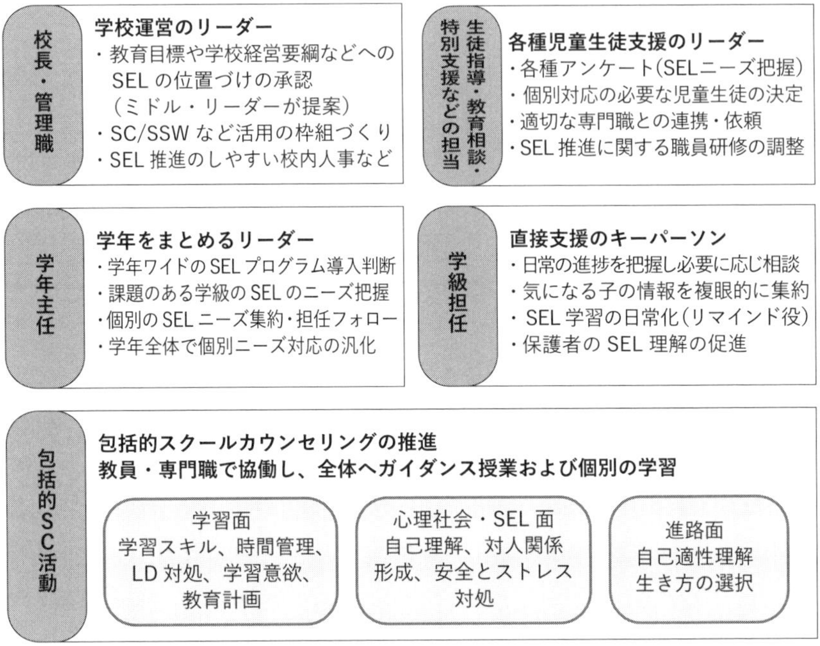

校長・管理職

学校運営のリーダー
- 教育目標や学校経営要綱などへのSEL の位置づけの承認（ミドル・リーダーが提案）
- SC/SSW など活用の枠組づくり
- SEL 推進のしやすい校内人事など

生徒指導・教育相談・特別支援などの担当

各種児童生徒支援のリーダー
- 各種アンケート(SELニーズ把握)
- 個別対応の必要な児童生徒の決定
- 適切な専門職との連携・依頼
- SEL 推進に関する職員研修の調整

学年主任

学年をまとめるリーダー
- 学年ワイドのSELプログラム導入判断
- 課題のある学級のSELのニーズ把握
- 個別のSELニーズ集約・担任フォロー
- 学年全体で個別ニーズ対応の汎化

学級担任

直接支援のキーパーソン
- 日常の進捗を把握し必要に応じ相談
- 気になる子の情報を複眼的に集約
- SEL 学習の日常化(リマインド役)
- 保護者の SEL 理解の促進

包括的SC活動

包括的スクールカウンセリングの推進
教員・専門職で協働し、全体へガイダンス授業および個別の学習

学習面
学習スキル、時間管理、LD 対処、学習意欲、教育計画

心理社会・SEL 面
自己理解、対人関係形成、安全とストレス対処

進路面
自己適性理解
生き方の選択

図 2-3-1　全児童生徒を支援する担当者のSEL推進に関する役割

(1) スクール・カウンセラーが中心に推進するSEL-アメリカでの取組

アメリカにおいてスクール・カウンセラー（SC）が校内のメンタルヘルスや児童生徒支援の中心的役割を果たすようになって、すでに50年以上が経過しています（Bowers & Hatch, 2005）。その専門性的資質・能力おいてSELはどう広げられてきたのでしょうか。ここでは、SCの職能集団であるアメリカスクール・カウンセラー協会（American School Counselor Association：ASCA）や各州単位で行われている力量向上の活動からご紹介します。

1) アメリカの学校での児童生徒支援の展開と専門職によるSELの推進

アメリカでは、児童生徒支援に関わる専門職としての免許を伴うスクール・

カウンセラー（以後専任SC）が、SEL推進においても中心的に活動している学校が多いようです。1960年代以降ほとんどの中等学校に、非営利機関が監督する教育課程に沿った養成プログラムを経た、専任SCが配置されています。近年は、スクール・カウンセラーやガイダンス・カウンセラーといった名称だけでなく、スチューデント・サービス・コーディネーターとも呼ばれますが、同様にメンタルヘルスやキャリア支援を統括する役割を担っています。

多様な専門職も、それぞれの専門性を生かしてSELの実践に貢献しています。スクール・ソーシャルワーカー（SSW）は、子どもの教育を福祉的視点から支える役割として、児童生徒支援に関わる専門職です。校内に常駐するSCと連携し、SSWは、校外で家庭訪問や福祉機関との連携などの活動をしています。SELの学習の際にも、SSWが支援対象としている子どものため、学校を安心できる居場所と感じられるように、SCと協働しSELの演習に陪席したり、少人数でのSELの実践に関わったりする場合もあるようです（表2-3-1）。

また、スクール・サイコロジスト（SP）は、特別支援教育（筆者注：アメリカでは「Special Education」と呼ばれています）における適切なアセスメントの必要性から、精緻な実態把握と支援計画の提案を担う専門家として、自治体や学校区などごとに配置されています。SPは、児童生徒・保護者・教員からのアセスメントの求めに応じ、親権者の同意を得て教育・心理に関する検査などを行います。SCは、SPが示すアセスメントに基づく教育援助の提案を受け、支

表2-3-1　アメリカの学校における役割分担の概括

	学習面	心理社会面	進路面
全体：1次支援	専任SCなどによる包括的支援（小：学級担任による支援）		
一部：2次支援	SC・SP（小：学級担任含む）	SC(小：学級担任含む)	SC(小：学級担任含む)
特別：3次支援	SC・SP・各種療法士など	SC・SP・臨床カウンセラー	SC・SSW・各種療法士など

※「小」：小学校。小学校では学級担任がSCと協働する
略語－SC：スクール・カウンセラー、SP：スクール・サイコロジスト、SSW：スクール・ソーシャルワーカー

援計画を立てます。特に、特別な教育的ニーズのある児童生徒を含む集団へのSELの実施では、SPがSCと協働してカリキュラムを検討することも行われます。

2）アメリカの公的機関によるSELの提案

アメリカではSELの推進の中核的な役割は、専任SCが担います。以下は、カリフォルニア州で、援助系の専門職が担う役割の概要のうち、SCの役割を示したものですが、特にSELが関わる箇所を波線で示しています（CTC, 2017）。

・学習、キャリア、個人および社会面の成長を促進させるスクール・カウンセリングおよびガイダンスプログラムの構築、計画、推進、評価
・すべての児童生徒の学習面の達成と社会性の発達のための代弁者となること
・学校全体への予防的、介入的方法論の導入とカウンセリングサービス推進
・教師および保護者への、児童生徒のニーズに関するコンサルテーション、トレーニング、研修の実施
・「アドバイザリープログラム（訳注：SCの支援を全生徒へ行き届かせるため、SCが監修し一般教師が行う教育活動）」のスーパーバイズ

これらから、SELの実践では、個別と集団の両面で専任SCがリードすることが期待されていると解釈できます。SELは、個の成長とともに、他と折り合いをつけ、ともにすごすことができる社会性を育む、予防教育です。専任SCは、SELの考え方を保護者と共有し、一般教員とともに支援するための、重要な役割を担うキーパーソンなのです。専門性の点でも、学級全体への支援を目指したガイダンス授業の構想や示範は、専任SCが担うのが適切です。小学校では学級担任がSELの授業を実施することもありますが、心理教育やカウンセリングの専門職が、SEL実践として適切な心理教育プログラムを選択し、ガイダンス授業を組み立てるなど、運用面の責任を担い、教師と協働することが理想とされているようです。

2）発達段階に合わせた取り組み–1：SEL推進の学年進行に沿った展開例

実際に発達段階に沿ったSELの学習として、心理教育プログラムの指針を示した例をご紹介します。アメリカでSCが推進する包括的ガイダンス&カウンセリングプログラムの中で、心理教育プログラムは、その指導指針となるガイダンスカリキュラムの中核にあたり、すべての児童生徒に届く一次的支援に位置づけられます。

ガイダンスカリキュラムは、K-12（幼稚園から高校3年生）の発達段階に沿って、学校での適応を人生における成功に近づけることを目指し、専任SCが中心になって全校で推進するのが好ましいとされている指針です。専任SCは、このカリキュラムに沿って、サービスの提供、つまりガイダンス授業を行います。カリキュラム化されたことで、すべての子どもへの成長促進的取組を標準的に保障することができます。スクール・カウンセリングの3領域：学習面・心理社会面・キャリア面に対して、それぞれに発達段階に基づくカリキュラムが示されています。心理社会面については、近年、社会情動面（Social and Emotional Development）という表記も増えています（例えばASCA, 2012）。

実際にはすべてを行うことができないこともあるようですが、専任SCは、このカリキュラム表をもとに校内調整を行い、プログラムを構想・推進します。

3）発達段階に合わせた取り組み–2：ガイダンスカリキュラムの具体

表2-3-2は、ガイダンスカリキュラムの例として、ミズーリ州初等中等教育局が示した資料（Gysbers et al., 2011）を用いて、心理社会面の初等中等教育の項目一覧を示しています。小学校入学時（注：元の表記では幼稚園）から、高等学校3年生までの心理社会面（SEL面）の学びの積み上げを示しています。表2-3-2では、心理社会面の発達を、当時の「個人および社会面の発達」という表記で示していますが、同様の意味です。

表2-3-2の中で、［PS2：個と集団の異なりを尊重しながら他者と関わる］の、「A：よい対人関係を結ぶ」の項目では、小学校入学時では「友達になる方法を示す」ことを目指します。友達になるために必要な要素を、子どもたちが表

表 2-3-2　ミズーリ州包括的ガイダンス・カウンセリングプログラム

分類	幼稚園（小学校入学段階）	小学校 1 年生	小学校 2 年生	小学校 3 年生	小学校 4 年生	小学校 5 年生	小学校 6 年生
大きな概念PS：1　個人としての自己と、多様な地域およびグローバル社会のメンバーとしての自己の理解							
A. 自己概念	基本的な感情を見極める。DOK：L I	多様な感情を見極める。DOK：L I	多様な感情を表現する。DOK：L II	好ましい性格や自分を高められるところを見極める。DOK：L III	自分の心に感じることを理解し、考えと気持ちをつなぐ。DOK：L III	よい自己概念を維持できる性格特性を示す。DOK：L III	自分の強みと成長や良い大人になるための領域を見極める。DOK：L II
B. 人生の役割のバランスをとる	家族で個々の役割を見極める。DOK：L I	学校で個々の役割を見極める。DOK：L I	地域で個々の役割を見極める。DOK：L I	家庭や学校での自他の役割を考え、責任を見極める。DOK：L III	地域での自他の役割を考え、その一員としての責任を見極める。DOK：L II	家庭・学校・地域の役割のバランスを取る方法を高める。DOK：L III	個人・家族・学校での責任を果たすための個人の計画立案方法を見極め、高める。DOK：L III
C. グローバルな社会への貢献	異なる状況に必要とされる性格を見極める。DOK：L I	個の性質を理解する。DOK：L I	異なる状況に必要とされる性質を比較し違いを知る。DOK：L III	学級に貢献するために必要な人の性質を見極める。DOK：L II	学校コミュニティに貢献できる、人の性質を見極める。DOK：L II	学校コミュニティの一員として貢献できる性質を示す。DOK：L IV	チーム作りに参画するために必要なスキルを示す。DOK：L II
大きな概念PS：2　個と集団の異なりを尊重しながら他者と関わる							
A. よい対人関係を結ぶ	友達になる方法を示す。DOK：L II	友達になる能力を示す。DOK：L II	友達づくりや維持に必要な対人関係のスキルを見極め、示す。DOK：L IV	よい対人関係を築くために必要な対人関係スキルを見極める。DOK：L II	他者の意見や考えを尊重していることを示す。DOK：L III	対人関係における相互の尊重と歩み寄りを表す。DOK：L III	よい人間関係を維持するために必要な対人関係スキルを見極める。DOK：L I
B. 自他の尊重	自分と他人の類似点と相違点を見出す。DOK：L II	学校の友達のなかで、類似点と相違点を見出す。DOK：L II	家族やしきたりにおいて類似点と相違点を見出す。DOK：L II	自他の文化の違いを理解し尊重する。DOK：L II	学校や地域の多様な文化背景を持つ人々を知り、尊重する。DOK：L III	多様な文化背景にある個人への尊重を表す。DOK：L III	学校・地域で自他の受容や尊重を推進する方法を見極め、高める。DOK：L III
C. 対人関係での個の責任	他者の感情を見極める。DOK：L I	言語と非言語を用いて感情を適切に表現する。DOK：L II	問題や他者との衝突の解決の手順を見際める。DOK：L I	他者との問題や対立の解決の手順を適用する。DOK：L II	様々な状況において歩み寄りを適宜行うスキルを見極め、訓練する。DOK：L II	問題や対立をうまく解決する方法を検討し、取り入れる。DOK：L II	学校・地域で自他の受容や尊重を推進する方法を見極め、高める。DOK：L IV
大きな概念PS：3　個の安全のスキルとストレスへの対処方法を応用する							
A. 安全で健康な選択	家庭や学校で安全で健康な選択肢がどれか見極める。DOK：L I	身の安全のための問題解決や意思決定がどれか見極める。DOK：L I	安全のための問題解決と意思決定の手順を練習する。DOK：L III	生きるための安全で健康な選択をするため、学校で、問題解決・意思決定と断りのスキルを適用する。DOK：L III	様々な生活場面において安全で健康な選択をするため、問題解決・意思決定と断りのスキルを適用する。DOK：L II	問題解決や意思決定における仲間の影響を把握する。DOK：L IV	社会状況において安全で健康な選択をするのに必要な問題解決・意思決定および謝罪のスキルを見極める。DOK：L IV
B. 自他それぞれの安全	安全な状況と安全でない状況を見極める。DOK：L I	身の安全に対する方法を見極める。DOK：L I	身の安全を守る方法を他の異なる状況に適用する。DOK：L IV	身の安全に影響がある事柄を見極める。DOK：L III	異なる種類の暴力や嫌がらせを説明でき、介入のための方法を見極める。DOK：L I	暴力や嫌がらせに関わることから、身を守る方法を適用する。DOK：L I	自分と他者の安全を危うくする行動を見極める。DOK：L II
C. ストレスへの対処スキル	生活の変化や出来事を見極める。DOK：L I	自身に関わる生活の変化や出来事の影響に気付く。DOK：L I	自他に関わる生活の変化や出来事の影響を把握する。DOK：L I	生活の変化や出来事に対処するスキルを見極める。DOK：L II	生活の変化や出来事に対処するスキルを使う。DOK：L II	生活の変化や出来事に対処する様々なスキルを評価する。DOK：L II	生活の変化をもたらす出来事に適応する方法を見極め、改善する。DOK：L II

知識の深さ（DOK：Depth Of Knowledge）
レベルⅠ（LⅠ）：銘記　レベルⅡ（LⅡ）：スキル／概念
レベルⅢ（LⅢ）：戦略的思考　レベルⅣ（LⅣ）：拡張的思考

分類	中学校１年生	中学校２年生	中学校３年生	高校１年生	高校２年生	高校３年生
大きな概念：PS1　個人としての自己と、多様な地域およびグローバル社会のメンバーとしての自己の理解						
A. 自己概念	自分の強みと課題や、それらと良い自己概念との関連性の理解を示す。 DOK：LⅡ	考えや感情およびそれらの自己概念との関係を見極める。 DOK：LⅡ	よい自己概念を維持するために必要なスキルを発展させる。 DOK：LⅡ	よい自己概念を示し、維持するために必要なスキルを実行する。 DOK：LⅢ	良い自己概念を示し、維持するために必要なスキルを実践し、修正する。 DOK：LⅢ	人生を通して良い自己概念を示し、維持するために必要なスキルを用いる。 DOK：LⅣ
B. 人生の役割のバランスをとる	個人・家族・学校での責任のバランスをとるための個人の計画立案を適用できる。 DOK：LⅣ	人々が家族・学校・地域で果たす役割と責任およびそれらの役割と責任が相互に関連しているかを理解する。 DOK：LⅣ	家庭・学校・地域コミュニティで個人が負う役割が増加することと責任を理解する。 DOK：LⅡ	家庭・学校・仕事と地域社会のバランスをとるよう、役割や責任に優先順位をつけ、実践的に方法を行動で示す。 DOK：LⅢ	家庭・学校・仕事・地域コミュニティの役割のバランスをとるのに役立つ資源を見極め、実行する。 DOK：LⅢ	個人・家族・学校・コミュニティ・仕事の役割のバランスをとるための能力を示す。 DOK：LⅣ
C. グローバルな社会への貢献	グループの一員として貢献する方法を見極め、実践する。 DOK：LⅡ	学校や地域社会で個人的に行われる貢献の関連性を認識する。 DOK：LⅡ	学校社会に貢献する一員となるため、生徒個人が参加できる活動が何かを見極める。 DOK：LⅡ	自分が国際社会に貢献できる一員となることに役立つ活動を見極め、参加する。 DOK：LⅣ	自らが国際社会に貢献できる一員となるのに役立つ活動や経験を積む。 DOK：LⅢ	広く国際コミュニティに貢献する一員としての性質を示す。 DOK：LⅣ
大きな概念：PS2　個と集団の異なりを尊重しながら他者と関わる						
A. よい対人関係を結ぶ	様々な社会状況において、効果的な対人関係スキルを実践する。 DOK：LⅢ	よい人間関係を維持するために役立つ対人関係スキルを自己評価する。 DOK：LⅢ	よい人間関係を維持する対人関係スキルを用いる能力を示す。 DOK：LⅡ	よい人間関係を維持するのを支えるための対人関係スキルを実践する。 DOK：LⅢ	よい人間関係を維持するために必要な対人関係スキルを適用する。 DOK：LⅢ	よい人間関係を維持するための対人関係スキルを示す。 DOK：LⅣ
B. 自他の尊重	個々の違いを受容し尊重する行動を促進させる。 DOK：LⅣ	国際社会において他者への受容と尊重を促進させる方法を適用する。 DOK：LⅣ	地域社会のなかで文化的なアイデンティティと世界に向けた視点を探索する。 DOK：LⅡ	国際社会のなかで、文化的な違いの受容と、尊重を促進する。 DOK：LⅢ	異なる文化や視点への尊重を表す。 DOK：LⅣ	個人や集団を尊重することにおいて代弁者となる。 DOK：LⅣ
C. 対人関係での個の責任	学校と地域で自他を受容し尊重する方法を見極め、高める。 DOK：LⅡ	学校と地域で、自他の受容や尊重を推進する方法を見極め、高める。 DOK：LⅡ	対立状況での自分の責任を見極め、問題解決と対立解消のスキルを適用する。 DOK：LⅢ	他者と良い関係を保つため、自分の問題解決と対立解消のスキルを評価する。 DOK：LⅢ	対立状況における自分の責任を受け入れる。 DOK：LⅣ	他者との人間関係における、自分の責任を受け入れ、使用する。 DOK：LⅣ
大きな概念：PS3　個の安全のスキルとストレスへの対処方法を応用する						
A. 安全で健康な選択	社会状況に合う安全で健康な選択のために必要な効果的な、問題解決・意思決定や謝罪のスキルを使用する。 DOK：LⅣ	リスクを負う行動やその結果における仲間の影響を理解する。 DOK：LⅣ	安全で健康な人生の選択をするために必要な、問題解決・意思決定および断りのスキルを見極める。 DOK：LⅢ	リスクを伴う行動を把握するため、意思決定のスキルを使用する。 DOK：LⅢ	自分や他者の安全で健康な意思決定の影響を分析する。 DOK：LⅣ	安全で健康な人生の選択を行うために、意思決定スキルを使用する。 DOK：LⅣ
B. 自他それぞれの安全	安全を維持する方法を発展させる。 DOK：LⅡ	安全に関する事柄に対処するスキルを評価する。 DOK：LⅣ	安全に関する方向づけに活用できる資源を見極め、使用する。 DOK：LⅡ	安全に関する方向づけを行うための資源を検討し、評価する。 DOK：LⅢ	皆にとって安全な環境を強化するスキルを表す。 DOK：LⅣ	自分や他者の身の安全について支援を行う。 DOK：LⅣ
C. ストレスへの対処スキル	生活の変化をもたらす出来事に対処する適応スキルを適用する。 DOK：LⅡ	生活の変化をもたらす出来事に対処する方法を評価する。 DOK：LⅡ	生活への変化をもたらす出来事への対処に役立つ資源を見極める。 DOK：LⅡ	生活に変化をもたらす出来事に対処する適応スキルを見返し、分析する。 DOK：LⅢ	人生に変化をもたらす出来事に対処し、適応するスキルを適用する。 DOK：LⅢ	人生に変化をもたらす出来事に対処するよう、適応スキルを示す。 DOK：LⅣ

現できることを目標に学習を行います。ガイダンス授業で説明などを行った後、子どもは絵・文字・態度など自分の好きな方法で表現し、仲間と共有します。中学1年になると同じ「A：よい対人関係を結ぶ」の箇所でも「様々な社会状況において、効果的な対人関係スキルを実践する」ことを目指す学習をします。誰に対しても、対人関係のスキルを用いて、よい関係を結ぶことを目指します。そして高校最終学年では、「よい人間関係を維持するための対人関係スキルを示す」ことで、人との恒常的な関係構築に必要なことについて学びます。

カリキュラム表では、学習の進行が「知識の深さ（Depth of Knowledge）」として示されています。適切な行動が理解され、獲得されるには、様々な段階があり、「言葉を聞いたことがある」段階から、「十分に使いこなせる」や「発展させて、他のことにも応用できる」段階に至るまでに、大きな幅があります。この整理により、子どもの社会情動面で学んだことの浸透を図る実態把握の視点として活用することもできます。こうして、州で統一した心理教育の全体像があることで、専任SCなどの推進者は、各段階での学びを対象に合わせて実施しても、系統性のある活動となり、積み上げ学習を進めることができます。

（2）SEL推進に必要な力量――SEL推進をリードする役割

学校で児童生徒の心理社会面の成長を促進させることは、学びの基盤をなすと言われています（小泉，2011）。SELの推進が、児童生徒の学校忌避感の抑制につながり、それがひいては学びに向かうことを促進させるであろうことは、各国の研究成果からも捉えることができます（例えばDurlak et al., 2011）。それをふまえると、スクール・カウンセリング・プログラムの柱として、いかにすべての児童生徒に届く心理教育を行うかは重要です。また、学校全体の教育活動の大きな柱の一つとして、トップリーダーである管理職だけでの推進は難しく、SEL推進のリード役の舵取りでは、推進者に大きな期待がかかります。

1）アメリカの学校の児童生徒支援の取組

アメリカでは、学校評価の資料を簡潔にまとめた報告書を公表することが学校に求められています。カリフォルニア州の場合、スクールアカウンタビリティ報告書（SARC）として、主に、在籍者構成、安全や学習環境、学業成績、卒業率、クラスサイズ、構成教職員、教育課程と指導内容、進路情報、財政・支出に関わるデータ概要の報告書を、すべての学校が作成することになっています（CTC, 2017）。専任SCが所属している児童生徒支援の領域でも、活動内容を客観的に把握できるよう、SARCに倣い、「援助職アカウンタビリティ報告書（SPARC）」で児童生徒支援の状況が、一目で分かる資料を作成し、学校の児童生徒支援の実践を俯瞰することが推奨されています（CTC, 2017：表2-3-3）。具体的には、校長からのメッセージの形態で、理念や全体的な児童生徒支

表2-3-3　SPARC記入表

番号	項目ごとの内容	備考
Ⅰ	校長のメッセージ： 学校の児童生徒支援に関する目標・児童生徒支援チームの学校全体における役割と位置づけを含む校長のメッセージ	校長との適切な連携により、校長の理解を高める
Ⅱ	児童生徒支援チーム： 児童生徒支援チーム構成員の職位・研修歴、児童生徒支援における役割、有資格構成員の専門性や所属職能集団（例：ASCA）	児童生徒支援のコアメンバー明示、各専門職間の連携
Ⅲ	学校の風土と安全性： 校内の風土と安全な学校づくりへの児童生徒支援スタッフの活動の関わり、およびその成果の提示（複数のグラフなどを活用）	全体で示す学校安全計画への支援チームの貢献の明示
Ⅳ	児童生徒支援の結果： 児童生徒の心理教育などの活動成果の明示。職能集団（例：ASCAなど）の示すスタンダードがあればそれに基づいて提示	児童生徒の活動に表れる成果の「見える化」
Ⅴ	地域連携・地域資源： 当該学校における地域との連携、地域資源活用の成果の提示。支援領域（例：学習面・キャリア面・心理社会面）ごとに整理	分析的視点からの成果検討
	児童生徒支援の全体的概要： Ⅰ～Ⅴの集約により全体的なスクール・カウンセリングの統一性の確認	全体チェック

（https://www.sparconline.net/2011-2012を元に筆者が試訳・整理した）

援の方針提示があり、チームがどのように構成されているかが示され、学校風土や安全に関する情報があり、学業面・心理社会面・キャリア面での支援が行われ、関係機関との連携に課する情報などが含まれ、援助内容の明確化や安定的な運用が推進されています。

加えて、アメリカSC協会（ASCA）の「包括的スクールカウンセリングプログラム（Comprehensive School Counseling Program）」（Bowers & Hatch, 2005）では、①理念、②運用・実施、③成果検討、④運営管理からなる構造図（図2-3-2、表2-3-4）に基づき、この柱立てにより支援の枠組みを会員全体に共有しています。

2）アメリカの専任SCによる活動の時間配分と自己評価システム

アメリカでSCが多く所属する職能団体（ASCA）では、校種別に、専任SCの各種活動の時間配分をモデルとして示しています（図2-3-3）。低学年では学級全体を対象としたガイダンス授業の実践時間が長く、小学校では35〜45%、学年進行につれ個々の教育計画や進路探索を支援する時間が長くなるため、SCの業務従事時間から、SELなどの心理教育を含むガイダンス授業は、中学校で25〜35%、高校で15〜25%が、努力目標として、理想的な時間配分と

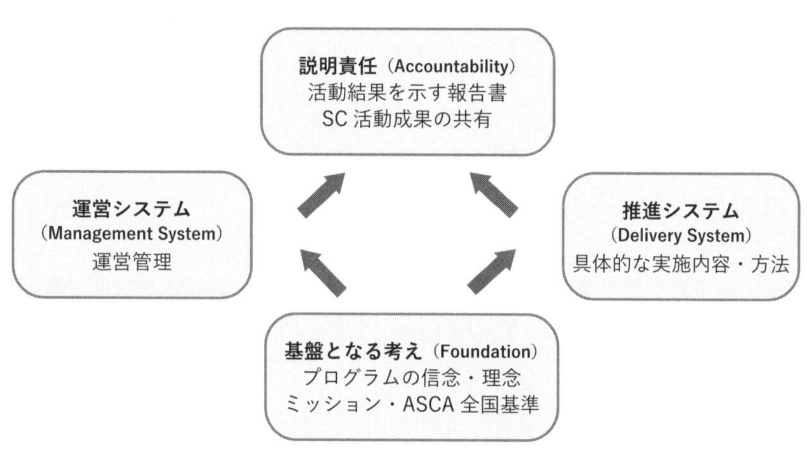

図2-3-2　ASCA National Modelを参考にした継続的な実践

表 2-3-4　包括的スクールカウンセリングプログラム体系（Comprehensive School Counseling Program）

項目	具体的内容例
①プログラムの基礎となる理念	適応援助の年間計画・主要な役割分担の基盤となる全体構想
②内容・方法からなる実施	学校適応援助のシステム（体制）の構築
③説明責任を含む成果検討	学校適応援助のための校内関係者相互の連携・調整
④プログラム推進の運営管理	学校危機事案に関する対応／準備／見直し／未然防止の取組

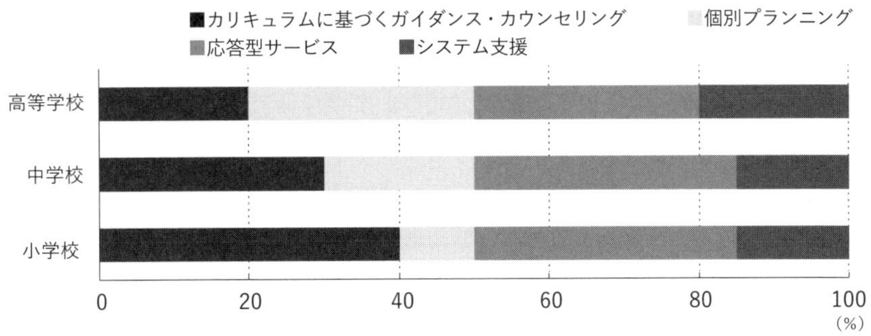

図 2-3-3　SCに推奨される校種別時間配分の例
（ASCA, 2005 より中間値をとり筆者が作成）

されています。生徒の悩みの相談や、出席状況が不振の生徒の保護者の相談など、応答型サービスとされる支援は、理想的には高校の SC の勤務時間全体の 35% までとされています。

様々な教育課題が想定される現場では、問題が起きると、事後対応に時間を要し、予防教育に手が回りにくくなります。しかし、そのため予防教育である SEL の実践が行われないことは、悪循環を生みかねないという考え方です。一方で、事後対応の内容は、学校全体の SEL の実施内容を検討する際の有益な手がかりになります。それをモニターしながら、一定の計画性のもとで行われる一次的支援であるガイダンス授業が行われるべきなのです。

さらに、専任 SC は、半年に 1 回の割合で、自身の活動内容を 15 分単位で 1 週間記録するよう推奨されています（ASCA, 2012）。SC 自身の専門職としての力量向上のために、職場の児童生徒支援のまとめ役（例：SCスーパーバイザー、児童生徒支援担当副校長など管理職やベテランSC）に示し、業務改善の指標としています。

(3) 校内の各担当者への期待と求められるリーダーシップ

1) 一般の教員に対する期待

わが国では、学級担任が、児童生徒に直接関わる機会が最も多いでしょう（図2-3-1）。朝の会・帰りの会や、ホームルーム、学級活動などで、学級担任は、児童生徒を日常的に観察したり、変化を早期に発見したりできる立場にいます。豊かな人間性のもとで、学部段階で教育実践力を身につけ、さらに教師の専門性として、定例の教育相談などの機会に、児童生徒の話を傾聴するスキルや、ガイダンス授業で、指導案やツールなどの資料があれば、心理教育を子どもに実施できるよう、実践的な指導力を磨くことが求められます（図2-3-4）。

2) 児童生徒支援の専門性を持つリーダー

学校でSEL推進をリードする役割は、校種や学校で異なります。生徒指導や教育相談の担当者、主幹教諭・養護教諭などの職務や学年主任などの役割が

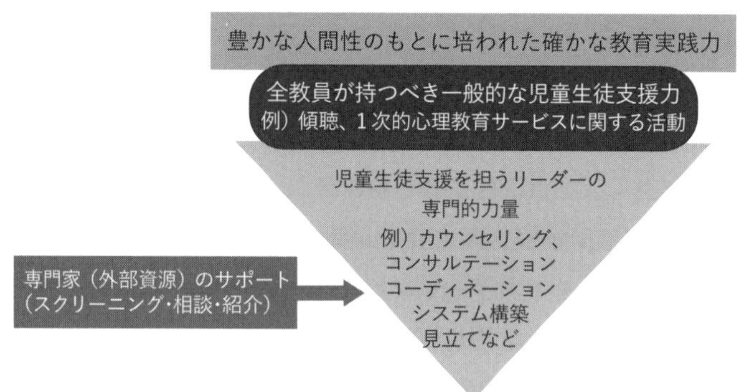

図2-3-4　一般教員および専門性のある教員の児童生徒支援

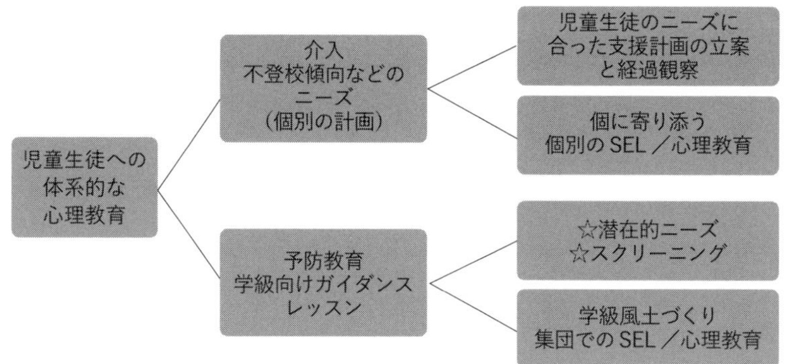

図 2-3-5　児童生徒支援に関する環境と本人への働きかけの例

推進を担うこともあります。可能なら、教育・学校心理学、学校適応援助、教育相談などの領域で専門性を身につけた方、つまり「児童生徒支援の専門性を持つ教職員」が個別・集団の課題の見極めをしつつ、SEL を推進することが理想です（図 2-3-5）。この領域の専門性は、校内の児童生徒支援の安定的な推進に大きく関わりますが、日本ではあまり明確化されているとはいえません。

文部科学省（2016）は「チームとしての学校」をキーワードに、新たな学校の在り方を示しました（表 2-3-5）。かつてリーダーの役割は暗黙の了解事項とされていましたが、そうした伝統的なリーダー像から、それぞれの役割を明確化し、運用・改善していくことが学校に求められていると言われています（鎌田，2009）。トップリーダーの判断のみに依拠する鍋ぶた型組織構造を、現代の学校に適合するよう変革させるためです。学校教育の各領域のリーダーシップの機能化に、分散型リーダーシップの考え方が参考になります（鎌田，2019）。分散型リーダーは、校内の各構成員が、異なる校務のリーダー役を分かち合います。児童生徒支援なら、個別的に対応が必要なケースと集団の支援ニーズを見きわめ、臨床心理学などを専門とする、非常勤 SC とも連携します。児童生徒支援のなかで SEL 推進を行うことについても、担当者に適切な専門性があれば、効力感をもって担当領域を推進することができると考えられます。

表 2-3-5 「チームとしての学校」の学校マネジメントモデル

1. 専門性に基づくチーム体制の構築：
これからの学校に必要な教職員、専門能力スタッフ等の配置を進めるとともに、教員が授業等の専門性を高めることができる体制や、専門能力スタッフ等が自らの専門性を発揮できるような連携、分担の体制を整備する。
2. 学校のマネジメント機能の強化：
教職員や専門能力スタッフ等の多職種で組織される学校がチームとして機能するよう、管理職のリーダーシップや学校のマネジメントの在り方等について検討を行い、校長がリーダーシップを発揮できるような体制の整備や、学校内の分掌や委員会等の活動を調整して、学校の教育目標の下に学校全体を動かしていく機能の強化等を進める。
3. 教職員一人一人が力を発揮できる環境の整備：
教職員や専門能力スタッフ等の多職種で組織される学校において、教職員一人一人が力を発揮し、更に伸ばしていけるよう、学校の組織文化も含めて、見直しを検討し、人材育成や業務改善等の取組を進める。

（文部科学省，2016）

3）担当者から管理職へのアプローチ

管理職との調整は、どのような校務分掌でも、SEL 推進を担う者として避けて通れないプロセスです。理解のある管理職・力量の高い実践者など、スタッフが充実していることも重要ですが、それが子どもたちの心理教育に寄与することを評価できるようにする必要があります。学校の教育課題をふまえ、実践可能な内容の心理教育プログラムを選択し、推進することを目指します。

SEL 推進の担い手は、実践での SEL を活用が促進されるよう、管理職に対しても適切に情報提供していく必要があります。小学校教員を対象に、担当者が職務上何らかの交渉を管理職に対して行う場合の、相互の影響過程について行われた質問紙調査（鎌田・西山・迫田，2017）では、2 つのことが示されました。1 つは、過度に正当性に依拠した主張は、好ましい結果を生まないことです。これは、校長の考えや意見に耳を傾けることなく、担当者が自身の立場からの正論を強く主張した交渉が、成果につながらないことを示しています。

もう 1 つは、校長が担当者をどう捉えているかが、担当者の交渉事項に応じるかどうかに関わることが示されました。これは、校長が担当者の力量を高く

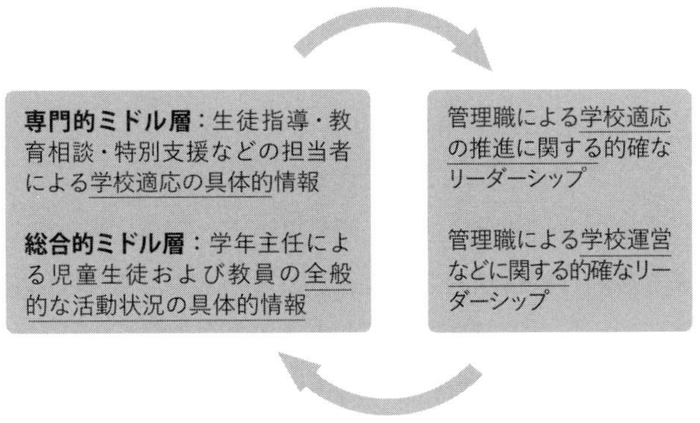

図2-3-6　児童生徒支援をリードする担当者からの情報と管理職のリーダーシップの関係

認知していると、担当者の交渉に応じたり受け入れたりすることが多いことを示しています。つまり、①児童生徒支援に関し、校長のリーダーシップが有効に発揮されるには、担当者による働きかけが重要であり、②校長が担当者のアプローチをどう認知し、評価するかをふまえ、担当者が対応することが必要であることが示されています。よって、専門性を持ったスタッフが適切にトップリーダーに情報提供をすることが、トップリーダーの判断の適切性が増すことにつながります。それぞれの専門性のあるリーダーは、適切なエビデンスを示すことで、管理職の判断に好ましい影響を与えることができるのです（図2-3-6）。このことはSELの導入を交渉する場面でも、同様の結果となると考えられます。

4）学校のフォーマルなリーダーの役割とフォーマルなリーダーへの支援

ところで、トップリーダーである校長などの管理職は、SELに対してどのような印象や考えを持っているでしょうか。多くのキャリアステージを経て管理職に至るまでに、学級担任や学年主任、生徒指導や教育相談を担当されたことがあるかもしれません。児童生徒の豊かな心の成長が大切であること、つまりSELの重要性が、管理職に否定されることはないでしょう。一方で、他の重要な対処事項との間で、管理職が認識する優先順位はどうでしょうか。管理職は、俯瞰的な視点で学校を支えます。SEL の実践がとりわけ重要であると理解してもらうために、担当者からのコミュニケーションが重要であると言えます。

では、児童生徒支援の担当者は、多忙な管理職から、SEL の推進に有益なリーダーシップをどのように引き出していけばよいのでしょうか。まず、SEL を活用するための児童生徒支援体制、指針の進捗を協議する方法を明示する必要があります。適切に信頼が得られると、校長が示す学校経営に関わる計画に、児童生徒支援に関する取組を具体的に示すための交渉がしやすくなります。学校危機予防の研究では、管理職は、児童生徒支援担当者より学校危機予防の推進状況を高く評価する傾向があるとされ（西山・渡辺・押尾, 2022）、適切な情報を伝えることも必要です。多忙な管理職には、SEL の中身を深く理解する時間的余裕がないかもしれません。SEL 推進の実務リーダーは、適切に実施された SEL が学校によい成果をもたらし得ることを具体的に示す必要があるのです。

（4）わが国における SEL 推進のリーダー養成

1）わが国での SEL 推進の機能化として考えられること

学校での児童生徒支援では、カウンセリングなどで直接的な方法が多く行われています。しかし、教師が支援を必要としている子どもに適切に関わるためには、教師自身の持つ力量だけでは解決がつかないこともあります。その際、学校内外の資源を組み合わせて、適切な支援を構想する必要があります。

例えば、学校適応に課題のある子どもを抱えて悩み、抑うつ的な傾向の保護者を、学級担任が傾聴するだけでは解決することが難しい場合もあります。学級担任が保護者を支えることに一定以上の時間と労力を割くことが、担任する学級全体に行き届く援助の時間を制限している可能性もあります。そのなかで、チーム支援を推進する中核人材として、「教育相談コーディネーター」などのような子ども支援を調整する人材が教員の中に常駐していることは、アメリカのスクール・カウンセリングの機能が、日本に位置づけられる方途となるのではないでしょうか。この事例の場合、教育相談コーディネーターは、当該児と保護者支援のニーズを見立て、支援計画を立て、保護者とともにしのぎ、非常勤SCの勤務時に保護者を繋ぎ支援をしてもらい、深刻さ次第では外部の専門機関を紹介してもらうという、一連の援助計画を構想します。その専門性は広汎で、学校での対人援助に関する知識と実態把握や実践の力が含まれます。

その中には、当該児の所属学級の風土がより温かくなるように、アンケートなどの結果を集約し、科学的根拠に基づくすべての子どもに届く支援として、適切な心理教育プログラムを用いたSEL実践を提案する力量も含まれます。

2）実践的なSEL推進を担うリーダー養成の試行

学校での学校適応援助や心理教育などを推進する役割を担う教員の養成は、教育相談コーディネーターなどの役割を担う教員の研修などで行われています。例えば、教育相談担当者やコーディネーターの養成に取り組む例としては、校外での研修を行う自治体や、長期研修員として1～2年の研修を実施する大学などがあるとされています（今西・金山，2017）。

学校適応を支えるミドル・リーダーの行動を整理した中で（西山，2018a，表2-3-6）、心理教育プログラムの活用も重要な構成要素とされました。児童生徒支援の推進として、学校のニーズに合うSELを導入することは、ミドルリーダーの役割と位置づけられます。しかし、適切な内容のSELを選択し推進することを専門性向上の要素とした研修体系は少なく、実践と成果の検討が求められる領域です。

3）児童生徒支援の比較と日本の実践への示唆

専任SCが、スクールワイドに適応状態の把握と介入を担うこととされているアメリカなどと比べて、日本では、学級担任の児童生徒支援に果たす役割が広範囲にわたります。初等・中等教育の学級担任は、自身の専門教科に限らず、児童生徒が好ましい人間関係を育み、各教科の学習を計画・実行し、個々の生き方を考えることを、特別活動・総合的な学習の時間などを含む、日常の指導

表 2-3-6　学校適応を支えるミドル・リーダー行動

項目	概要
プログラムデザイン	学校適応援助の年間計画・主要な役割分担の基盤となる全体構想
システム構築	学校適応援助のシステム（体制）の構築
校内ネットワーク推進	学校適応援助のための校内関係者相互の連携・調整
心理教育プログラム活用	学校課題に適した心理教育プログラムの選択・導入の提案
教育相談の運営と折衝	学校適応援助の適切な推進に向けた管理職などとの相談・対応
校外資源との連携の構築	学校適応援助に関わる校外資源との連携・有効なネットワーク作り
課題改善へのアドボカシー	学校適応援助に関する課題が適切に改善に向かうための擁護・代弁
学校適応の実態把握と分析	学校適応援助の成果・課題を示すことができるデータの収集・分析
学校危機予防・対応	学校危機事案に関する対応／準備／見直し／未然防止の取組

（西山，2018b）

で推進しています。日本の教師の卓越性が表れているところと言えるでしょう。さらに、教育相談担当者・コーディネーターに加え、特別支援教育コーディネーターや、養護教諭など多様な役割の教員がSELを推進しているのが実情です。

心理教育プログラムとしてSELを推進する担当者は、学校環境全体を俯瞰し、適切な内容を、適切な方法や順序で導入・推進していくという、専門的力量が必要です。児童生徒支援の担当者が、学校教育の枠組と支援のあり方を心得た専門的力量のある調整役として、SELの推進にあたることができるための、専門性や養成方法の確立と周知は、担当者にも管理職にも今後の課題といえます。

スクールカウンセラーと教員の協働によるSEL実践

●小高佐友里

「チーム学校」（文部科学省，2015）の構想により、スクールカウンセラー（以下SC）はこれまで以上に予防的な視点からの関わりが求められるようになりました。例えば不登校やいじめは誰にでも起こりうるものであると考え、「その発生自体をなくす」のではなく「早期に発見」し、問題が「深刻になる前に対処する」、あるいは「自ら乗り越える力を身につける」といった、子どもたちへの授業や講話を通した予防的な働きかけ（以下、予防教育）です。

しかし、すべてのSCが予防教育を実践するためのスキルを有しているとは限りません。また、仮にスキルがあったとしても、各学校の運用方針によって予防教育へのニーズは様々です。さらに、年間の行事予定や授業計画が決まっている中で、SCの来校に合わせて実践に必要な枠を確保することは難しいでしょう。このような現状をふまえ、ここでは（1）少ない回数で効果を上げるSEL実践、（2）職員研修を通してSELの視点を伝える取り組みの工夫をご紹介します。

（1）教員との協働で子どもたちに直接介入するSEL実践

SELは様々なスキルを複数学ぶことで、効果を上げることができるとされています。しかし、SCの勤務形態や学校側の事情を考えると、何回も実践を重ねることは難しいでしょう。そこで、１つのテーマを複数回に分け丁寧に扱うことで、少ない回数で効果につなげる実践例を紹介します。

筆者は、①「気持ちって何だろう」、②「適切な表現を学ぼう」、③「コミュニケーションのルールを作ろう」の3回シリーズで、中学2年生の全クラスを対象に感情について考える授業を行いました。SCが主な授業者となり、担任の先生にはティーチングアシスタントとしてサポートをしてもらいました。具体的には、実際に生徒間でトラブルとなりやすい場面を先生方に挙げてもらい、その場面で気持ちをコントロールし、相手に伝わる表現を選択するという内容です。こういった取り組みは、実際に感情表現に苦戦している生徒だけでなく、クラス全体の感情知能（Emotional Intelligence）の底上げを促すことで、トラブルの起きにくい環境作りにもつながります。また、SC自身も教員との協働を通して連携が広がる点や、子どもたちの実態が把握できる点で、後の相談活動への付随的な効果がもたらされるでしょう。

(2)「研修型コンサルテーション」による教員を介した間接的支援

職員研修を通してSELの考え方を伝えることで、先生方の日々の教育実践に活用してもらう間接的な介入も可能です。限られた時間の中で効果的に理論を伝えるために、掲示物作成の工夫をテーマとしたワークショップを行いました。学校教育目標をもとに、育てたい子どもたちの力を具体的な行動として記述する取り組みを通して、子どもたちに分かりやすく伝える表現や、望ましい行動を効果的に促す声かけの工夫について考えていくことができます。実際に掲示物を作成する作業を通して、日々の教育活動に無理なくSELの視点を導入するコツを体感的に理解してもらうことで、先生方の子どもたちとの関わりに変化がみられます。また、教員としてのやりがいや、関わりへの自信を高めることで、バーンアウトの予防も期待できるでしょう。

最終的には個々の先生方の教育実践にSELを根づかせることが重要であることは言うまでもありませんが、そのきっかけとして、まずはSCがリーダーの役割を担うことができるのではないかと思います。今後「チーム学校」の支援体制が充実していく中で、SCと教員との協働を通したSELの広がりに期待したいと思います。なお、具体的な実践方法については、小高（2022）で紹介しています。よろしければご参照ください。

養護教諭によるSELの実践

●薬師寺潤子

SEL の実践は担任教員によって実施されることが多いですが、養護教諭が中心となって実施されている実践例があります。実践校である埼玉県立上尾橋高等学校では、高校通級実施校に指定されたことをきっかけに、令和3（2021）年度から高校1年生を対象に、ソーシャルスキルもしくは苦手科目や得意科目を生徒それぞれに合わせて学習する授業時間が始まりました。授業は3つのコースに分かれています。1つ目は通級の生徒を対象とした、小グループでソーシャル・スキル・トレーニング（SST）のプログラムを年間19回行うグループⅠ、2つ目は学習支援の他、全体指導で年に7回の SST のプログラムを行うグループⅡ、3つ目は学習支援を主として SST の実施は1回のみのグループⅢです。

この実践校では、保健室で友人トラブルなどの相談を受けることもしばしばあったことなどから、通級に通う生徒だけでなく、学年全体で予防的な教育を受けるニーズがあると考えられたため、グループⅡが設けられました。また、授業の中で SST のプログラムを行うだけでなく、毎月ソーシャルスキルの目標を設定したり、学校行事でターゲットスキルに関連した目標を決めたりするなど、日常生活の中での意識づけもはかっています。

授業内容は、養護教諭が保健室で対応を求められる事例や教員からの相談を受ける事例を参考に、スキルを身につけることで未然にトラブルを予防することに繋がると考えられるターゲットスキルが選択されています（表1）。養護教諭は、学校職員の中でも、児童・生徒の心身の状態を把握するという点で強みを持っているとの報告がありますが（秋光・白木，2010）、このようなことからも効果的な実践を行う上で養護教諭は重要な役割を持つと考えられます。

実践校では、SST の授業を行うのは教員ですが、養護教諭が校内の組織や選択授業の構成を考え、指導案や授業で使用する教材、ワークシートの作成や準備を行いました。実施に関わる校内での連絡調整の他、外部の特別支援学校や専門家との連携を図る上でも重要な役割を果たしています。実践の前年度から、準備段階として専門家による研修会を実施し、SEL の基礎的な理論を学校教職員全体で学ぶ機会が設けられました。プログラムが開始されてからは、通級指導の専門家指導員のアセスメントや指導助言を受けながら改善を行う他、教職員の実践への理解を促すため、その日の指導内容を要約した通信を配布するなど SEL の考え方に基づいた実践を実現可能にしています。

表 1　授業内容

	回数	ターゲットスキル
1学期	1	※自己紹介をしよう
	2	心をつなぐ挨拶
	3	わかりやすく、相手の気持ちを考えて伝える
	4	※あたたかい言葉をかけよう
	5	先生に質問や相談をしよう
	6	優しく頼もう
2学期	7	どこまで近づいていいのかな（※距離感マナーを知ろう）
	8	仲間に入りたいときは
	9	気持ちを言葉であらわそう
	10	違う理由を考えてみよう（※友達トラブルを大きくしないために）
	11	相手がいやがることを言わない・やらない
	12	悪いことや嫌なお願いを断るために
	13	協力する楽しさを知ろう
	14	LINE でのコミュニケーション（※SNS でトラブルにならないために）
3学期	15	耳で聞いてメモを取ろう
	16	※イライラを爆発させないために
	17	電話をかける練習をしよう
	18	※見方を変えて考えてみよう
	19	計画の立て方を知ろう

グループⅡでは、※で記した第 1・4・7・10・14・16・18 回のスキルを実施
グループⅢでは、第 18 回のスキルを実施
（埼玉県立上尾橘高等学校　養護教諭　柳ルツ子先生の作成した指導案をもとに構成しています）

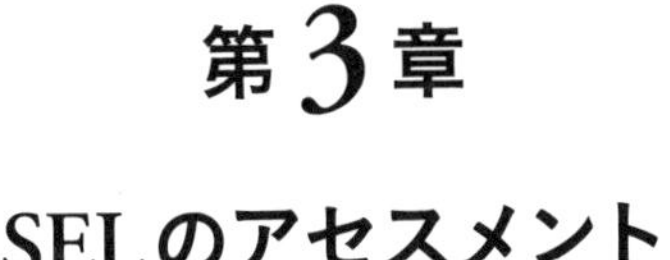

第3章

SELのアセスメント

1

SELの研修や理解の向上

●渡辺弥生

(1) 教える側の力量を高める必要性

キャセルでは、目標となるSELの教育システムを確立していくために、4つの領域にわけて具体的なプランを立てています。図3-1-1にありますように、フォーカスエリア①は、SELを教育の中に実践していくために必要な礎となるSELの理解やビジョンの共有を進めていく方針について考える領域です。フォーカスエリア②は、子どもの社会性や感情、さらには文化的なコンピテンスを向上させ基本的な信頼関係や円滑な対人関係を構築させるために、まずSELを教える大人側の能力を向上させることを目標としています。すなわち、社会性や感情の力量（Social Emotional Competence：SEC）を高める領域です。フォーカスエリア③は従来、もっとも焦点の当てられてきた子どもたちへのSELを推進していくアプローチを考える領域で、フォーカスエリア④はデータを活用しながら改善してSELを維持していくための方針について考える領域です。

この章では、フォーカスエリア②について説明します。

日常生活を考えると、まず、子どもの社会性や感情の力は、家庭では親の影響を受けています。そして、学校では教員の影響を受けています。社会的学習

CASEL ガイドは、単体のプログラムやカリキュラムではありません。学校全体の SEL を達成するためのステップ・バイ・ステップのプロセスを提供する包括的なオンラインリソースです。
4 つのフォーカスエリアで構成されたこのリソースは、SEL を戦略的、体系的、効果的に実施するための専門家のガイダンスと現場で実証されたツールを提供しています。

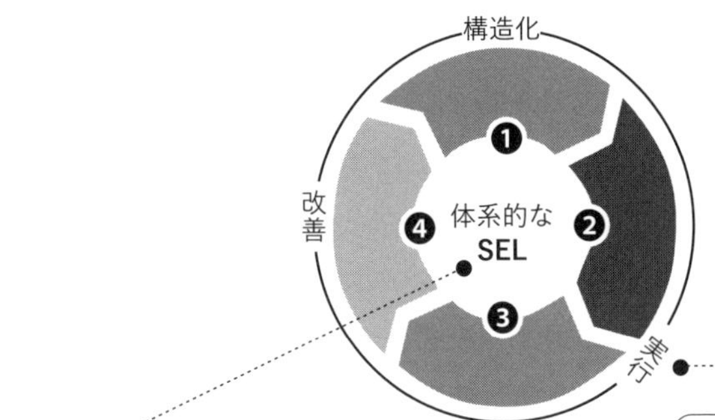

今いる場所から、どうやって
なりたい場所に行くのか？
・実施
・中間データ追跡
・進歩のモニタリング

学校で実施するためのインタラクティブな SEL プランナー
これを使って、学校での実施を促進しましょう。
実施ルーブリック
ニーズとリソースのインベントリー
優先事項や目標の設定
アクションプランニング

フォーカスエリア❶
基礎的なサポートを構築し、計画を立てる
スタッフ間で基礎知識を構築し、ビジョンを共有し、共同で計画を立てることで、意識、コミットメント、オーナーシップを生む。

フォーカスエリア❷
大人の SEL を強化する
スタッフ自身の社会的、感情的、文化的な能力を開発し、SEL をモデル化し、共同作業と信頼関係を構築する。

フォーカスエリア❸
生徒への SEL の推進
歓迎される風土と文化を作り、生徒が学校の一日を通して、また学校を超えて SEL の能力を伸ばす機会を提供するために証拠に基づいたプログラムと実践を調整する。
エビデンスに基づく SEL プログラムとアプローチ
明示的な SEL の説明
SEL を学びのカリキュラムに統合する
生徒たちの意見を大事にし、関与させる
家族とコミュニティのパートナーシップ
SEL を学校のシステムや方針に統合する

フォーカスエリア❹
継続的に改善できる実践
SEL を実施する上での意思決定を行うために、データを収集、分析、利用する。ツールには、実施ルーブリック、ウォークスループロトコル、スタッフ調査、学生のデータ分析を含む。

図 3-1-1　学校に SEL を導入するガイドライン　4 つのフォーカスエリア
（CASEL, 2021 より作成）

理論によれば、大人の行動がモデルとなり、観察学習によって大人の行動を模倣することが多くの研究によって実証されています。特に、感情は「情動感染」という言葉があるように、誰かのイライラや不安は一瞬にして、その場の集団の空気に影響を与えてしまいます。ですから、SEL を教える側は、まず自身の SEC の力量を高める必要があり、その上で、子どもたちに SEL のプログラムを実行する力の養成が求められるわけです。

また、教員自身のウェルビーイングにとっても、この SEC は重要な要因です。ところが、これまでは教員のウェルビーイングについての研究はポジティブな側面よりも、むしろバーンアウトやストレスなどとの関連性といったネガティブな側面からの研究が大半でした。教師という仕事は医療や介護の領域に勤めている人たちと同様に、他者を思いやる仕事（Caring Profession）であり、感情労働を伴うと考えられます。すなわち、相手への心遣いを重視するために、自分の感情を誘発したり抑圧することを職務にする労働で、精神と感情の協調が必要な仕事として考えられています。

さらに、絶えずあらゆる点でエキスパートとして求められる職種の一つであることから、気遣いの多い仕事であり、慢性的なストレスにつながりやすいと考えられるのです。そのため、睡眠障害や精神的な疲労、仕事上の不適応など様々な問題が生じる

ことが指摘されています。特に、ダーリング - ハモンド（Darling-Hammond, 2001）によれば、ストレスや感情的なマネジメントがうまくいかない場合に、内発的な動機づけが弱くなり、自己効力感が低くなると指摘されています。

しかし、感情労働は必ずしもネガティブなことを意味しません。ポジティブに考えれば人とのつながりに幸せを感じ、関わった人たちの望ましい変化があれば喜びを感じられる職業であり、やりがいを強く感じられる仕事なのです。ですから、ネガティブな問題を予防し、教える側の力量を高める方向に役立つ SEC を伸ばすことが大切です。ポジティブな感情体験を持つ教師は、レジリエンスが高まり、教えることに伴う複雑な状況を解決しようというレディネスを持ちます。

SELのコンピテンスの中に含まれる自己理解や自己調整の力は、教えることに伴う気持ちの不安定さに対応する力へとつながります。自分自身の気持ちや行動をよりうまく効果的にコントロールし、方向づけられるようになるのです。結果として、生徒からの様々なニーズに適切に応答し、支援することを促します。それがさらに自分自身が持つポテンシャルを高め、維持することへつなげていくわけです。

教師のSECと生徒の関係性の切り口からも多くのことが明らかになっています。クラスのマネジメントは学級経営と考えられますが、学校の目標の一つである学びを成功させるためには、学校やクラスの雰囲気（climate）が重要だと考えられています。このクラスの雰囲気に関わるものとして、教師の学級経営の力量が重要であると指摘されています（Brachkett, Reyers, Rivers, Elbertson, & Saloney, 2009）。SECの力量を身につけることによって、生徒との関係性は生産的なものとなり、学級経営に手腕を発揮できるようになります。そのことが、SELをクラスやカリキュラムに導入することをより促進することから、学校全体にポジティブな循環状態を作ることになります（Jones, Bailey, & Jacob, 2014）。

学びの具体的なプロセスにおいても、生徒の学びを促す感情表現や対応方法が用いられることになります。教師自身のSECの姿勢や態度が、生徒自身の模範や学びの基本ともなるわけです。したがって、繰り返しになりますが、教員が自分たち自身のSECを高めることは、クラスの風土を望ましい状態にするだけではありません。教えるという仕事の中にSELのスキルを効果的に応用していくということにつながるわけです（Esen-Aygun & Salim-Tasking, 2017）。

(2) 教員が陥りやすい心の問題

すでに欧米では、SELがかなり導入されていますが、学校で誰が担当するかというと大半は教師が担当しています。実際、SELの効果も日々子どもたちと接している教員が担うほうが、そのほかのスクールカウンセラーや専門職が関わるよりもむしろ効果があるようです。しかし、今日教師は、授業だけではなく、仕事の内容がマルチ化しています。様々なところからの連絡をチェックし、行事を準備し、成績をつけるなどのルーティンも多いものです。子どもたちの問題から保護者とのやりとりも多くなりつつあり、授業の内容自体も時代に合わせて求められることが加算され、オーバーワークの日々になりがちです。しかも、教師は「……すべき」といった評価にさらされることが多く、責任が大きい仕事です。

慢性的な教師のストレスは、世界でもわが国でも指摘されるところであり、アメリカでは、教員の欠勤者の大半はストレスから来る病気だと報告されています。不安やうつなどの精神的な問題を抱える教師も多くなっています(Jennings & Greenberg, 2009)。生徒と教師の関係は連鎖しており、無気力や学業不振など様々な問題を抱えた生徒との関わりは、もちろん教師がサポートしていく役割なのですが、教師自身の感情的な疲労を高めることになっています。そして、教師が感情的に疲労していると、それがまた生徒の行動に影響を与えます。特に教師がバーンアウトしてしまうことは、生徒に悪い影響を与えることになり悪循環になってしまうことが知られています。

これは教員だけではなく、学校で働くスクールカウンセラーやスクールソーシャルワーカーといった学校スタッフ全員にも関連してきます。互いに、疲れてくると同僚性も弱くなり、サポートされている人たちへの影響も大きくなります。日々の行動の効率も下がることになります。特に教師は、自分のことをケアすることを利己的な行動として認知されやすいところがあります。休憩を十分に取ったり、仕事の環境を心地よくすることに罪悪感を抱きやすくなり、つい休み時間も働き通しの傾向にあります。こうしたことをまとめて、教室内でのストレスの感染が生じていると考えられます(Jennings & Greenberg, 2009)。

(3) SELを導入する背景にある教える側の不安

こうしたネガティブな連鎖を改善していくことが必要ですが、悪いことを予測しすぎて、一歩も踏み出せない状況に陥ることを回避しなくてはなりません。

そのためには、ポジティブな姿勢で、現実的に指摘されている課題の中から解決が可能なプライオリティを考えて実際にチャレンジして改善していく方向性が求められます。すなわち、教師という仕事を教師自身がやりがいを感じ、生徒の学びの目標を効果的に促進するSECを学ぶことに意欲を持つ必要があります。SECを伸ばすことが多くの問題を解決していくことを理解して、実際に実行していくことが大切だと思います。

こうした知識や実践力をいつ身につければ良いのでしょうか。まず頭に浮かんでくるのは大学での教員養成の時にSECが身につくようなトレーニングを受けていることが理想に思われます。しかし、実際には教科についてのトレーニングはカリキュラムの中に入っていますが、こうした教員自身のSECの力量を高める研修は実践として含まれていません。この問題については、文部科学省の教員養成・免許制度の現状と課題のところでも指摘されています（https://www.mext.go.jp/b_menu/shingi/chukyo/chukyo0/toushin/attach/1337002.htm）。

いくつか紹介しますと、大学の教員の間に教職課程が専門職業人たる教員の養成を目的とするものであるという認識が共有されていないことが指摘できるでしょう。そのため、実際の科目設定に当たり、免許法に定める「教科に関する科目」や「教職に関する科目」の趣旨が十分理解されていないために、シラバスの作成が不十分で、科目間の内容の整合性・連続性が図られていないことが生じます。さらには教職課程の組織編成やカリキュラム編成が、必ずしも十分整備されていないことが述べられています。同時に、学校現場が抱える課題に必ずしも十分対応していないことや、指導方法が講義中心で、演習や実験、実習などが十分ではないことから、実践的指導力の育成が必ずしも十分ではないと指摘されています。

教員免許制度についても「教職に関する科目」の充実が図られてきていますが、教員免許状が教員として最小限必要な資質能力を保証するものとして評価されていません。また、専修免許状の取得が学校現場で十分評価されていない面もあると指摘されています。

このことから、教員免許状が保証する資質能力とは何かということや現在の学校教育や社会が教員に求める資質能力との間に、乖離が生じてきていることが総括されています。こうした課題をすぐに解決することは難しいかもしれませんが、子どもたちの問題を予防そして支援していくためには、教員の資質を高めるために、大学の教員養成課程や若手の教員研修にSECを高める研修がデフォルトで組み込まれる必要があると考えます。

学びの形態としては、座学だけではなく実践的な指導力に結びつくような実践型の学びが望まれます。これが可能になれば、教員が教科を教える上でも土台となる学級経営がうまくいき、同僚や生徒との対人関係が望ましいものとなっていくでしょう。教師自身の「不安」を減らし「安心感」を高めることにもつながります。その結果は、自ずといじめや不登校などの問題を予防し、たとえ問題が発生しても解決のプロセスをとる方向に向かうことが期待されます。

自分の手には負えないのではないかという不安や心配をゼロにすることは難しいでしょうが、備えあれば憂いなし、という視点は非常に大切です。クラスサイズも大きく、発達が未熟な子どもたちのダイナミズムから複雑なトラブルや問題は常に起きるものです。昨今は、デジタル化の進歩からネットの世界でのトラブルも生じやすく、時間的にも空間的にも教師の想像を超えた世界で問題が深刻化することを考えると、教員が潜在的に持つ不安や問題をうまく解決できるという自己効力感が高まらない場合があるとしても不思議ではありません。ですから、何とかやれそうだという自己効力感を高めるサポートが必要不可欠なのです。

教員のSECが高まると、次の3つの領域に有意義な成果が生じることが明らかにされています。

①教室の風土とマネジメントについて

教師が社会情動的スキルを獲得すると、クラスの風土を変えていき、教師自身の行動をマネジメントする実践力が高まることが報告されています。教師のSECの力量が高まると生徒との関係も良くなります。結果的に生徒の外在的な問題行動を減らし生徒の達成行動を促します。

②保護者や同僚との関係を高める

SECの力量が高い教師は、両親や仲間との関係をより良いものとし、他者に敬意を払うようになります。ダイバーシティに対しての感受性が高くなり、より慎重に問題を解決することができるようになり、適切な意思決定ができると考えられます。

③ウェルビーイングと職業の満足

SECの高い教師は、レジリエンスが高まり、自分自身の感情をうまく調節できると報告されています。また、教えることについての自己効力感が高まり、職業の満足度が高い上，ストレスも少ないとも考えられています。

（4）SECを測定する指標

ここでは、具体的にSECの力量があるということがどのようなことなのか、具体的に説明したいと思います。まずは、SECが高い場合の例と低い場合の例を対比して示します（Gueldner et al., 2020）。対比することによって、SECが高いということのイメージを持つことができると思います。

1）SECが高い人のイメージ

〈感情表現について〉

良い例

・感情の状態を積極的に把握し、それをニュアンスも含む程度に言葉で豊かに表現することができます。（例：「今の気持ちは、なんというか、悔しさと希望が入り混じったような不思議な気持ちです」。）

悪い例

・初歩的な感情表現（怒っている、悲しんでいる）ばかりで、感情や身体的な状態を抑制しがちです（例：まだ食事の時間ではないので、お腹は空いていません。）

〈自分への思いやり〉

良い例

・自分を思いやることができ、セルフケアのための時間を提案できます。

悪い例

・自分を批判しがちで、不完全なものを受け入れられません。

〈健全な自他の境界〉

良い例

・しっかりとしていますが、必要に応じて柔軟に対応することができます。自己を擁護することができます。

悪い例

・自分を犠牲にして他人を喜ばせようとします。自分への労りができずに、犠牲をはらいがちです。

〈セルフコントロール〉

良い例

・満足を先に伸ばすことができます。衝動を抑制することができ、一定の忍耐力があります。意図的に何かについての反応を調節することができます。

悪い例

・焦りやその時の感情に翻弄され、衝動的なコミュニケーションを取りがちです（例：E メールの返信）。

〈心の中の対話〉

良い例

・必要に応じて良いところに目を向けようとすることができます（例：いくつかの課題を成長の機会と捉える）。

悪い例

・ネガティブな文脈に飲み込まれがちです（例：責める）。ネガティブなことに焦点を当てる傾向があります。不快な出来事を反芻したり、悩んだりしがちです。

〈自他の公平性〉

良い例

・自分は他の人と同等であり、それ以上でもそれ以下でもないと考えています。仲間意識や一体感を持つことができます。場の空気を読む能力があります。

悪い例

・自分は他人より優れている、または劣っていると比べがちです。同僚との競争心が強い傾向があります。他人がどのように感じたり見たりしているかに気づいていないところがあります。

〈視点取得〉

良い例

・他者の視点を受け入れることができます。つながりを感じることができます。共感することができます。相手の立場に立って考えることができます。相手のできないことよりもできること、つまり強みに注目することができます。

悪い例

・防衛的な考えを持つ傾向があります。自分は他人から孤立していると考えがちです。他人に批判的なところがあります。他人の行動（例：どれだけ働いているか、子育てをしているか）について想像しがちです。

〈葛藤解決〉

良い例

・葛藤があっても、それを乗り越えていくことができます。

悪い例

・争いを避けたり、逆に求めたりするところがあります。会議で暴言をはいたり、一方で萎縮したり、閉じこもったりします。

〈認知的柔軟性〉

良い例

・どのような状況においても複数の可能性を見出すことができます。

悪い例

・物事がどのようにあるべきかについて硬直した見解を持ちがちです（例：会議において）。オール・オア・ナッシングの思考に基づいています。

2）ワークシート

ワークシートを活用して自分の大まかな特徴をリフレクションする方法もあります。5つのSELのコアとなるコンピテンシーと自分との関連性を次からのワークで考えてみましょう。

まず、現在の自分の能力を次のようなスケールで評価してみましょう。大まかに「1」と真ん中の「5」と「10」の評価の程度を下に示します。

1＝私はこのことで本当に苦労する傾向があります。このことにあまり能力を感じていません。

5＝自分では問題ないと思っていますが、少しは成長できると思っています。

10＝これは私にとって強みであり、この分野では非常に有能であると感じています。

〈自己理解：Self-Awareness〉

①自分の感情や身体的、精神的な状態を認識し、それを言葉で表現する現在の能力をどのように評価しますか？

1－2－3－4－5－6－7－8－9－10

②自分の傾向（例：何が自分の感情を引き起こすか）、自分の興味、自分の強みと限界についての理解をどのように評価していますか？

1－2－3－4－5－6－7－8－9－10

合計点 ______

〈セルフ・マネジメント：Self-Management〉

③自分の思考、行動、感情をコントロールする能力（注意力の持続、衝動の抑制、健全な楽観性の維持など）をどのように評価していますか？

1 − 2 − 3 − 4 − 5 − 6 − 7 − 8 − 9 − 10

④日常的なストレス要因や強い感情に効果的に対処する能力（例えば、それらを調整し、表現し、抑圧しない）をどのように評価しますか？

1 − 2 − 3 − 4 − 5 − 6 − 7 − 8 − 9 − 10

合計点 ______

〈他者理解：Social Awareness〉

⑤他人に共感し、思いやりを持つ能力を評価してください。

1 − 2 − 3 − 4 − 5 − 6 − 7 − 8 − 9 − 10

⑥他者の視点に立つことができ、信念、価値観、文化、生き方などが異なる他者を尊重することができるかどうかを評価してください。

1 − 2 − 3 − 4 − 5 − 6 − 7 − 8 − 9 − 10

合計点 ______

〈対人関係のスキル：Relationship Skills〉

⑦効果的な共同作業を行い対人関係における対立を生産的に解決する能力を評価してください（例：逃げも戦いもしない）。

1 − 2 − 3 − 4 − 5 − 6 − 7 − 8 − 9 − 10

⑧あなたの現在の社会的支援の様子を評価してください。あなたは、一緒に時間を過ごしたり、困ったときに助けてくれる人を簡単に見つけられますか？　少なくともいくつかの良質な人間関係を持っていますか？

1 − 2 − 3 − 4 − 5 − 6 − 7 − 8 − 9 − 10

合計点 ______

〈責任ある意思決定：Responsible Decision Making〉

⑨あなたが意思決定をする際に、複数の要素（倫理観、基準、尊敬、将来の結果など）を考慮する能力をどのように評価しますか？

1 － 2 － 3 － 4 － 5 － 6 － 7 － 8 － 9 － 10

⑩あなたは、問題を積極的に発見し、その問題に対して適切で効果的な解決策を講じる能力をどのように評価しますか？

1 － 2 － 3 － 4 － 5 － 6 － 7 － 8 － 9 － 10

合計点 ＿＿＿＿

さらに次のような質問でSECを考える機会を作ることもできます。

①あなたが最も高く評価した領域はどれですか？

②あなたが最も低いと思う領域はどれですか？

③この活動に対するあなたの反応についてどのような感想を持ちましたか？

④どのような考えや感情を抱きましたか？

⑤自身の誇りや達成感を感じたり、逆に不満や不快感を感じたりしましたか？

⑥日常生活の中で、自分の強みを生かしてできることは何かありますか？

⑦自分の成長を促すためにできることは何ですか？

3）教員のSECを測る方法

大ざっぱにSECを把握する方法を先にあげましたが、もう少し細かく自分のSECについて評価する尺度も紹介され始めています。まだ、信頼性や妥当性を検証したものではありませんが、教員自身が他者と比較して評価したり欠点を見つけるような活用の仕方ではなく、自分を振り返ったり、教員研修の時に互いに「ここが自分では弱いと思っています」と言った意見の交流やアドバイスをしあうために活用されています。キャセルのSEL Essentialsで紹介されているものを紹介します（schoolguide.casel.org）。

①管理職のSEC尺度

小学校・中学校の教師による管理職用のソーシャル・エモーショナル・コン

ピテンスの評価（澤田，2021）が用いられています（表 3-1-1）。（原典：Burneikaite. & Jazbutye, 2020）.

②教師用 SEC チェックリスト

表 3-1-2 は、最も新しいキャセルのガイドで紹介されているチェックリストを和訳したものです。今のところ、学術的に信頼性および妥当性の検証がなされていませんが、私のゼミで用いているものを参考に紹介します。

4）教員のための SEL

教師のための SEL は教師の感情疲労を緩和し、バーンアウトなどを予防することにつながります。むしろ、ネガティブな側面を予防するというよりは対人関係のスキルを高め、ウェルビーイングにつながるポジティブな側面を高めることが指摘されています（Karimzadeh, Goodarzi, & Rezaei, 2012）。

イェール大学での研究（Brackett, 2019）［Social Emotional Learning and The Brain, Springer, p. 189］では、教員を 2 つのグループに分けて SEL の効果を明らかにしています。一つのグループの教師には教室でのポジティブな経験を思い出すように求めます。もう片方のグループには、ネガティブな経験に焦点を当てるように伝えます。そして、参加者のすべては中学生の答案に成績をつけるように求められます。その結果、ポジティブな経験に関心を寄せたグループの教師は片方のグループよりも成績に満点を与える傾向が高くなることがわかりました。教師たちは成績に自分たちの感情が反映するとは思っていなかったようですが、結果として、教師の「感情」の状態は行動に影響を与えることが示唆されました。

マックレー（McCray, 2021）は、従来 SEL が生徒にばかり関心が寄せられてきた傾向にあったことを指摘し、近年は教師のマインドセットにむしろ焦点が当たるようになりつつあると述べています。6 名の小学校、中学校、高校の教師にインタビューした結果、教員は大きなカリキュラム全体というよりはむしろ、その時々のエクササイズの中から重要なことに気づきを得ていることが示唆されました。SEL に含まれる多くのレッスンそれ自体が、教師に具体的にど

表 3-1-1　管理職用SEC尺度

		和文 .
自己覚知	①	私は、その時々の自分の感じている気持ち（表情やしぐさ、声のトーンなど）を理解している。
	②	私は、状況や相手に応じて自分がとる行動に、自分の気持ちが影響していると思うことがある。
	③	私は、自分の長所（強み）や課題となるところを自覚している。
	④	私は、私の行動が他者にどう影響しているか、他の人から話を聞くようにしている。
	⑤	私は、自分の欲求や価値観・偏りが自分の決断に影響していることを自覚している。
	⑥	私は、何が起きてもなんとか対応できるという自覚がある。
	⑦	私は、難しい仕事を歓迎するところがある。
	⑧	私は、経験の多くは自分の学びや成長につながると思っている。
	⑨	私は、難しい場面においても、前向きに捉えることができると自覚している。
社会的覚知	①	私は、他者の立場や気持ちを、言葉やしぐさ・表情・声などから積極的には理解している。
	②	私は、世の中の人は誰もがベストを尽くしていると思っている。また、そう期待している。
	③	私は、学校環境には背景の違う様々な方がいるが、その存在に感謝しており、みんなの意見が反映されるようにしている。
	④	私は、学校組織の状況に精通しており、組織がどのような関わり方をすることが大切か理解している。
	⑤	私は、職場での組織力、価値観、人々の間で機能する暗黙のルールを理解している。
	⑥	私は、教職員、児童生徒、家族、地域の人々のために安心、安全な環境になるようにしている。
セルフマネジメント	①	私は、誰も傷つけずに、自分の気持ちを有益な方向に活用できる。
	②	私は、ストレスや危機に面しても、落ち着いて冷静でいられる。
	③	私は、自分の仕事や自身をよりよくしようとする高い個人内基準がある。
	④	私は、現実的で、測定可能で、やや難しいものの達成可能な目標を設定している。
	⑤	私は、新しいことにチャレンジし、変化に適応することができる。
	⑥	私は、新しい情報や現実に即して自分の考えを変えられる。
	⑦	私は、集中力やエネルギーを失うことなく、複数の要求に対応できる。
	⑧	私は、仕事と私的な生活のバランスをとっている。
	⑨	私は、自分自身だけでなく、他者に対してもうまくリーダーシップを取れる資質があると思う。
	⑩	私は、機会がくるのを待つのではなく、機会をつくりつかむ。

関係のスキル	①	私は、自分の価値観、信念、掲げる目標といった基本となる考えに従う。
	②	私は、児童生徒だけでなく、職員、保護者や地域の人々を含めて、互いにコミュニケーションを取れることを考えている。
	③	私は、他者と知り合うことで、私にとって重要なアイデアを得ることができる。
	④	私は、人の成長と、社会性や感情のスキルを伸ばすことに心から関心がある。
	⑤	私は、対人関係におけるケアレスミスや自分の落ち度について、素直に認める。
	⑥	私は、他者に意見する前に、他者の視点や経験を理解しようとする。
	⑦	私は、指導したり支援したりする立場として、建設的なフィードバックを適宜行うことができる。
	⑧	私は、人と人との葛藤に対し、関係者の気持ちに耳を傾け互いに異なる視点を理解しようとする。
	⑨	私は、対立するグループを共通の解決ができるように導くことができる。
	⑩	私は、リーダーとしてチームワークを重視し、職員や児童生徒の模範になれるような行動をしている。
	⑪	私は、様々なグループのメンバーと関係を構築している。
	⑫	私は、関係者を集めて賢明な選択ができるよう意思決定を図ることができる。
	⑬	私は、リーダーとしてチームワークを重視し、職員や児童生徒の模範になれるような行動をしている。
責任ある意思決定	①	私は、枝葉末節な選択肢と区別して、問題の核心を明確にすることができる。
	②	私は、変化の必要性を認識しており、現状に挑戦し、新しい考え方を自分自身に奨励する。
	③	私は、新しいことを始める前に、まず必要な分析を行い、児童生徒、保護者、同僚などに課題が何かを明らかにするように働きかける。
	④	私は、複数の解決策を考え、主要な問題の結果を予測する。
	⑤	私は、一般的とは言えない決定を下すときでも、課題を克服するためなら、実用的で望ましい方法を見つける努力をする。
	⑥	私は、子どもの社会性や感情また学力の向上を目標に掲げるだけでなく、どこまで到達できているか明らかにするために、自己評価だけでなく複数の評価で理解しようと努めている。
	⑦	私は、目標と進捗状況について内省し、グループでも振り返るようにしている。
	⑧	私は、自分がそのように接してほしい方法で他の人と関わっている。
	⑨	私は、児童生徒や、同僚、地域社会のために地域奉仕活動を自分自身に奨励している。

表 3-1-2　教師用SECチェックリスト

		和訳
自己の理解（Self-Awareness）	①	私は、その時々の自分の感情を特定し、その感情に名前をつけることができる。
	②	私は、自分の感情が自分に与える影響や、自分の感情にもたらす要因を理解するためにふり返っている。
	③	私は、自分の感情、思考、思い込みが、自分の行動と他人や状況に対する自分の反応に良くも悪くも影響することを認識している。
	④	私は自分の強みと限界について理解し、それに対して現実的である。
	⑤	私は、自分のアイデンティティがいかに他者や、自分の人種、文化、経験、そして環境によって形成されているかわかっており、またそれについてじっくり考えている。（※「アイデンティティ」とは、「自分は何者か」「自分はどのような存在なのか」「自分はどのように生きていきたいか」といった考えのことです。）
	⑥	私は、自分のアイデンティティが自分の視点、思い込み、先入観をどのように形作っているか認識しており、それについてふり返っている。（※「アイデンティティ」とは、「自分は何者か」「自分はどのような存在なのか」「自分はどのように生きていきたいか」といった考えのことです。）
	⑦	私は、若い人たち皆が成功するためのよりよい支援ができるよう、継続して自身のスキルを学び伸ばそうと思う。（※「若い人たち」とは、児童生徒のみならず、若者全般、一般的な若者とお考えください。）
	⑧	私は、自分自身が自分の未来に影響を与え、自分の志を貫くことができると思う。
	⑨	私は、自分が職場や家庭、コミュニティでいかに価値ある役割を担っているか分かっている。
自己マネジメント（Self-Management）	⑩	私は、他人にネガティブな影響を与えないやり方で強い感情を調節する方法を知っている。（※「強い感情」とは、強い怒りや不満などのネガティブな感情とします。）
	⑪	私は、イライラしていてもそれをやり過ごすことができる。
	⑫	私は、ストレスを感じたり緊張したりしたとき、自分を落ち着かせることができる。
	⑬	私は、自分が成長し、自分が指導している人々の成長をさらに促すような高い期待を持っている。
	⑭	私は、自分とより広いコミュニティにとって重要な課題に対して行動を起こし、変化を与えている。
	⑮	私は重要でやりがいのある達成可能な目標と、その到達のために必要な明確なステップを設定する。
	⑯	私は、新しい情報や現実に直面すると、自分の計画を修正する。
	⑰	複数のことをやりくりするとき、私は集中力やエネルギーを回復するための方略を用いている。
	⑱	私は、仕事とプライベートのバランスをとっている。

他者の理解（Social Awareness）	⑲	私は、言語と非言語の両方から相手の立場や感情を把握することができる。
	⑳	私は、他人の感情に注意を払い、自分の言葉と行動が他人に与える影響を認識している。
	㉑	私は、他人が何らかの形で傷つけられたとき、その人（傷つけられた人）に配慮するようにしている。
	㉒	私は、異なる人種、民族または文化を持つ人々の経験を学ぼうと努力している。
	㉓	私は、私と異なる意見を持つ人々から学んでいる。
	㉔	私は、出来事についての自分の見解を述べる前に、相手の経験と視点について尋ねる。
	㉕	私は、人々の間に働く組織的、歴史的、システム的な影響力を理解している。
	㉖	私は、学校があるコミュニティ / 職場内の多様な文化をよく理解し、尊重している。
	㉗	私は、若い人たちとその家族の強みを認識しており、彼らをパートナーとして見なしている。（※「若い人たち」とは、児童生徒のみならず、若者全般、一般的な若者とお考えください。）
対人関係のスキル（Relationship Skills）	㉘	私は、他人の話を聞くときはよく集中し、彼らが言っている意味を注意深く考えている。
	㉙	私は、他人を引きつけるような方法で、自分にとって重要な考えを明確に表現することができる。
	㉚	私は、若い人たち、彼らの家族、コミュニティに属する他のメンバーたちと一緒に、人種や人種差別について誠実な話し合いの場を持つことができる。（※「若い人たち」とは、児童生徒のみならず、若者全般、一般的な若者とお考えください。）
	㉛	私は、自分と異なる人種、文化、社会経済的な背景を持つ若い人たちやその家族、同僚、コミュニティの人々と有意義な関係を築いている。（※「若い人たち」とは、児童生徒のみならず、若者全般、一般的な若者とお考えください。）
	㉜	私は、私の周りの人々について知ろうとしている。
	㉝	私は、他人とともにうまく働き、平等な雰囲気を作り出している。
	㉞	私は、必ず全員が自身のアイデアを共有する機会を持てるようにしている。
	㉟	ある人のことでひどく困っているとき、私はその相手に自分の感情を話し、その相手の見方を聞こうとする。
	㊱	私は、自分の過ちを自分にも他人にも素直に認め、物事を正すように努力している。
	㊲	私は、葛藤場面に対処するとき不安な気持ちに対処し、すべての人々から感情を聞き、彼らが異なる見方を理解するように手助けすることができる。
責任ある意思決定（Responsible Decision-Making）	㊳	私は、自分が知った問題の根本的な原因を探求するために関連がある情報を集める。
	㊴	私は、自分の学校があるコミュニティにおいて、常に成長（進化）し続けるために現状を調査、分析して、新しい考えを奨励する必要を認識している。
	㊵	私は、影響力のある人を巻き込んで、解決策を選んだり新しいプロジェクトに着手したりする前に、問題について影響力のある人と協力して検討している。（※「影響力のある人」とは、これまではあまり物事の決定に参加できていなかった教職員や同僚、若い人たちやその家族、他のコミュニティの人々のことを指します。）
	㊶	私は、影響力のある人を巻き込んで、多様な解決策を生み出し、それぞれの解決策が重要な問題にもたらす結果を予測している。（※「影響力のある人」とは、これまではあまり物事の決定に参加できていなかった教職員や同僚、若い人たちやその家族、他のコミュニティの人々のことを指します。）

表 3-1-2（続き）　教師用SECチェックリスト

責任ある意思決定（Responsible Decision-Making）	㊷	私は、たとえ一般的でない決定を下すことになっても、困難を乗り越えるための現実的でまともな方法を見つける。
	㊸	私は、自分の選択が、自分が支援している若い人たちや彼らの周りのコミュニティのレンズを通してどのように見えているかをよく考えている。（※「若い人たち」とは、児童生徒のみならず、若者全般、一般的な若者とお考えください。）
	㊹	私は、目標にむかっての進捗状況や辿った過程について自分でふり返ったり、グループで反省したりする時間をとっている。
	㊺	私は、自分の個人的、職業的な決定が他人の人生にどのように影響を与えるかについて考えている。
	㊻	私は、個人的なコミュニティと職業上のコミュニティをよりよい場所にする手助けをしようとしている。（※「個人的なコミュニティ」とは、家庭や友人とのコミュニティなど私的なものとします。）

のようなスキルを伸ばす必要があるかについての気づきを与えたのです。そして、結果として生徒を支えることにつながっているということを明らかにしています。したがって、SELが教員のいわばキャリア発達にも重要な役割を果たしていることがわかります。

それでは、どのような教師用のSELが開発されているのでしょうか。また、どのように負担にならない形で、SELの研修を受けることが工夫されているのでしょうか。多忙な仕事の上にさらに上乗せに感じるような研修は、最初から負担感を与え、それが研修の成果につながらない最初の原因となってしまいます。理想としては、いつでも、どこでも個人が受けたい時に自由にトレーニングを受けられることができるようなものが望まれます。

現状は、試行錯誤の段階にあると考えられますが、ワークショップ、オンラインセミナー、書籍、オーディオプログラム、ブログ、スマートフォンで受けられるなど色々なアイデアが打ち出されているところです。キャセルで提唱されているプログラムでは教師用のSELが提供され始めています。主なものを紹介しましょう。それぞれ、理論が異なり、SELとして教える内容は共通しているところと独自な内容があるようです。理論的な知識の講習や実習、参加者との交流などを通して学ぶようなコースが設定されており、オンラインで受講できるプログラムが多いようです。

① RULER Approach（Rivers, et al., 2013）.
② The FRIENDS program for teachers（Iizuka, Barrett, Gillies, Cook, & Marinovie, 2014）.
③ CALM（Cultivating Awareness and Resilience in Education）（Jennings, Frank, Snowberg, Coccia, & Greenberg, 2013）.
④ SMART（The Stress Management and Resiliency Training）（Roser et al., 2013）
⑤ MBSR（Mindfulness-based stress reduction）（Gouda, Luon, Scnidt, & Bauer, 2016）.
⑥ WMT（Workplace mindfulness training）（Crain, Schonert-Reich, & Roiser, 2017）.

また、本章では教師を中心に述べていますが、本来は学校スタッフに含まれる大人すべてがこうした考え方や教育の枠組みを共有していることが、学校全体のウェルビーイングを高めることにつながります。キャセルのガイドラインに対象となる学校スタッフについて表 3-1-3 が掲げられているので紹介します。SEL チームの編成に必要なスタッフと選定基準が書かれています。

日本でも「チーム学校」という考え方があり、生徒指導主任、教育相談コーディネーター、養護教諭、特別支援教育コーディネーター、スクールカウンセラー、スクールソーシャルワーカーなど教員だけでなく多くの専門性の高いスタッフが学校内で協力するよう考えられています。ただし、この SEL を導入するために、誰がリーダーとなり、それぞれどのような役割を持って協力していくかというガイドラインがないために試行錯誤にある現状です。今後、効率良く協力して、学校全体の風土や雰囲気を改善していくために協力的なチームのコラボレーションの仕方などをモデル化し、多くの学校の改善に貢献できることが期待されます。

表 3-1-3　学校スタッフの役割

役割	選定基準
チームリーダー	・関心や時間的柔軟性があり、会議および事前に準備ができ、参加できる専任教員。 ・学校風土の改善とSELの推進を求め、戦略的に考えられる。 ・コミュニティや学校において、尊敬・信頼される。 ・チームをリードし、プロセスにおける持続的改善ができる。
データリーダー	・学校のデータにアクセスでき、それを使ってSELの進捗状況をモニターできる。 ・明確にデータを要約し、関係者に共有する能力がある。 ・グループの再考のために、客観性・公正性に基づいたデータを与えられる。 ・データの再考に基づいて、計画を推進することができる。
校長と教頭	・関心や時間的柔軟性があり、会議に参加できる。 ・SELを導入する意思決定力を持っている。
教員 ・学年主任 ・特別教員（例えば、アート、体育） ・特別支援教育コーディネーター ・実施者	・様々な経験を持ち、信頼できる人。また、関心があり、積極的に参加したい人などばかりを選択すると他のメンバーから見ると、バランスがよくないと思われるかもしれない。 ・他の教員と良い人間関係・信頼関係を築いている。
協力者 ・学校心理士 ・社会福祉士 ・看護師 ・言語聴覚士	・良い人間関係がある。 ・専門知識があり、チームの力になれる。 ・会議に参加できる。
サポート・スタッフ ・学校カウンセラー ・ディーン（教務主任？） ・警備員 ・ティーチング・アシスタント ・事務員 ・養護教諭と栄養教諭 ・その他	・学校カウンセラーは、学生やスタッフと信頼関係を築いてきた人。 ・警備員とティーチング・アシスタントは、異なる視点・観点を共有し、プロセスにおいて協力できる。
キー・オピニオン・リーダー	・周囲からリーダーとして認められている。 ・学校の改善について思慮深く、意見を率直に述べることができる。 ・学校の関係者への影響力を持っている。 ・最初から参加させることで、チームは様々な課題を予測することができ、コミュニティにとって良い計画を作成することができる。

表 3-1-3（続き）　学校スタッフの役割

学校時間外の協力者	・生徒やスタッフと良い関係を築いている人。 ・プログラムの作成を手助けできる。 ・時間的柔軟性を持ち、定期的に会議に参加できる。
コミュニティ協力者： ・精神保健福祉士 ・地域保健 ・コーチ	・学校と関連あるコミュニティを理解できる。 ・学校以外の文脈を留意させる。 ・社会的・感情的学習が他の文脈に般化することができる。
家族	・学校のコミュニティにおいて様々な経験があり、異なる学年の子どもがいる家族。
学生	・学校教員に認められた「学生リーダー」が、必ずしも学生という集団を代表していないかもしれない。そのため、学生の選択基準は：学業的、社会的、感情的に優れている人を選ぶだけではなく、学生全体における多様な経験をできる人を選択する。 ・学校の経営に強い関心がある。

（schoolguide.casel.org/out-of-school-time-tools）

（5）日本での SEL の教員研修の試み

1）さあ、やってみよう

最後に、日本で行われた取り組みについて紹介します。茨城県教育研修センターによる教育研究に関する事業で教員自身の SEC（ソーシャル・エモーショナル・コンピテンス：SEC）の向上を意図した取り組みが行われることになり、著者が助言者として参加した教育相談に関する研究です。この詳しい内容は、「教職員のコミュニケーション能力の向上 –『教職員研修ツール』の開発と実践を通し – 令和 2、3 年度研究報告書」（茨城県教育研修センター，2022）に報告されています（https://www.center.ibk.ed.jp/?page_id=152）。

平成 27 年の中央教育審議会で、これからの学校教育を担う教職員の資質能力の向上が指摘され、「チーム学校」の考え方が示されました。しかし、一人の教職員に課せられる多種多様な課題が年々増え、それらに対応することが困難な状況が生じていることが指摘されています。また学校組織における不均衡な経験年数の教員配置により、教員の学びを継続するシステムを見出していく必要性が強調されています。このような指摘をもとに校内研修の充実を図るため校内研修リーダーの育成や研修のための手段や資源が整備されるとともに、研修チームを組織化して継続的な研修を重ねていくことが計画されました。

この教職員研修ツールを支える理論として、SEL が採用されています。おそらく、わが国で初めて SEL という枠組みで研修がスタートすることになったパイオニアの例と言えます。参加した学校は、小学校 2 校、中学校 2 校、高校 1 校でした。各学校の事情や課題は様々でしたが、共通する課題も少なくありませんでした。ここでは、従来からソーシャルスキルトレーニングを取り組んだ背景があることから、渡辺（2015）の「感情に焦点を当てた SST」の理論や実践を基盤として、スケジュールや研修内容が計画されました。

SEL の 5 つのコアスキルをベースにしながら、教職員研修の進め方が決められました。SST の基本的な指導である「インストラクション」「モデリング」「リハーサル」「フィードバック」「チャレンジ」が用いられました。研究の経緯として、令和 2 年から 3 年までに大きな研究協議会は 5 回開催され，「1 回目：研究や実践に関する共通理解。専門家らの講義、SEL のミニ演習」「2 回目：研修ツールの作成、専門家の講義 2 回目」「3 回目：研究協力校の 1 年間の実践発表（オンライン）「4 回目：進捗状況の共有、専門家の講義 3 回目（オンライン）」「5 回目：教職員研修のデモンストレーション（対面）：専門家のアドバイス」「第 6 回：研究協力校の 2 年間の実践発表」が実施されました。各教員の SEC の向上を測るために、先に紹介されたアセスメントを活用しました。同時に、校内研修についてのアンケートも実施しています。管理職には、教職員の変容を観察してもらい、自由記述への回答を依頼しました。

力を入れられていたのは「教職員研修ツール」の開発でした。教員研修で選ばれたモデリング場面が教職員自身が悩んでいたり、解決するのが難しい場面などを設定するため以下のステップが取られたと報告されています。

〈ステップ 1〉**場面の選定**：各学校で課題となっている事例場面で、対児童生徒、対保護者、対同僚教職員の葛藤場面の収集と選定

〈ステップ 2〉**研修ツールの作成**：各学校の研修リーダーとセンターの担当

表 3-1-4　研修計画

研修年度	研修回	研修期日	題名	対象			コア能力				
				児童	保護者	同僚	自己覚知	社会的覚知	関係づくりスキル	自己マネジメント	責任ある意思決定
令和2年度	1	11/9	体調不良を訴える児童の対応	○			○	○			
	2	11/30	いじめを訴えてきた保護者の対応		○			○			○
	3	12/14	発達に特性のある児童の保護者への対応		○			○	○		
	4	1/22	相手の子に謝罪を求める保護者への対応		○			○			○

指導主事による共同研修にて、研修ツール（研修案・ワークシート・指示書）などを作成。

〈ステップ 3〉**校内研修実施**：各協力校の研修計画に沿って、このツールを使った研修を実施。研修リーダーは各学校の裁量。教育相談部担当の教職員であったり、担当学年職員など。

〈ステップ 4〉**振り返り**：校内研修後のファシリテーターの振り返り、アンケートをもとに資料の修正および見直し。

2）研修ツールによる活発な研修

表 3-1-4 のような計画のもとに、それぞれの学校で課題となっている場面設定をし、受講者のセットとして、ワークシート、指示書、ファシリテーター用には研修指導案、スキルの説明用シート、あるいはパワーポイントのスライドなどが準備されました。Web でも研修ツールを共有できるように配慮されました。

実際の研修では、教員が直面する難しい場面を事前にあげて共有し、**悪い例**、**良い例**などのモデリングが重視されました。無意識に普段とっていた対応方法が、客観的に見ると、適切ではなかったことなどを互いに気づく機会になりとても効果的でした。それをもとに、保護者や生徒、同僚の気持ちに共感することができ、具体的に何をすれば良いのかという次のリハーサルへの気づきを得ることが促されました。特定の教員の問題ではなく、むしろ教員全体が難しいと思っていた場面などが共有され、同僚性を高めることにもつながりました。

3）教職員の変容

①コア能力の変化

まず、コア能力の変化を見るため6回も調査が実施されたことが貴重です。その結果から、どのコア能力に関しても研修を重ねることで、自己の資質に自信を持てるようになったことが報告されています。「研修1年目（初任者または本研究の研究協力校以外の学校から異動してきた教職員）」と「研修2年目（異動なし）の教職員」に分けてコア能力変化を検討されていますが、研修1年目の教職員は4回目くらいからの上昇が大きいことや、研修が2年目に及ぶと自身について肯定的に評価できるようになっていると考察されています。

②教職員のアンケートの結果

129名の回答から明らかになったことは、後述の表3-1-5や図3-1-3に示されているように、意識的に肯定的に評価されていることです。自身の力量の肯定的な変化が、結果として、児童生徒への関わりや保護者、そして同僚との関わりをポジティブなことにしていることが明らかです。「落ち着いて対応」「ストレスの緩和」「自信が増す」という変化が述べられています。

③管理職の観察

教員の運営企画力の向上と、具体的な場面での教職員の変容を感じ取ったという回答が述べられています。担任一人が抱えがちな問題を校内研修によって共有し、それぞれが自信を持つことにつながったことが評価されています。教職員が主体的に取り組むこと自体が前向きなものとなり、同僚性も好ましいも

表 3-1-5　コア能力向上に関する教職員アンケートの質問文

コア能力	質問
自己覚知	自分の感情が理解できるようになった。
自己コントロール	自分の感情（怒りやストレスなど）を調整できるようになった。
社会的覚知	相手の感情が理解できるようになった。
対人関係スキル	相手との関係を維持しながら、自分の気持ちを適切に表現できるようになった。
責任ある意思決定	より良い解決法を考え、実行できるようになった。

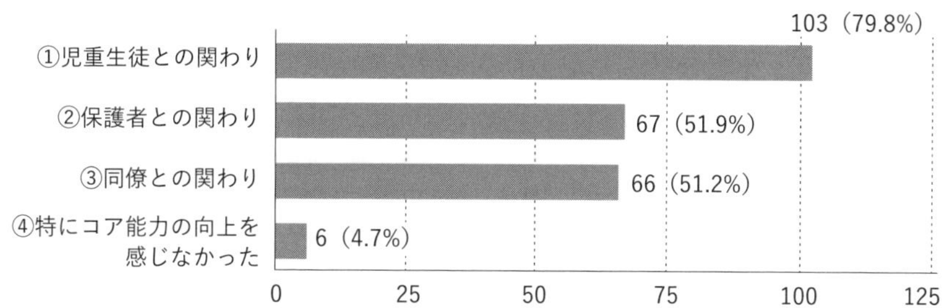

図 3-1-3　コア能力の向上を感じた場面
（教職員アンケートより）

のとなり、風通しの良い職場環境を築いたことも示唆されています。

④児童生徒の変容

一部の学校の報告に限られますが、子どもたちのアンケートで先生が相談しやすく話をよく聞いてくれるなどの評価が上がっており、教員の変容が子どもに影響することがここでも経験的に支持されました。

4）今後に向けて

この報告書で，今後について大変参考になる事項がまとめられています（表 3-1-5、図 3-1-3 参照）。

一つは、研修計画や研修内容は外部のものが決めたり提案するよりも、教職員が主体となって決定することで、教職員の日頃のニーズに合った研修ができるということです。その際、管理職の積極的な参加が学校全体で取り組む意識を高めるということです。

二つ目の研修内容ですが、アイスブレイクなど雰囲気を柔らかくする手法を研修内容に取り入れることが求められます。また、研修成果を般化するために、掲示物や復習の機会の提供を考えると効果があると指摘されています。

今後は、SELの5つのコア・コンピテンシーと研修内容とのつながりを検証していくこと、教職員研修ツールが幅広く活用されるよう管理職に周知していくことが指摘されています。また、研修リーダーを支援する仕組みが必要であることや、教員自身の力量の向上と同時に児童生徒向けのSELを実施する力を学ぶところへ結びつけていくことなどが期待されます。

SELに関わるアセスメント

●石本雄真

(1) アセスメントの重要性

SEL は、教科の指導を含む日常の指導に溶け込ませることが推奨されています。つまり、SEL はプログラムを実施する時間だけのものではありません。その意味で、日本では SEL プログラムの実施は広く行われている状況にはないものの、教科の学習や給食、掃除、委員会、部活動などの指導の中で社会感情的能力を育もうとする試みは広く行われてきました。また、このような日常の指導だけではなく、自治体ごと、中学校区ごと、学校園ごとに様々なイベントや取り組みを行い、いじめを減らそうとしたり、自己肯定感を育んだり、快適なコミュニケーションを促したりする試みが行われています。これらも社会感情的能力を育もうとするものであるといえるでしょう。しかしながら、おそらく日本においてはこのような日常の指導や取り組みによって子どもたちの社会感情的能力が育まれているのだと思われますが、実際に育まれているかどうかを確認することができません。つまりこのような日常の指導や取り組みに関するアセスメントが不足しているのです。

アセスメントは、日本語では「見立て」と表現されることもあるように、子どもの強みや課題、持っている様々な能力や置かれている環境について見立てる、見取ることを指します。SELに関するアセスメントであれば、子どもについてのアセスメントだけではなく、教員などの実施者について、保護者や地域など子どもを取り巻く関係者について、またプログラムがどのように行われているのかなどについて見立てる、見取ることも指します。

日本の教員は非常に多忙なので、指導や取り組みの上にアセスメントまで行うことはできないと思われるかもしれませんが、アセスメントが不足している状態というのは、取り組んでいることが必要かどうかや効果があるかどうかについて分からないまま行っているということになります。アセスメントを行い、必要性の高いもの、効果の高いものに絞り込むことができれば、多忙さは軽減されるかもしれません。現状は必要性や効果の確認が十分ではないために、むしろ多忙さを解消する機会を逃しているともいえるのです。

日常の指導や取り組みによって子どもたちの社会感情的能力を育んでいるとはいえ、ユニセフの調査で精神的幸福度や社会的スキルについてきわめて低い順位となっていることが示すように、現状で十分であるとはいえません。しかしながら、アセスメントが不足する中でSELプログラムを導入したとしても、教員にとっては、「また一つ忙しくなる原因が増えた」としか捉えることができず、主体的な実施や継続的な実施にはつながらないでしょう。言い換えれば、アセスメントは実施への意欲を高めるものであり、実施の効果を高めるものなのです。SELを実施するといえば、「SELプログラムを子どもたちに対して実施すること」を指すと思われるかもしれませんが、実際にはSELの実施においてアセスメントは非常に重要な意味を持っており、欠かすことのできないものといえます。

(2) アセスメントの目的

SELの実施においてアセスメントを行う目的は、実施するプログラムの効果を維持し、子どもたちへ与える影響を高めることにあるといえます。より具体的にいえば、①子どもたちの強みや課題を確認し、適切なプログラム選定やカリキュラム構成の参考とすること、②プログラムがうまく実施できているかを確認すること、③プログラム実施による子どもたちの成長を確認すること、④「付加的な介入が必要な子どもたちを特定すること、⑤関係者への説明責任を果たすことが目的として挙げられます。言い換えれば、アセスメントなしにはプログラムが必要かどうかを判断することも、対象となる子どもたちに適したプログラムを選ぶことも、子どもたちの成長を確認することもできないということです。成長度合いが確認できなければ、そのプログラムを継続する必要があるかどうかを判断することもできません。確認した結果、成長がみられなかった場合でも、プログラムがうまく実施できていたかどうかの確認ができていなければ、成長がみられなかった原因がどこにあるのかを特定することもできません。

さらに具体的にイメージするために、ダイエットを行う場合のことを考えてみましょう。ダイエットをしたいと考えたときに、自分が理想とする体重よりも現在の体重が重い原因は何かをまず探るでしょう。食べる量が多いのか、食べているものがよくないのか、運動不足が原因か、またはその中の複数かということを特定したうえでダイエットに取りかかると思います。このようにアセスメントを行うことで、どのような対応をすればよいかといった解決法が明確になります。もし、食べる量が多いことが原因だと考えるのであれば、ダイエットに取り組んでいる間、毎日の食べた量を記録するでしょう。運動不足が原因だと考えるのであれば、日々の運動量を記録するでしょう。また、当然ながら、ダイエットを始める前とダイエット中、ダイエット後の体重も記録するでしょう。これらのアセスメントがなければ効果的なダイエットにはならないでしょうし、そもそも効果があったかどうかを判断することができません。このように、アセスメントは効果的な解決法を導くとともに、効果の程度についても客観的な形で示してくれるものです。

しかしながら、先述の通り日本の学校教育においては、日々子どもたちの発達を支える様々な取り組みが行われている一方で、それらに関するアセスメントがまったく行われていなかったり、十分に行われていなかったりすることが往々にして見られます。例えば、自治体をあげての非行予防キャンペーンやいじめ予防キャンペーンを行ってはいるものの、それに対してまったく効果検証が行われていないことや、一度だけ子どもたちに事後アンケートを実施しておしまいということは珍しくありません。残念ながら、ダイエット前に体重を測らず、ダイエット後だけに体重を測ってもダイエットの効果はわからないのと同様に、取り組みの後だけにアンケートを実施してもその取り組みの効果はわかりません。それにもかかわらず、なんとなくの満足感だけで次年度も継続されるということが多くの自治体で行われています。

学校現場では様々な取り組みが行われているため、それらすべての取り組みをアセスメントすることは現実的ではありません。しかしながら、多忙な日本の学校教員の時間と労力を多く必要とする取り組みであれば、必要性の確認や効果があったかどうかの確認は必須であるといえるでしょう。これは先述の説明責任にも該当します。

SELの実施に関わるアセスメントについては、アセスメントを実施する場面、アセスメントの対象、アセスメントの方法で分類することができます。まずは、アセスメントを実施する場面ごとに、どのようなものがアセスメントの対象となるのかについて見ていきたいと思います。

(3) アセスメントの場面と対象

アセスメントを実施する場面は大きく分けて3時点あります。1) 取り組むプログラムの決定前、2) プログラム実施中、3) プログラム実施前後の3時点です（図3-2-1）。

1) 取り組むプログラムの決定前

この時点で行うアセスメントは、ニーズのアセスメントおよび実施体制のアセスメントが挙げられます。

①ニーズのアセスメント

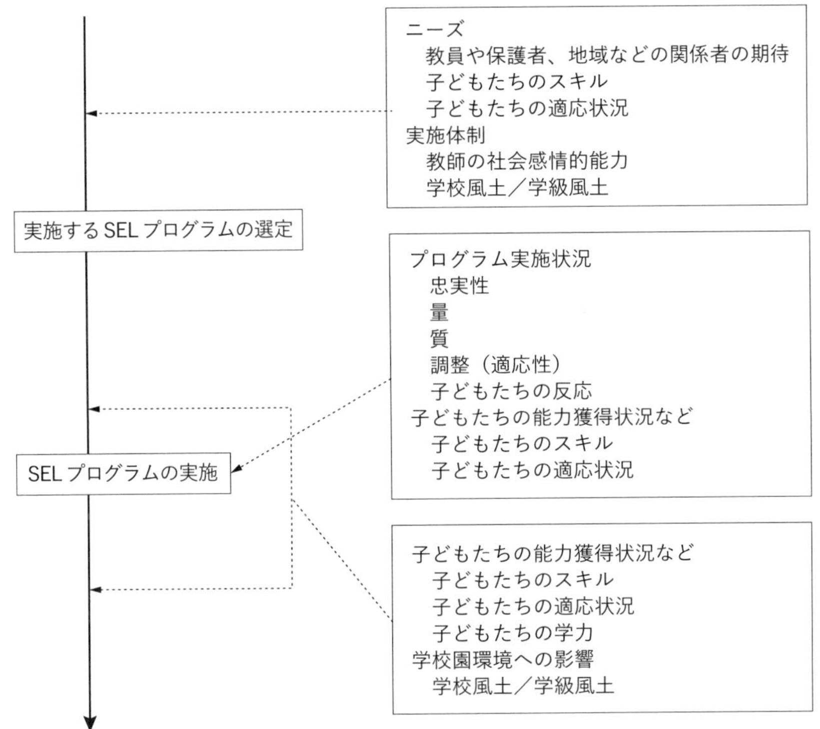

図 3-2-1　アセスメント実施の場面とアセスメント対象

ニーズのアセスメントは、どのようなプログラムを実施するのかを決定するためのものとなります。また、あるプログラムの中で、特にどこに重きを置いて実施するのかについて確認するためでもあります。ニーズのアセスメントについては、さらにトップダウンのものとボトムアップのものを考えることができます。

トップダウンとは、国や自治体、学校が求める社会感情的能力、つまり国や自治体、学校が定める社会感情的能力に関する目標を参照して、子どもたちのどの力を伸ばせばよいかを特定し、プログラムを選んだり、どこに重きを置いて実施するのかを決定したりするということです。しかしながら、すべての州で少なくともいずれかの学校段階における社会感情的能力に関する具体的な目標を定めているアメリカとは異なり、日本では国や自治体が社会感情的能力に関する具体的な目標を持っていません。また、学校園でも社会感情的能力に関する具体的な目標を定めていることはまれであると思われます。このため、明確な目標を参照したニーズのアセスメントは利用しづらいでしょう。一方で、教員や保護者、地域を含む関係者の期待については明確な目標の代わりとして機能しうるものです。もちろん、明確な目標に比べれば曖昧で抽象的なものとなりますが、これらを織り込んだニーズのアセスメントを行い、子どもたちのどの力を伸ばせばよいかを特定し、プログラムを選んだりどこに重きを置いて実施するのかを決定することで、プログラムを実行する際に協力が得られやすくなったり、学校園だけではない関係者が一貫して子どもたちに対応することができたりするという利点があります。

ボトムアップでのニーズのアセスメントは、子どもたちの現状をアセスメントし、伸ばす必要がある力を特定したうえで、プログラムを選んだり、どこに重きを置いて実施するのかを決定したりするということです。同じ学校園の中でも学年や学級によってニーズが異なることは大いに考えられるため、学級ごとの丁寧な見定めが必要といえます。特に学級担任ではない者が実施する場合、ニーズのアセスメントを十分に行っておかないと、子どもたちの現状に即さないプログラムを実施してしまうことにつながってしまうでしょう。ボトムアップのニーズのアセスメントの上では子どもの発達を考慮することも必要です。子どもの年齢によって求められる社会感情的能力は異なるため、そのことを踏まえたうえで伸ばす必要がある力を特定することが重要です。

②実施体制のアセスメント

SELプログラムが高い効果を発揮するためには、実施者である教員自身の社会感情的能力が必要であることが指摘されています（Schonert-Reichl, 2017）。このため、実施者である教員の社会感情的能力を把握することもSELの効果的な実施のためには欠かせません。そのうえで、必要であれば、教員に対する研修を行うこともSELの効果を高めることにつながります。これについて、詳しくは前節を参照してください。

実施体制としては、実施者である教員だけではなく、実施の舞台となる学校園（および学級）の風土（以降、学校風土）も、SEL の効果的な実施のための重要な要素となります。学校風土は、主に子どもたちが捉える子ども同士の関係や子どもと教員との関係、子どもに関する学校の文化を中心とするものと、教員同士の関係や教員と管理職との関係、教員に関する学校の文化を中心とするものがあります。どちらの学校風土に関しても、肯定的な学校風土が SEL プログラムの効果を高めることは繰り返し指摘されています（Garibaldi, Ruddy, Kendziora, & Osher, 2015 など）。

また、プログラムを実施するだけではなく、日常的な指導の中にもプログラムで扱う内容が統合された場合に高い効果が発揮されることから（Greenberg, Weissberg, O'Brien, Zins, Fredericks, Resnik, & Elias, 2003 など）、SEL が尊重する価値観と一致するような学校風土があることも効果を高める条件といえます。SEL が育むことを目指す 5 つの能力のうち、他者への気づき（Social Awareness）の中には多様性の尊重が含まれます。しかしながら、日本では多様性の尊重よりも同質化を強調する文化を持つ学校が多くみられ、近年ではブラック校則といった形で注目されてもいます。SEL を実施しても、このような文化の中では十分に他者への気づきが育まれない可能性があります。このことからも、学校風土について十分にアセスメントしたうえでプログラムを実施する必要があるといえるでしょう。

2）プログラム実施中

この時点で行うアセスメントは、プログラム実施状況のアセスメントおよび子どもたちの能力獲得状況のアセスメントが挙げられます。

①プログラム実施状況のアセスメント

プログラムはどのように実施されても同等に効果を発揮するわけではなく、プログラムの実施状況がプログラムの効果に大きな影響を与えることが示されています（Durlak, & DuPre, 2008 など）。また、このように実施状況が効果に大きな影響を与えることもあり、そもそも実施状況をアセスメントしたプログラムはそうでないプログラムに比べて大きな効果を示すことも明らかになっています。実施状況をアセスメントするための視点には多くのものがありますが、これまでは元のプログラムへの忠実性、プログラム提供の量、プログラム提供の質が主に評価されてきました。このほか、プログラムを対象者に合わせて調整する程度についても、効果に影響を与えることが示されています。

元のプログラムへの忠実性とは、プログラム開発者の意図通りにプログラムが実施されているかどうかを指します。プログラム提供の量とはプログラムが実施された回数や時間を指します。プログラム提供の質とはプログラムの内容が明確に正しく実施されているかどうかを指します。プログラム提供の質は元のプログラムへの忠実性を含むものとして捉えられることもありますが、ただ忠実であるだけではなくプログラム以外の場面においてもプログラムで扱う概念を用いたり強化したりしたかということも含むものです。ここで、元のプログラムへの忠実性とプログラムを対象者に合わせて調整する程度については相反するものとなります。どちらもプログラムの効果にプラスの影響を与えるものではあるものの、高い忠実性を求めればプログラムを対象者に合わせて調整する余地は残されず、多くの調整を行えば忠実性が損なわれるのです。これらはそのバランスが重要なものであるため、両者をそれぞれ評価することが重要であると指摘されています。

加えて、実施状況に関してはプログラムに対する子どもたちの反応についてもアセスメントしておくことは重要でしょう。プログラムに対する子どもたちの反応が悪い場合、プログラムの内容が子どもたちに合っていない（必要性を感じられない、面白くない）、プログラムが子どもたちの発達レベルと合っていない（簡単すぎる、難しすぎる）、プログラム実施者が子どもたちをうまく巻き込めていないといったことが考えられます。

②子どもたちの能力獲得状況のアセスメント

プログラム実施中に行う子どもたちの能力獲得状況のアセスメントは、形成的評価にあたります。形成的評価の目的は、その時点での子どもたちの能力獲得状況と最終的な目標との乖離について教員と子どもたちにフィードバックを与えることで、最終的な目標に近づくための方法をとることができるようにすることです。この意味で、プログラム実施中に行う子どもたちの能力獲得状況のアセスメントは、フィードバックやそのフィードバックをもとにした方法の改善・追加などを行うことで特に意味を持つものであるといえるでしょう。

3）プログラム実施前後

プログラムの実施前後に行うアセスメントは、子どもたちの能力獲得状況のアセスメントおよび学校風土のアセスメントが挙げられます。

先述の通り、SELが効果を発揮しているかどうかについて確認するためには、プログラム実施前後でのアセスメントが必要です。プログラム実施後のみのアンケートであっても、子どもたちのプログラムへの受け止めやプログラムから学んだと「感じていること」について把握することは可能ですが、それが実際にプログラムから学んだことと一致しているとは限りません。

①子どもたちの能力獲得状況のアセスメント

子どもたちの能力獲得状況のアセスメントにおいては、しばしば問題や症状をアセスメントし、それらの軽減をもってプログラムに効果があったことを確認するという方法がとられます。しかしながらそのように問題や症状の軽減によってアセスメントを行うと、子どもたちが持つ能力や強みを見落としたり過小評価したりしてしまうおそれがあり、望ましくないといえます。あくまでも、実施するSELが獲得を目指す能力、つまりニーズをアセスメントした結果伸ばす必要があると特定された力を評価することで、問題や症状は抱えつつも同時に能力を獲得しているという場合についても正確に捉えることができます。

子どもたちの能力獲得状況をアセスメントする際には、子どもたちが社会感情的能力に関して考えていることと、社会感情的能力に関する行動を実行できるかどうかについては分けて考える必要があります。後述するアセスメントの種類とも関係しますが、社会感情的能力に関して考えていることについてのアセスメントは主に評価尺度を用いて行われます。そのため、実施が容易であり、能力を網羅的にアセスメントすることが可能であるという利点があります。一方で、社会感情的能力に関する行動を実行できるかどうかについてのアセスメントはより直接的な評価となり得ますが、観察やインタビューなどを用いるものが多いためアセスメントの実施は容易ではなく、特定の社会感情的能力についてしか測定できないという欠点があります。

②学校風土のアセスメント

学校風土はプログラムが高い効果を発揮するための条件となるだけではなく、プログラムによってポジティブな学校風土が育まれるという側面もあります（Osher, Kendziora, & Friedman, 2014 など）。学校風土が肯定的な変化を示している場合その後の SEL の効果が高まることから、学校風土の肯定的な変化を確認しておくことは、実施したプログラムの効果の確認であるとともに、学校（や学級）がこの後実施するプログラムの効果を十分に発揮できる土壌を持っているということを確認することにもなります。

(4) アセスメントの方法

アセスメントの方法としては、主に評価尺度、観察、インタビュー、ソシオメトリック法があります。どの方法にも利点と欠点があり、アセスメント対象を完全に把握できる方法はないため、できるだけ複数の方法を用いることが推奨されています（Gueldner, Feuerborn, & Merrell, 2020）。しかしながら、現在の日本の学校園の状況を考えると、観察やインタビューといった実施に大きな労力のかかるアセスメント方法は実施することが難しいと思われます（例外として、プログラム実施状況のアセスメントには観察を評価尺度と合わせて用いることができます）。また、ソシオメトリック法についても、子どもたちに同級生の選択をさせるという方法に対する拒否的な反応は多く、特に否定的な側面で子どもたちに同級生の選択をさせるということについては実施が難しいといえます。加えて、ソシオメトリック法は集団内（多くの場合は学級）での相対的評価となるため、学校や学級全体の特徴を捉えることや、学校や学級全体に SEL を実施した場合の変化を捉えることには向いていないといえます。このため、ここでは評価尺度のみを扱い、その利点や欠点を紹介することとします。

評価尺度はアンケート調査として実施されることが多いものであり、問われた内容に対して程度の評価を行うものです。程度の評価ではなく有無で評価するものをチェックリストとして区別することもありますが、ここではそれらを区別せずに扱います。子どもの社会感情的能力のアセスメントに用いる場合は、本人が評価する場合と本人のことをよく知る第三者（多くの場合は保護者か教員）が評価する場合があります。いずれの場合においても、正確なアセスメントとして用いられるためには、測りたいものを捉えることができているかという妥当性を検証することが大切です。同時に、測るたびに結果の大きな変動が生じることがないかという信頼性の観点からの検証が求められます。多くの学校では学校独自の調査として社会感情的能力に関わるような内容を問う評価尺度を実施していますが、それらは信頼性や妥当性の検証が行われていないため、正確なアセスメントとしては使用できないといえます。

自己評価の評価尺度の利点としては、実施にあまり時間を必要とせず、実施に際して訓練なども必要ではないため、実施が容易であるという点が挙げられます。また、観察やインタビューとは異なり能力を網羅的にアセスメントすることが可能であるという利点もあります。一方で、先述のように評価尺度では「子どもたちが社会感情的能力に関して考えていること」について捉えることになり、「社会感情的能力に関する行動を実行できるかどうか」については捉えていないことになるという点は欠点になり得ます。しかしながら、自己評価の回答であっても、クラスメイトからの社会的感情的行動や特性に対する評価と関連があることが示されており、行動の実行と無関係ではないといえます。他方、学習によってむしろ自分の能力の低さを自覚し、評価が低下することがあるという欠点や、社会的望ましさに基づくバイアスや子ども自身の自己認識能力によって回答が正確ではなくなるという欠点も挙げられます。特に未就学児や小学校１年生では正確な回答が困難です。

第三者による評価尺度の利点としては、実施するためのトレーニングをあまり必要としないことがあります。また、観察やインタビューに比べて時間があまりかからないこと、観察が難しいようなあまり頻度の高くない行動について評価できること、さらには自然な状況における行動についての評価となることなどが挙げられます。一方で欠点としては、評価対象者が持つ一部の望ましい特性によって全体の評価がゆがめられてしまうハロー効果（成績のよい子が社会感情的能力についても高く評価されるなど）などの影響を受けることが指摘されています。

評価尺度（この場合の多くはチェックリスト）はプログラムの忠実性を把握するためのものとしても用いられます。既存のチェックリストがない場合には、実施するプログラムの各内容をリストアップしたうえで、完全に実施できた、部分的に実施できた、実施できなかったなどとチェックできるようにしておく方法があります。このほか、どの程度の時間をかけて実施したのか、欠席者がいたのか、子どもの反応がどうだったのか、何か問題は生じたのかといった点についてもチェックリストとして作成しておくことは可能でしょう。チェックリストをチェックする場合、実施者本人がチェックする場合とプログラムのことをよく知る第三者がチェックする場合がありますが、実施者本人によるチェックの場合、主観的であるため適切にアセスメントすることが難しいという欠点があります。

本来は評価尺度だけではなく、観察やインタビューなど他の方法も合わせて用いることが推奨されているものの、上述の通り日本では困難であると思われます。複数の方法を用いることだけではなく、複数の評価者によるアセスメントを併用することも推奨されていることから、評価尺度のみを利用する場合であっても、複数の評価者によるアセスメントを用いることができれば、より正確なアセスメントにつながるといえます。一方でアセスメントに大きな労力や費用がかかってしまうとアセスメントが継続されないことになってしまうため、できるだけ継続して実施できる方法を選択できることも重要です。

(5) 日本におけるアセスメントの難しさ

先述の通り、SEL においてアセスメントを行うことは非常に重要です。SEL が効果を発揮するためには継続的な実施が必要です。継続的な実施のためには実施者が実施してよかったと感じる必要がありますし、関係者の理解や協力も不可欠です。アセスメントを行うことで具体的な裏づけを持って実施のメリットを感じることができますし、関係者の協力を得るための資料とすることもできます。しかしながら、実際には日本で SEL に関するアセスメントを実施する上では様々な困難があります。

1) 大きな目標が存在しないこと

先述の通り、州ごとに社会感情的能力に関する具体的な目標を定めているアメリカとは異なり、日本では国や自治体が社会感情的能力に関する具体的な目標を持っていません。日本においても、教育基本法第一章第二条では、社会感情的能力の育成を教育の目標として挙げています。むしろ、第二条の 1 の冒頭で「幅広い知識と教養を身に付け」とされている以外はいずれも社会感情的能力についての目標と捉えることもできるでしょう。このように日本の教育も社会感情的能力を育むことが目標として挙げられてはいるものの、これらは抽象的でありアセスメントに有用な視点を与えてくれるものではありません。また、周知のとおり、2017 年から 2019 年にかけて示された学習指導要領、幼稚園指導要領および保育所保育指針においては、「学びに向かう力、人間性等」を育むことが目標として挙げられています。学びに向かう力は非認知能力を指すとされ、これも社会感情的能力を含むものであるといえますが、ここでも抽象的な表現である点は変わらず、やはりアセスメントに有用な視点を与えてくれるものとは言えません。

2) アセスメントを行う文化がないこと

欧米では、SEL に関するアセスメントを実施する目的として、地域や国の政策に活かすためや関係者への説明責任を果たすためといったことが挙げられます。しかしながら、日本では他国に比べて証拠に基づく政策立案（Evidence-Based Policy Making: EBPM）が大きく遅れていると指摘されており、教育行政においては特に顕著であると思われます。日本の、特に教育行政においては、労力をかけて行ったことに否定的な評価を下すことに対して抵抗感が強いのか、取り組みを評価したうえで取り組み内容を取捨選択したり、改善したりといったことはあまり行われません。このため、学校現場では新しい取り組みがどんどん増えていく一方で、減らされるものはほとんどありません。

3）ツールがないこと

欧米ではSELに関するアセスメントを行うためのツール集が公開され（American Institutes for Research, 2019; キャセルによるWebサイト［AWG Assessment guide］など）、多くのものがオンラインで利用可能です。しかし、日本においてはオンラインで利用可能なツールは見当たりません。社会感情的能力や学校風土を測定する尺度はいくつか存在するものの、ほとんどは研究目的で作成されたものであり、学校園の現場で利用しやすい形で公開されているものは少ないという現状があります。

4）時間がないこと

日本の教員は世界でもっとも労働時間が長いため、アセスメントのための時間を確保することやアセスメントについての知識を深める時間を取ることが困難な状況にあります。また、子どもたちがこなすべきカリキュラムについても非常に多いため、SELプログラムの実施だけでも困難な状況が多く、さらにアセスメントを実施するということに難しさを感じる場合が多いと思われます。観察やインタビューを教員が行うことはもとより、より負担の少ない評価尺度であっても、教員自身でアンケート用紙もしくはオンラインフォームを準備し、学級や学校の子どもたちの結果を集計することはきわめて困難であると考えられます。

(6) 日本でアセスメントを実際する方法

それでは、このような困難な状況の中でアセスメントを実施するためにはどうしたらよいでしょうか。困難な状況であるとはいえ、アセスメントを実施しないという選択は取るべきではありません。なぜならば、繰り返しにはなりますが、アセスメントのないSEL実践は継続されない可能性が高く、つまり効果が得られない可能性が高いためです。このため、どのような形であってもアセスメントは実施することを提案いたします。

1) アセスメントに大きな労力がかけられない場合

まずは現在実施しているアセスメントや把握している子どもたちに関する指標を用いることができないかを検討することが必要です。

多くの学校で実施されている学校適応感尺度アセス（栗原・井上，2019）やhyper Q-U（河村，2014）には子どもたちの社会感情的能力を把握する内容が一部含まれています。具体的には、アセスであれば「向社会的スキル」、hyper Q-Uであれば「ソーシャルスキル尺度」が該当します。これらは実施するSELの目的に応じて利用可能でしょう。また、アセスの他の内容やhyper Q-Uの他の内容、Q-U（河村，1998；河村，1999）の内容も、直接的に社会感情的能力を測定するものではないものの、効果の指標として利用できる場合があるでしょう。

このほか、学校ごとに独自に実施している児童生徒アンケートや保護者アンケートにも社会感情的能力に関わる内容が含まれていることがあります。独自に質問項目を作成している場合、信頼性や妥当性の点で懸念はありますが、それでも何もアセスメントを行わないよりは、このようなアンケートを用いて解釈を行うほうがよいでしょう。可能であれば、信頼性や妥当性が確認されている評価尺度を学校アンケートに組み込むことを検討してもよいでしょう。

また、遅刻・欠席数やトラブルの数、成績といった指標もアセスメントとして用いることができる場合があります。ただし、このような直接的に社会感情的能力を測定するものではない指標の場合、SELの効果が表れるまでに時間がかかる場合があることには注意が必要です。

2）アセスメントに一定の労力がかけられる場合

このような場合であっても、すでに実施しているアセスメントや把握している子どもたちに関する指標を用いることができないかを検討することは有用なことです。すでに使用可能な指標を持っているのであれば、あえて追加の労力をかけることは避けるべきであるからです。逆に、現在実施しているアセスメントを他のアセスメントに置き換えることができる場合もあるでしょう。もちろん、先述のように複数の方法でアセスメントを行うことは、より正確に子どもたちの状態を捉えることにつながるため、教員や子どもたちの負担を考慮したうえで既存のアセスメントと併用することも有効です。

新たなアセスメントが実施できる場合は、実施するSELの目的に応じて【資料】231ページで紹介する評価尺度を用いることができます。実施の際は、回答後の処理の労力を減らすためにオンラインでの実施についても検討するとよいでしょう。小中学校では1人1台タブレットなどの端末を持っているため、Googleフォームや Microsoft Formsを利用することができます。

なお、新たなアセスメントを実施する際に、大学教員などの研究者の協力を得ることも検討してください。そうすることで、アセスメントの選定やアセスメントの分析を共同で行うことができます。

教員研修の実践例

●澤田葉月

ここでは、教員の力量を高めるために行われた教員研修の例を紹介します。1 回の研修時間は各学校の裁量によりますが、50 分から 60 分の場合が多いようです。中には、時間が確保できないため 1 回 30 分とした学校もあります。

【事例 1】実際の対応を想定した研修

教員は日々、教科指導の他に生徒指導、保護者対応などあらゆる対応を行っています。また、スクールカウンセラーなど多様な人々との連携が求められることに加え、1 年ごとに関わるメンバーが変わるという点は、教員という仕事の特異な点でしょう。そうした中で、教員が対応に苦慮する場面や感情を強く揺り動かされる場面は少なくありません。そこで、教員研修ではこうした学校生活での「あるある場面」を取り上げ、その対応の仕方について学ぶことを通して教員の力量を高める研修が行われています。

例えば、若手教員とベテラン教員の関係構築について取り上げてみましょう。世代の異なる教員同士で力を合わせて児童生徒への指導に当たることもあれば、ベテラン教員が先輩、また指導者として若手教員に指導することもあります。しかし、時にベテラン教員は若手教員への良いアドバイスの仕方が分からず、若手教員とうまく関係が築けないという悩みを抱えていることがあります。一方、若手教員はベテラン教員に遠慮するあまり、自分の考えや意見を伝えられなかったり、頼れなかったりするという悩みを抱えていることがあります。

そこで、こうした「あるある場面」を取り上げ、具体的な場面を設定した上でロールプレイを行います。まずは悪い関わり方のモデルを見せ、双方の言い方や態度のどこがよくないか？　それによって相手はどのような感情になるか？　などを皆で客観的に考えます。そこからどのような態度、話し方をするとより円滑なコミュニケーションが取れるかといったことを学んでいきます。そして最後に、それを身につけるために実際に２人１組や小グループで練習を行います。こうした研修を行うことによって、実際の対応の仕方を身につけられるだけでなく、日頃相手がどのように感じているのかということにも気づくことができ、同僚との距離を近づけることにつながります。

【事例 2】スキルに焦点を当てた研修

次に紹介するのは「スキル」として学び、あらゆる場面に汎用できるようにする研修です。

例えば、澤田・渡辺（2021）では、「感情を表す言葉を活用するスキル」や「『考え方の癖』に気付き、適応的な考え方を行うスキル」の研修などが行われました。研修自体はソーシャル・スキル・トレーニング（第 4 章 3 を参照）の流れを用いて行いましたが、教員が興味を持って研修に取り組めるよう、感情語を記したカードを使ってゲーム形式で研修を行ったり、「あるある場面」を取り上げて自分の感情を調整する練習をしたりしています。こうした研修を通して、教員は自身の状態について客観的に把握することができるようになったという変化が示唆されたほか、自身の社会性や感情のスキルに対する問題意識が高まったことが示唆されています。

最後に、効果的な研修を行う上での１つのポイントは「あるある場面」を用いて実践的な研修を行うことだと思います。そのうえで、研修で学んだことを実際の学校生活で活用するよう、教職員全体で意識したり、褒め合ったりして定着させるなどの工夫を行うことが重要でしょう。

第4章

日本で効果のある
SELプログラム

1

小中学生用のSEL- 8S

●小泉令三

(1) プログラムの特徴

1) プログラムの構造と内容、対象

SEL-8S プログラムは、「学校における 8 つの社会的能力育成のための社会性と情動の学習」(Social and Emotional Learning of 8 Abilities at School) の意味で、表 4-1-1 に示すような、8 つの社会的能力を育成することをめざしています (小泉, 2011)。このうち、5 つの基礎的社会的能力はキャセル (第 1 章 2 節参照) が示す 5 つの能力に該当し、3 つの応用的社会的能力はアメリカで実践されている多くの有効な SEL プログラムをキャセルが整理した内容に基づいて設定してあります (参照：イライアス他, 1999)。

このプログラムの対象は小中学生で、8 つの社会的能力が身につくように、学習内容は「A. 基本的生活習慣」「B. 自己・他者への気づき」「C. 聞く、伝える」など 8 つの学習領域に区分されていて、日本の学校や子どもの現状に合うように、内容や学習の進め方が工夫されています。1 回につき 45 分〜 50 分の学習で、小学校で 54 回分 (小泉・山田, 2011a)、中学校で 36 回分 (小泉・山田, 2011b) の授業案や教材が準備されています。

表 4-1-1　SEL-8S プログラムで育成を図る社会的能力

	能力	説明
基礎的社会的能力	自己への気づき	自分の感情に気づき、また自己の能力について現実的で根拠のある評価をする力
	他者への気づき	他者の感情を理解し、他者の立場に立つことができるとともに、多様な人がいることを認め、良好な関係を持つことができる力
	自己のコントロール	物事を適切に処理できるように情動をコントロールし、挫折や失敗を乗り越え、また妥協による一時的な満足にとどまることなく、目標を達成できるように一生懸命取り組む力
	対人関係	周囲の人との関係において情動を効果的に処理し、協力的で、必要ならば援助を得られるような健全で価値のある関係を築き、維持する力。ただし、悪い誘いは断り、意見が衝突しても解決策を探ることができるようにする力
	責任ある意思決定	関連するすべての要因と、いろいろな選択肢を選んだ場合に予想される結果を十分に考慮し、意思決定を行う。その際に、他者を尊重し、自己の決定については責任を持つ力
応用的社会的能力	生活上の問題防止のスキル	アルコール・たばこ・薬物乱用防止、病気とけがの予防、性教育の成果を含めた健全な家庭生活、身体活動プログラムを取り入れた運動の習慣化、暴力やけんかの回避、精神衛生の促進などに必要なスキル
	人生の重要事態に対処する能力	中学校・高校進学への対処、緊張緩和や葛藤解消の方法、支援を求め方（サポート源の知識、アクセス方法）、家族内の大きな問題（例：両親の離婚や別居）や死別への対処などに関するスキル
	積極的、貢献的な奉仕活動	ボランティア精神の保持と育成、ボランティア活動（学級内、異学年間、地域社会での活動）への意欲と実践力

（小泉，2011）

2）プログラムの工夫点

学習内容の定着のために、「ポイント」すなわち学習の要点となるスキルが、覚えやすいように語呂合わせで設定されているものが多くあります。例えば、あいさつの「ポイント」は、「大きな声で、体を起こして、目を見て」の頭文字をとって“おかめ”とされています（図 4-1-1）。この「ポイント」は学年が上がっても同じで、あいさつの対象（友達、

図 4-1-1　「あいさつのポイント」のポスター

先生、家族、学校の来客）や状況（朝、自己紹介、入学試験など）、そして言い方（敬語など）を発達段階に合わせて学習します。

(2) プログラムの実践

1）教育課程への位置づけ

実践にあたっては授業案の中から各学校の実情に合わせて、一定回数の学習を教育課程に組み込んで実施するようになっています。教育課程内のおもな位置づけは特別活動や総合的な学習の時間が多いですが、一部の学習は各教科や道徳に割り当てられることもあります。確かな学習効果が得られるように、通常、年間8回程度以上の学習の機会を設けるように勧めています。

プログラムの実施にあたっては、「点から線へ」といって、その学習をその学習時間内だけに限定しないことが大切です。これには大きく2つのタイプがあって、一つは日頃の生活に関わるものです。例えば小学校の「自分はどんな気持ち？」という学習は、自分の感情の理解と言葉での表現を目的とする学習ですが、その学習の後に日常生活の中での様々な場面で、この学習を想起させたりあるいは適切な表現ができたりしたときには賞賛することによって、この学習の成果が確実になります。自分の持ち物の整理整頓なども、このタイプの学習になります。

「点から線へ」の2つ目のタイプは、学校行事や他の学習との関連づけを図るものです。学校では様々な学習体験が提供されていますから、それらの事前学習や事後学習のような位置づけで実施します（図4-1-2)。こうした学習の組み合わせによって、より確実な学習成果を得ることが期待できます。

2）学習のプロセス

このプログラムの1時間の学習は、大まかにはソーシャル・スキル学習の流れにそうもので、(a) 学習の目当ての確認、(b) 学習内容の要点となる「ポイント」の学習、(c) 教師によるモデリング、(d)「ポイント」を身につけるた

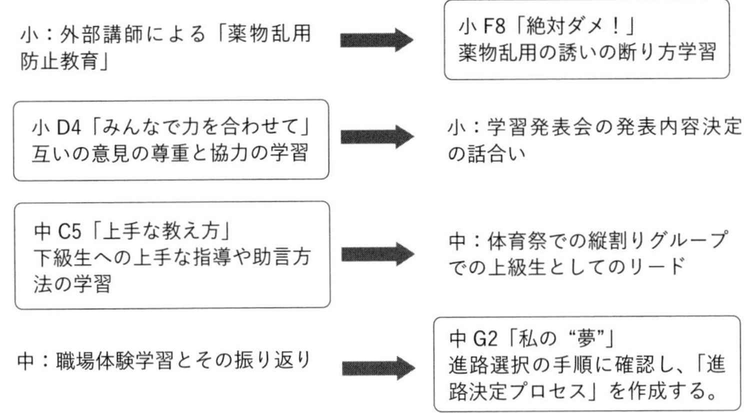

図4-1-2　学校行事や他の学習との関連づけの例

（注）アルファベットと数字（例：F8）は、SEL-8Sプログラムの学習配列を表す。

めのロール・プレイやあるいは気づきを促すゲーム、そして (e) まとめとなります。この最後の (e) まとめでは、単にその時間の感想を尋ねるだけでなく、この学習内容をこれからどのように活かすことができるのかを考えさせ、自己決定したりそれを決意表明したりするようにすると効果的です。なお、学習の要点の「ポイント」については理解して覚えやすくするために、先に説明したように掲示用のポスター（例：図4-1-1）が用意されている学習もあります。

なお、特別な教育的ニーズを持つ子どもへの指導にあたっては、個別の指導だけでなく、個別指導と学級での集団指導を組み合わせるような指導が効果的なことがあります。例えば、事前に個別指導でこのプログラムでの「ポイント」を予習しておき、そのあとに学級での集団指導に加わります。該当の子どもにとっては、抵抗なく学習に加わることができるとともに、「ポイント」のしっかりとした定着の機会となり、行動の改善が見られることがあります（図2-2-8参照）（有本・小泉，2019）。

3）指導者の研修

授業は基本的に学級担任が学級単位で指導しますが、場合によっては学年全

表 4-1-2　校内研修会の実施例

時期	内容
4 月頃	プログラム実施の目的、年間計画、実施方法などの確認を行う。異動に伴う転入教員への説明には、前年度の録画記録の利用も有効。
夏休み	4 〜 7 月の実践の振り返りをもとに、効果的な指導方法の研修を行う。指導講師や実践先進校関係者の招聘も検討する。
秋頃	代表者による授業公開あるいは研究授業を行い、他学年での取組の共有と相互の指導力向上を図る。
年度末	年度の教育成果の確認と、次年度のための指導計画改善を検討する。

体で合同学習をすることもあります。このプログラムの実践には指導者の研修がとても重要で、例えば表 4-1-2 に示すような校内研修会が必要です。これは実践が一定期間継続されている学校での実施例ですから、導入段階ではもう少し研修会の回数を増やすことになります。

このような研修会以外に、短時間でよいので学年単位での学習前後の打合せや振り返りを行うことを勧めます。学習前には指導内容や学習プリント、そして提示資料の打合せを行い、また指導後には学習のねらいへの達成度の確認と指導に関する反省点を共有し、記録に留めておきます。こうしておくと、次の実践やさらに次年度の実施計画などの改善につながるからです。

4）評価方法

時間の流れでいえば、事前の実態調査、実践中の形成的評価、そして事後の成果の確認が行われます。内容としては、社会的能力、学校への適応状態、学習状況、問題行動などが対象になり、方法としては子どもの自己評価、教師による評価、そして行動面の実態調査が実施されています。このプログラムの特徴の一つとして、8 つの社会的能力を測定する自己評価尺度が使われていて、個人内の変化を確認するのに有効な方法となっています（図 4-1-3）。

なお、こうした評価は計画的に実施するとともに、その評価結果を組織的に保存して、経年変化を確認することが重要です。そうすることによって、新た

学年	3	組	1	番	1
氏名	福岡太朗			性別	男

評価項目	1 回目	2 回目	備考
①自己への気づき	47.4	57.6	
②他者への気づき	65.6	60.1	＊ 1
③自己コントロール	**39.0**	52.3	
④対人関係	**37.4**	53.4	
⑤責任ある意思決定	**35.4**	56.3	
⑥生活上の問題防止のスキル	51.8	57.4	
⑦人生の重要事態に対処する能力	44.3	59.5	＊ 2
⑧積極的・貢献的な奉仕活動	**33.6**	58.3	

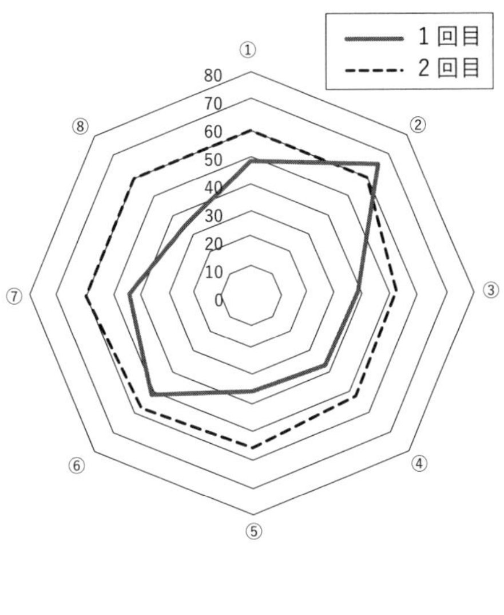

※値は、同学年の 1 回目の平均点・標準偏差をもとに算出した偏差値を示しています。
※偏差値が 40 より低い場合は、値が赤色になっています。
※備考欄に「＊ 1」が記載されている場合、その評価項目の「1 回目」の数値は回答漏れなどにより、推定値になっています。（「＊ 2」の場合は、「2 回目」の数値）
参照：http://www.sel8group.jp/

図 4-1-3　SEL-8S プログラムの 8 つの社会的能力の自己評価結果例

な改善点への気づきが生まれ、また異動に伴う転入教員が実践の経緯やその継続の必要性を理解することができるからです。

(3) プログラムの成果と今後の取組

1）社会的能力の向上

このプログラムの 3 カ月間の集中的な実践によって、小学生の社会的能力で向上する部分のあることが、児童の自己評価と教師による評価の両方で確認されています（香川・小泉，2015）（図 4-1-4）。また、2 年間の長期の実践事例で、中学生の自己評価が全体的に高まることも確かめられています（小泉，2020）。

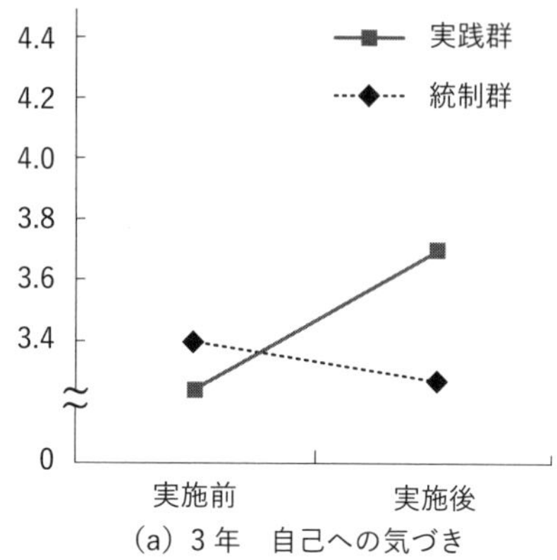

図 4-1-4　小学 3 年生の社会的能力　教師による評定
（香川・小泉，2015）

2）問題行動などの減少

このプログラムを 2 年間にわたって継続して実践することによって、「荒れ」の状態にあった小学校が全体的に落ち着きを取り戻した様子が報告されています（泉・小泉，未刊行）。この場合、ガラスの破損枚数（図 4-1-5）や、けがによる通院数を集約することによって、その落ち着いていく過程を確認することができました。

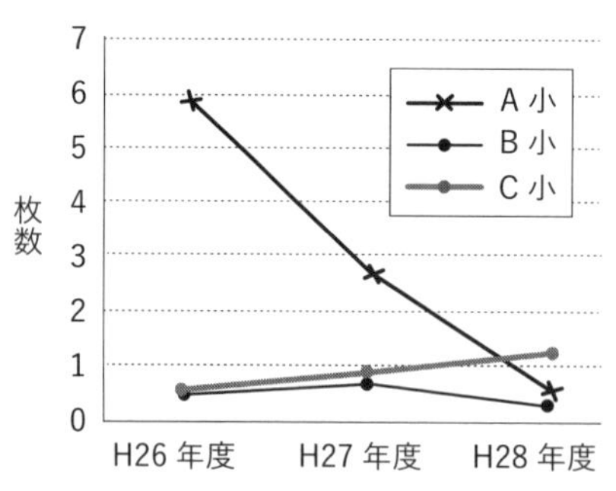

図 4-1-5　ガラス破損枚数（100 人当たり）の変化
（泉・小泉，未刊行）
（注）A 小が H27 と H28 の実践校で、B・C 小は非実践校。3 校は同一中学校区の小学校

表 4-1-3　A 中学校の不登校生徒数とその割合の変化

	H27	H28	H29	H30
人数 （%）	34 (5.4)	22 (3.6)	21 (3.5)	18 (3.3)

（小泉，2020）
（注）A 中は H27 ～ 30 に実践

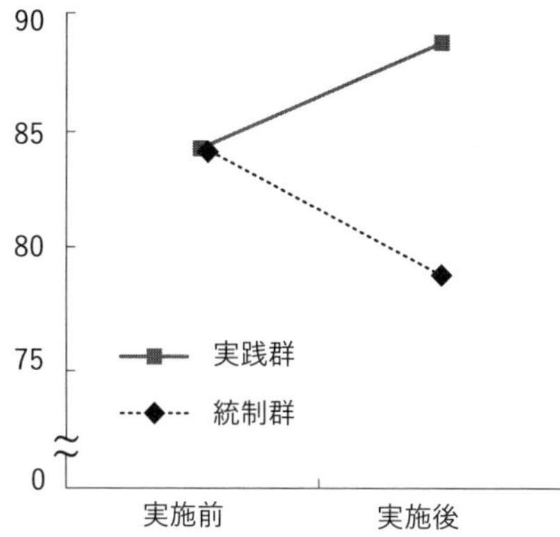

図 4-1-6　小学 6 年生の漢字テストの成績の変化
（香川・小泉，2015）

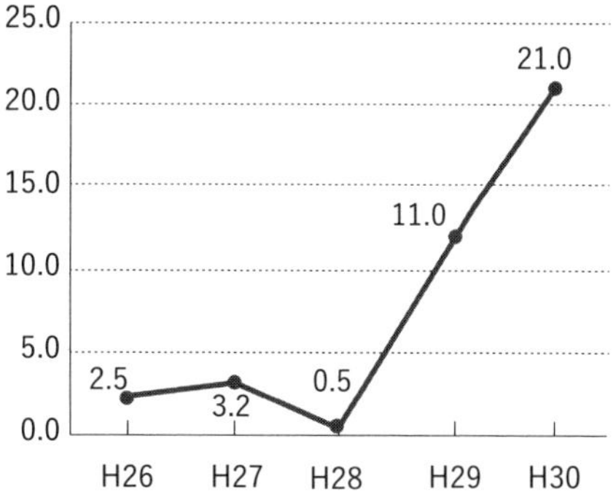

図 4-1-7　A 中学校の学力の変化（全国学力・学習状況調査の実施教科 AB の県平均との差の合計）
（小泉，2020）
（注）A 中は H27 ～ 30 に実践

また、中学校で 4 年間の実践によって、不登校の子どもの割合が減少傾向を示すことが報告されています（小泉，2020）（表 4-1-3）。不登校は複数の要因が関連していますから、こうした社会的能力の向上をめざしたプログラムだけで改善するものではありませんが、一つの有力な取組になることが期待できます。

いじめについても、例えば 2 回の授業実践で、中学生がいじめを止めることができるという思いが高まることが確認されています（木村・小泉，2020）。こうした取組を継続することがいじめ防止の方策の一つになることはまちがいないでしょう。

3）学力向上

各学校で学力向上への取組が進められていますが、小学生対象の 3 カ月間の短期のプログラム実践によって、国語・算数・漢字（図 4-1-6）の各テストの得点の上昇が報告されています（香川・小泉，2015）。また、中学生での 4 年間にわたる実践継続で、全国学力テストで学力が向上していった事例が示されています（小泉，2020）（図 4-1-7）。こうした結果から、学力向上を支える要因は複数ある中で、このプログラムが学校での学習環境や家庭で学習に取り組もうとする姿勢を“底支え”する重要な力を育てているのではないかと考えられます。

4）保護者への波及効果

小学校での3年間にわたる全校での実践によって、保護者のこうした学習プログラムへの理解や、養育態度および養育への意識が向上する可能性があることがわかってきています（小泉・井上，2017）。今度、児童生徒の育成を図る中で、その成長の場である家庭環境も視野に入れて、実践を推進することが望ましいといえます。

FRIENDS（フレンズ）

●松本有貴

(1) プログラムの特徴

1) プログラム目標と内容

フレンズプログラムは、子どものレジリエンス（困難をのりこえる力）の育成を目的とします。子どもの不安に介入する認知行動療法（CBT: Cognitive Behavioral Therapy）に基づくプログラムとして作られました。不安はどの子どもにもよくみられますが、強い不安が長く続くと生活に影響します。例えば、保護者と一緒でないときの不安（分離不安）、自分はどう思われているのだろうかという不安（社交不安）、触ると汚れてしまうのではないかというこだわりによる不安（強迫性不安）などは、子どもの生活の質をそこないます。

CBT はこれらの不安に対処する方法を理論的に説明し実践して効果を出しています。エビデンスに基づく対処方法が確立され、それを子どもの不安の対応に応用したのがフレンズです。ですから、内容は大人の不安治療の CBT でエビデンスが認められている方法が使われています。ただし、子どものプログラムとしての工夫が必要です。子どもたちが、プログラムで習う対処方法を覚えやすいように“フレンズ”という名前がつけられました。それは同時にプログラムの内容を表します。

F　**フィーリング**　感情理解。気持ち・考え・体の関係を理解します。

R　**リラックス**　呼吸法・筋肉弛緩・瞑想の3つを練習します。

I　**アイ・キャン（できる）**　前向きになれる、自分を励ます考えをみつけます。

E　**エクスプロア（探る）**　問題を解決する方法をやってみます。

N　**ナウ（今）**　がんばった自分を認めほめます。ほうびを与えます。

D　**ドゥ（する）**　習ったことを練習・実行していきます。

S　**スマイル**　ロールモデル・サポートチームを理解します。

プログラムの最後「S　スマイル」で練習する自分の生活にロールモデルとサポートチームを見つけるワークは、子どもが不安を乗り越える勇気を与えます。ロールモデルのワークは、あこがれる人がどうしていたかを思い出すことで、その場面でどう対応するかを考えます。サポートチームのワークは、身近な頼れる人を確認し誰に話せばサポートが得られるのかを学びます。保育園・幼稚園・子ども園や学校での実践を重ねて気づきましたが、この流れは子ども支援として役に立つ構成になっているようです。

2）マルチレベル構造

ファンフレンズ（園児と小学1・2年生：日本語版松本（以下同様），2008）、フレンズフォーライフ（小学3～6年生：松本，2013）、マイフレンズユース（中・高学生）、レジリエンス（成人用：松本，2015）という発達段階に合った4つのプログラムがあります。厳密に分けられるのではなく、小学2年生はファンフレンズ、高校生には、成人用のレジリエンスプログラムが合うかもしれません。対象者の理解や活動レベルに合うプログラムが選べるようになっています。

子どもの抑うつ・不安治療に効果的なプログラムであるとWHO（世界保健機構）から認められているのは、フレンズフォーライフです。最初に作られたフレンズのプログラムになります。いろいろな国の研究結果により学童期の子どもに効果があると認められたので、他の年齢層にも効果を発揮すると期待されました。年齢が上の子ども、就学前児童、大人へと、対象を広げて、それぞれに適した説明や活動が工夫されてマルチレベルのプログラムになりました。

3）マルチカルチュラル（多文化の尊重）

オーストラリア生まれのプログラムであるフレンズは、イラストにコアラが用いられ、オーストラリアの社会・文化を尊重しています。日本の子どもたちに受け入れられるのかという心配もありました。オーストラリアは、先住民アボリジニと移民による多民族国家です。日本人を含むアジア系オーストラリア人も多い国です。つまり、多文化はオーストラリアの社会・文化の基本になっています。

フレンズは多文化を大切にするオーストラリアの学校で実施するように推奨されています。感情理解や共感、リラクセーション、問題解決スキル、周囲の人たちとつながる方法などの学習は、対象者や目的に多様性を持つ SEL になります。フレンズの創始者であるポーラ・バレット博士の friends resilience ウェブサイト（https://friendsresilience.org/）によると、2022 年 5 月時点で、28 ヵ国でフレンズは実践されているようです。

4）効果的な SEL プログラムの特徴

フレンズプログラムは、効果的な SEL プログラムの特徴 SAFE の 4 つの基準（第 2 章参照）をクリアしているといえます。フレンズ（FRIENDS）はプログラムの構成を示す頭文字からできた名前であり、子どもたちが順序だって学ぶ道筋を示しています（S＝シークエンス）。つまり、順に習うスキルを 7 つの文字（F フィーリングから S スマイルまで）で表しています。次に、楽しく取り組めるアクティブな活動が、個人、グループ、クラス全体で取り組めるように準備されています（A＝アクティブ）。各セッションの目標に合うように設定された活動に取り組み（F＝フォーカス）、それぞれの目標を達成していきます（E＝イックスプリシット）。自分の感情を理解する自己認知、周りの人の感情に気づく他者認知・社会的認知、共感スキル・モデリング・サポート資源を使った対人スキル、ステッププランで実践する問題解決という順番は子どもに取り組みやすい順序です。最後に、プログラム名であるフレンズは困難な状況に対応する自分を助けてくれる友だちという意味を持ちます。

（2）日本の子どもとFRIENDS

1）フレンズの実践

オーストラリアでは、プログラム開始前の保護者説明会、10回のセッション、2回の追加セッションという流れが一般的です。しかし、日本では、8～10回のセッション、参観日にどれかのセッションを保護者に見てもらうなどが一般的です。また、お便りで毎回の活動をお知らせする園や学校もあります。ワークブックを使った活動では、色をぬったり、絵を描いたり、思ったことを書き込んだりします。指導者はファシリテーターと呼ばれ、マニュアルを参考にして子どもの活動を支援します。

ある小学校で行われた10回のセッションは以下のようになります。活動の様子は写真で紹介します（図4-2-1～図4-2-3）。

図4-2-1　コアラと一緒に勉強

図4-2-2　気持ちの色

図4-2-3　気持ちのサイン

1. 自己認識
2. いろいろな感情
3. 体のサインとリラクセーション
4. 役に立つ緑の考えと役に立たない赤の考え
5. 役に立たない考えを役に立つ考えにチェンジ
6. ステッププラン（目標階段）
7. ロールモデル（こんな人になりたい）とサポートチーム（助けてくれる人）
8. 問題解決プラン
9. フレンズスキルの活用
10. 修了を祝う

2）日本の子どもに対する効果

実施の前後にアンケート調査を行い、プログラムに参加した子どもの変化を測ることがあります。目標とする感情スキル、社会的スキルを育てる効果があったかどうかを調べます。表4-2-1では、不安やうつ、行動（強みと困難さ）、希望、社会的サポート、自己肯定感についての質問紙に、実施前後で児童が答えた結果をまとめています。希望尺度は、希望という概念が難しかったようで統計的には効果が示されませんでした。

表4-2-1　プログラム前後の子どもの変化（Matsumoto & Nishida, 2013）

	実施前*	実施後*	有意確率（p）	効果量（d）
1 不安	29.84（19.64）	24.84（18.49）	.006	0.26
2 うつ	10.69（4.18）	8.94（4.14）	.000	0.42
3 強みと困難さ	15.84（4.54）	11.47（5.07）	.000	0.78
4 希望	21.27（7.40）	21.98（6.59）	.394	－
5 社会的サポート	13.65（5.44）	17.51（5.16）	.000	0.73
6 自己肯定感	23.67（19.64）	25.39（4.79）	.002	0.35

（松本・西田，2013）*1~6各尺度の変化とそれらの差のt検定による結果

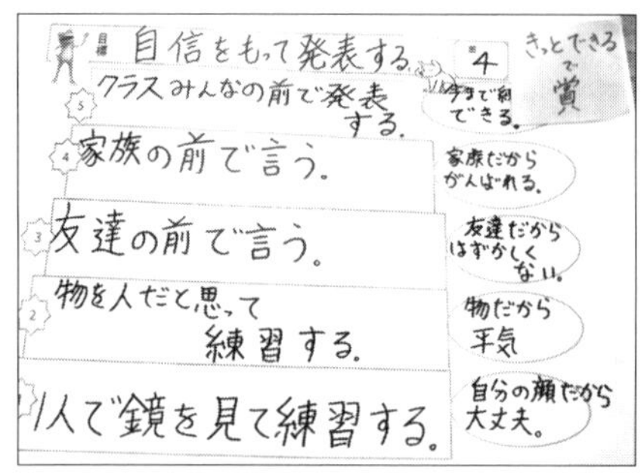

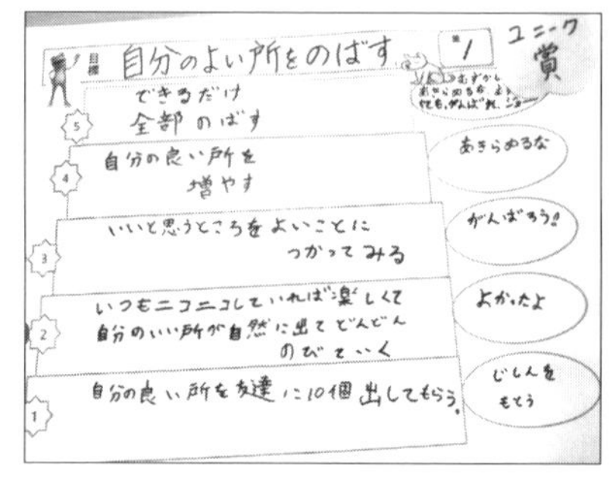

図 4-2-4　小学 6 年生フレンズフォーライフの授業　セッション 6　フレンズプラン

園児が自分の考えを理解できるか、という懸念が多く寄せられます。プログラムを行った園では、先生方が驚くほど、子どもたちは自分の考えを話すことができています。考えと気持ちを分けることが難しい子どももいますが、これは大人でも難しい場合があります。赤（ストップ）と緑（ゴー）の考えを習ったタロウくんは、ある朝、お父さんに言いました。「ぼく、いま、赤のかんがえでいっぱいなんだ」。そして、お父さんと緑の考え「しっぱいしてもだいじょうぶ」「お父さんがおしえてくれる」などを見つけたそうです。

セッション 8 では、自分の問題を解決するスキルを習います。小学校 5 年生のハナコさんは、特別支援学級で勉強していて、話をする友だちのいない交流学級での音楽や体育の授業が難しい状態でした。6 年生でみんなと授業を受けたいと願っていました。ステッププラン（目標階段、図 4-2-4）を習うと早速プラン作りに取りかかりました。目標を「6 年生のみんなと勉強する」とし、下段から少しずつ難しくしていき、目標を達成したそうです。

(3) 課題

1) 日本の社会・文化に合う SEL

フレンズは、オーストラリア、カナダ、アメリカなどに導入され、各国で効果が検証されています。最近では、レバノンやパキスタンで、導入にあたっての効果を調べる研究が行われています。社会・文化に合ったプログラムであるかどうかが、問われます。

そこで、SEL 実践が学校のカリキュラムの中で行われるためには、日本の学校や学級の目標に合っているかどうかが課題になります。SEL プログラムが効果的であるためには、順序だった構成内容の、ある程度時間をかけたプログラムである必要があります。時間がかかりすぎるプログラムは、日本の忙しい学校現場では難しくなります。ある学校のフレンズの実践では、開発者のバレット博士に相談して、最低 5 回に内容を納めて実施するというアドバイスをもらいました。このように、実施の背景にある社会・文化に適応する助言が与えられています。

また、対象となる子どもによって目標が違ってきます。日本の子どもの不安は、海外の研究結果から比較すると低いことが分かっています。不安は、基本的な感情であり、危険から身を守る手助けをしています。ですから、低いレベルの不安を下げるという目標は妥当ではありません。日本の小学 6 年生が参加する対象群を設定した（プログラムを受けた群と受けなかった群を比較する）研究では、フレンズ群の社交不安のレベルがプログラム実施後に下がっていました（Matsumoto & Shimizu, 2016）。全般的な不安は比較的低いのですが、日本の子どもは人にどう思われているかなど対人関係で感じる不安は高いのです。この場合、場面により落ち着いた対応ができる、自分の感情を理解して前向きに対応できるなどの目的が設定できます。しかし、例えばコロナ禍のような状況では、子どもの全般的な不安は以前より高くなると考えられます。それぞれの状況で適切な目標設定が必要になります。

フレンズのモデリングとサポートネットワークはとても役立っていると実施後に先生方からコメントをいただいています。また、共感スキルや緑の考えは学級目標に合っているという評価もあります。ある学校では、朝の会や 1 限の始まりにリラックスする練習を繰り返し、1 日の学校生活を落ち着いて過ごせる支援をしています。感情コントロールを目標にするなら、感情理解の練習、赤の考えに気づき緑の考えを育てる練習を繰り返すなど工夫できます。学校外で練習をするホームワークが与えられ、スキルを日常的に応用する練習をします。

2）保護者との連携

目標が、児童生徒の発達支援になっているかどうかを丁寧に考えることが望まれます。ファンフレンズは就学前の児童対象に作られていますが、小学校1年、2年でも使われることがあります。フレンズフォーライフは小学生用ですが、中学1・2年生にも応用できます。対象となる子どもにふさわしい教材であるかどうか検討します。どちらのフレンズも内容構成は同じです。自分の感情を理解し表現する練習から始まります。先生方から「そういえば、子どもの気持ちを聞くことがなかった」という感想をいただいたことがあります。保護者の皆様もそうでしょう。プログラム後のアンケートで、前より子ども対応が難しくなった、というのがありました。今まで耳にすることがなかったのに、悲しい、さびしい、困ったなど気持ちを聞くようになると、確かに対応が難しいと感じるでしょう。子どもの感情理解が進んだと理解するためには、保護者との連携が大切になります。オーストラリアのように保護者会で説明をしてスタートするのが困難な場合、お便りで毎回の内容と様子をお伝えするなど、先生方は工夫しています。

3）普及への方策

早い時期に始める支援がより効果的であること、就学前教育に非認知能力（やりぬく力など学校の学びを支える力）の育成が始まったことをふまえると、比較的時間に余裕のある就学前での実践がフレンズ導入に向いているといえます。また、小学校でも1年生の方に実践時間があると現場の先生から聞きます。ファンフレンズ（図4-2-5）の実践の蓄積がエビデンス構築につながり、学校でのフレンズ実施を促すと期待します。

園での実践では、園児に気持ちや考えを理解し表現する支援が大切になります。例えば、セッションごとに内容を伝える絵本を読み聞かせる時間を取っています。つまり、どういう支援を加えるかで効果が決まります。

図 4-2-5　ファンフレンズで使われる教材

自分の気持ちは自分そのものです。子どもの言葉に耳を傾け、感情を表す言葉を使って応答します。気持ちを聞いてもらい受け止めてもらったと感じると、自分は大切にされているという認識につながります。「さびしかったのね」「かなしくなったのかな」という言葉がけは、子どもの感情リテラシー（知識・能力）を育てます。自分の感情を表現するスキルは、感情コントロールにつながります。ところで、セッションのまとめとしてみんなの前で発表するのはむずかしいようです。ふり返る力に必要なメタ認知（自分の考えや記憶に対する認識）がまだ充分育っていないからです。それでも、発表しようとしてくれます。しっかり聞いて受け止める支援者の力量が試されます。

支援者への支援も大きな課題です。アメリカではキャセル、オーストラリアでは Be You のホームページ（https://beyou.edu.au/）に、SEL プログラムの情報、資料、エビデンスがたくさん掲載されています。日本では、個々のプログラムのホームページにはあっても、SEL 全体の情報や資料がまとまって得られるようにはなっていません。

また、実践するための研修制度はプログラムにより異なります。費用がかかる、日程的に難しいなど、興味や意欲があっても学ぶ機会につながらないという実態があります。情報を整理して提供できる、費用と時間を保障できるなどの実践支援の課題は大きいと思われます。

3

ソーシャルスキル・トレーニング

●原田恵理子

(1) プログラムの特徴

1) プログラムの理論と内容

ソーシャルスキル・トレーニング（Social Skills Training: SST）は、対人関係を開始し、葛藤やトラブルを解決して適切な行動を維持するために必要とされる具体的な知識と行動を身につけることを目的としています。このソーシャルスキルは、仲間から受容されること、行動的に定義されること、社会的な妥当性を持つことを基準とし、お互いに働きかけて影響を及ぼすと同時に、文化的、社会的に受け入れられる対人目標に向かって自己の認知や行動を統合させる能力でもあり、認知行動療法をベースとしたSSTで育むことができるとされています（渡辺，1996）。そして、SSTでは、対人関係の問題をその人の性格のせいとせず、必要なソーシャルスキルが機能的ではないとし、ソーシャルスキルの不足や未熟、誤った知識と行動の学習、知識と行動の不一致、環境に応じたソーシャルスキルの実行といったことを問題の背景とし、練習をすることでスキルを獲得し、問題を改善するという考えを大事にしています（原田，2018）。そのSSTのプロセスは、次の技法を含んだ5つからなっています。ターゲットスキルを学ぶ意義を説明し、児童生徒の動機づけを高める「インストラクション」、何をどうすればよいか具体的に説明する言語的教示をし、実際にモデルや映像などを見せ、コツやポイントを教えて行動を学ぶ「モデリング（観察学習）」、学んだことを実際にロールプレイなどで繰り返し練習する「リハーサル」、練習を繰り返す中で先生や友達から褒められたり注意や促しを得る（強化）といった「フィードバック」、アドバイスを与えて気づきを得て改善し、現実場面に応用して行動レパートリーを定着させたり、ほかの場面へ行動を一般化するといった学んだスキルをチャレンジさせる「ホームワーク」です。

SSTは、小中高と特別支援学校で実施が可能で、挨拶、自己紹介、話す、聴く、あたたかい言葉かけ、質問する、お願いする、頼む、断る、問題を解決するといった初歩的スキル以外に、自尊感情、共感性、感情理解や感情のコントロールといった感情力を育てるためのスキルや、目的を達成するための計画を実行するスキルと問題解決のスキル、また異性とのコミュニケーショのスキルに加えて、SNSを活用する情報化社会を反映したSNSによるコミュニケーションスキルなどがターゲットスキルとなっています（渡辺・原田，2015）。実施においては、質問紙尺度などによるアセスメントに加えて、児童生徒の発達段階や実施する集団の実態や特性、児童生徒や教師のニーズなどに応じて、内容や学習の進め方が工夫されます。

2）感情に焦点化したSSTの工夫

対人関係を構築して維持するとき、自分の考えや気持ちを認識して状況に応じた行動をうまく調整し、他者の立場に立って共感しながら様々な人や集団と適切なコミュニケーションをすることが大切になってきます。そのためには、認知や行動だけでなく感情へのアプローチも重要になります。具体的には、①自分自身の状況における感情に気づき、考えや対人関係が感情に及ぼす影響を俯瞰して捉え、状況に応じながら考えや行動を調整する感情のメタ認知を機能的にする、②感情の言語化を通して肯定的な感情を促進し、客観的に感情を見つめて整理する力をつけ知識の再体制化につなげるといったことです（原田・渡辺，2011）。これにより、SELの考え方を取り入れたSSTが可能となり、不適切な社会的圧力や問題・葛藤を乗り越えるために建設的な選択と決定、それに基づく主張や行動ができるようになります。そこで、気持ちを可視化して感情知能を育てるという感情に焦点化したSSTの工夫として、キャセルのSELプログラムの1つであるイェール大学の感情知能センター（Yale Center for Emotional Intelligence）のルーラー（RULER）というプログラム（渡辺，2019）があります。ルーラーは、自分と他者の感情に気づく（Recognizing、認知）、表出された感情を理解する（Understanding、理解）、感情を正確に分類する（Labeling、識別）、適切に表現する（Expressing、表現）、効果的に調整する（Regulating、調整）といった、こころの知能指数の5つのスキルの頭字語で、これら5つのスキルを育むことで感情知能だけでなく、心身の健康、意思決定、学業成績などが向上するとされています（Yale Center for Emotional Intelligence，2022）。このルーラーの考え方に基づいて作成された代表的な教材に、ムードメーター（Mood Meter）とメタ・モーメント（Meta Moment）があります（渡辺，2019）。

ムードメーターは、感情を4つのゾーンに分けて可視化し、感情の心地よさを快から不快の横軸と、感情のエネルギーを高から低の縦軸を組み合わせて感情を捉えます。図4-3-1は感情の言葉が加えられた、日本の子どもたちが使用できるように修正し実際に使用されたものです。不快な高い感情エネルギーを左上（赤色）、不快な低い感情エネルギーを左下（青）、心地よい高いエネルギーを右上（黄）、心地よい低い感情エネルギーを右下（緑）とした4つのゾーンに分けて表現されています。今感じている気持ちを確認したり、時間の経過とともに変化することに気づいたり、同じ言葉でも自分と他人では感情のエネルギーに差があり気持ちや感じ方に違いがあることに気づくことができます。また、普段使っている言葉はどの感情のゾーンに多くあるかといった自分の感情の癖に気づく、感情に関する語彙を増やす機会にする、自分の感情に当てはまる感情の言葉を探しあてるといったことにも役立てることができます。

メタ・モーメントは、感情をマネジメントするスキルを学ぶことを目的としています。図4-3-2は、感情のマネジメントのプロセスを6段階で示したものです。日本の子どもたちに親しみを持ってもらえるようにキャラクターを作成

高いエネルギー（5〜0）／低いエネルギー（0〜-5）

激昂	うろたえる	ストレスが強い	神経質	衝動的	驚いている	陽気	お祭り気分	うきうきする	有頂天
激怒	青ざめる	落胆した	張り詰めた	あ然とする	興奮状態	愉快	やる気がある	触発された	大喜び
怒りで爆発する	怯える	怒り	神経が高ぶる	落ち着かない	精力的	生き生きした	興奮した	楽観的	熱狂的
気が気でない・緊張	危惧する	心配する	うわついた	いらいらする	喜び・嬉しい	集中	幸せ・幸福	誇りに思う	（興奮で）ぞくぞくする
嫌悪感を抱く	当惑する・困る	憂慮する	そわそわする	もどかしい	快適	楽しい	希望に満ちた	遊び心のある	至福
うんざりした	ふさぎこむ	期待を裏切られた	落ち込む・落胆	無感情	気楽	のんびり	満足している	愛嬌のある	充実している
悲観的	不機嫌	気を落とす	悲しい	つまらない	穏やか	安心している	満ち足りている	ありがたい	感動する
疎外される	悲惨	孤独	がっかりする	うんざりする	リラックスしている	ゆっくりする	心が休まる	恵まれている	安定している
しょげ返った	意気消沈	陰気	疲労困憊	倦怠感	落ち着いている	思いにふける	安らかな	心地よい	のんき
絶望	望みがない	みじめ	失望する	疲れ切っている	眠たい	無関心	冷静	くつろいでいる	平穏

縦軸：5　4　3　2　1　0　-1　-2　-3　-4　-5

横軸：-5　-4　-3　-2　-1　0　1　2　3　4　5

低い心地よさ（-5〜0）／高い心地よさ（0〜5）

図 4-3-1　渡辺（2019）を参考に修正されたムードメーター

図 4-3-2　メタ・モーメント

し授業で使用しました。

そのプロセスは、児童生徒がある事態に遭遇したときに（1. Something happens）、身体全体で強く感じることはあるけれども（2. Sense）、それに思うままにもてあそばれて振り回されずにいったん立ち止まり（3. Stop）、自分のヒーローのイメージを思い出し（4. See your best self）、ロールモデルを目指して問題解決を冷静に行い（5. Strategies）、目標を達成しよう（6. Succeed!）、という流れです。このように問題解決のための感情のマネジメントのモデルを与えて、自分の気持ちを俯瞰して捉えることができるようにします。そして、感情が揺さぶられる事態になった時に対応できる準備をします。

(2) プログラムの実践

1）学校教育目標と教育活動への展開

ソーシャルスキルの育成は学校教育活動の基盤となることから、学校でSSTを実施するとき、学校教育目標や学校長が考える学校運営方針ともすり合わせ、学校や学年で実施する意義を教職員で共有します。そして、教育課程に位置づけ、各教科や道徳の授業、総合的な学習（探究）の時間、特別活動や、キャリア教育、生徒指導・教育相談でカリキュラムマネジメントの視点をおさえて、学校教育目標やねらいに応じてSSTを展開します。

2）組織体制づくり

SSTによる教育実践の質の向上のためには、組織体制づくりが重要です。同時に、学校長がリーダーシップを発揮し、実践を可能とする資源（人材・予算・物・時間・情報）の確保、SSTの実施に対するPDCAサイクルの確立や教員研修といった環境調整が求められます。研修は、講師を招いて全体で行う研修から、授業前後の打ち合わせや振り返り、模擬授業、授業参観（ピア・レビュー）、実践の録画視聴などを組み合わせて行うとより効果的になります。また、コーディネーターの教員は、授業計画や指導案およびワークシートなどの教材準備、運営における細やかな配慮と実施後のスキルの定着に向けたフォローアップを教職員と協働し、家庭との連携による般化についても推進していきます。このような協働体制を構築した後は、誰がコーディネーターをしてもよいようにマニュアルの作成や引継ぎをすることで、教員の異動や担当者の変更があってもその学校独自の実践は引き継がれていくことになります。

3）アセスメント

SSTの実施におけるアセスメントは、教師や親、生徒によるソーシャルスキルの質問紙や生徒のソーシャルスキルの観察などによる評定に加えて、様々なアウトカム（欠席・遅刻・早退、問題行動、保健室の利用回数、成績など）を組み合わせて評価します。これにより、プログラム内容の修正や改善だけでなく、学校、学年、学級および個人の支援につなげることが可能になります。

4）学びを促す評価

生徒が自らの評価と教員による評価の違いを知ることで、学習目標が達成できている部分とそうでない部分を具体的に把握できます。そのため、生徒がルーブリック項目をもとに自らの活動を反省的に振り返ることは、学習を次のステップへとつなげていくためのきっかけになります。表4-3-1は、高校の先生方と検討し作成して使用した聴くスキルのルーブリック項目です。

客観的で、しかも一貫性のある評価基準を作成することは、教師自身の評価基準も明確になります。当該校種の目の前の集団の生徒達が身につけるスキルを、例えば単元全体の見通しを立てる中でルーブリック項目を作成し、評価基準が確かなものとなれば、おのずと単元のねらいも具体性を増していきます。そのように分かりやすくクリアなねらいを設定することができると、そのねらいの実現に向けて最適な授業設計を行うことができるようになります。ブレない「ものさし」を作ることができると、生徒の学習意欲や学習レベルを簡単に把握できるようになります。また、それにより、生徒への助言もしやすくなり、支援のポイントもはっきりしてきます。低いレベルにいる生徒には積極的なケ

表 4-3-1　聴くスキルのルーブリック項目の例

評価項目	5	4	3	2	1
会話内容の理解度	長く複雑な内容でも、要点を理解することができた。	内容を理解することができた。（説明できる）	内容をだいたい理解できた。（細かい点までは説明できない）	なんとなく内容を理解した。（説明できない）	要点をつかむことができなかった。
話し手に対する共感	周囲が少々騒がしくても相手の話に集中できた。はっきり言われなくても、雰囲気（声の調子・表情）から察し、相手の立場で物事を考えることができた。	相手の話に集中し、はっきり言われなくても、雰囲気（声の調子・表情）から察することができた。	相手の話に集中し、はっきり言われなくても、雰囲気（声の調子・表情）からなんとなく察することができた。	相手の話に集中したが、はっきり言われないと察しにくいと感じた。	相手の話に集中できなかった。
会話への言語的応答	話の内容をまとめて、相手に確認することができた。適宜感想や意見を言うことができた。	相手に質問することができた。適宜感想や意見を言うことができた。	聴きたいことがあっても相手に質問しなかったが、感想や意見を言うことはできた。	聴き役に徹し、質問などはできなかった。	相手の話に興味を持つことができなかった。
姿勢・アイコンタクト	体・目線を相手に向け、前のめりで話を聴くことができた。	体・目線を相手に向けて聴くことができた。	体・目線を相手に向けるが、途中で作業をしてしまった。	体は向けるが、目を見ることはできず、少し相手と距離を取ろうとしてしまった。	相手に体を向けたり、目を合わせることができなかった。
うなずき・あいづち、遮らずに聴く	相手の話にあわせてうなずくだけでなく、首をかしげたりして、聴いていることがはっきりわかるようにした。遮らずに話を聴けた。	相手の話にあわせてうなずくことができた。遮らずに話を聴けた。	作業したまま話を聴いたが、相手の話にあわせてうなずくことができた。遮らずに話を聴けた。	作業したまま話を聴いてしまった。相手の話にあわせてうなずくことはできたが、時々話を遮ってしまった。	作業を続けてしまい、うなずき返すことができなかった。

アを行うことも可能になります。

5）具体的な実践

このプログラムを行った道徳の授業で行ったSSTにおける「怒りの感情のコントロール」の回について紹介します（原田・渡辺，2021）。インストラクションでは、学校に来てから授業を受けるまでにどのような気持ちが生じたかをムードメーターで共有し、一日の中でも様々な感情があり、またネガティブな感情は誰もが持つため否定されるものではなく、ポジティブな感情とどちらも大事な感情であることを確認します。そして、怒りの感情を取り上げ、怒りにのまれると本来の自分ではない言動や攻撃など不適応な行動を生じやすいため、感情をコントロールして適切な対応ができればよい関係が維持できると説明し、そのためにスキルを身につけて対人関係に役立てようと生徒の動機づけを高めます。次に、生じた怒りの裏側にある悲しみ、むかつき、嫉妬、期待など、複雑に入り混じった感情があることをムードメーターで気づきを促し、感情をコントロールすることが大切であると説明します。そして、怒りを感じやすい事例を教師がモデルとなって見せ、生じた感情をムードメーターで示し、メタ・モーメントの教材を使って感情のマネジメント方法のロールモデルを示します。教師がモデルとなって具体例を示すモデリングを行うことにより、生徒はその例を参考に自分自身の怒りの経験を振り返り、その時の怒りの感情を把握しながらムードメーターで自分の言動や感情の傾向を知り、どのように修正するとより適切な感情のコントロールができるかについて考え、その後、班のメンバーで伝え合うリハーサルを行います。最後に、教師はリハーサルでの気づきやスキルのポイントをフィードバックし、学んだスキルを繰り返し練習するようホームワークを促します。

(3) プログラムの成果と今後の課題

このプログラムを実施した原田・渡辺（2021）では、ソーシャルスキルとレジリエンスで統計的に有意な効果は学年全体にみられませんでしたが、学級によっては、ソーシャルスキルやレジリエンスの得点が上昇しました。また、不登校傾向にある生徒は、欠席・遅刻・早退が減少し、学校生活に改善の兆しがみられ、個に応じた支援につなげることができました。以上から、怒りといった感情をスキルにするときは、①生徒が今、何に怒りを感じ、どんな力を身につけたいと思っているのかを把握すること、また、②怒りを感じる場面を生徒の実態にあわせたモデリングやロールプレイをすること、③感情の気づきとコントロールの2回に分けてプログラムを実施すること、④実施後の学んだスキルの定着に向けた支援とフォローアップ効果の測定といった工夫に加え、SSTの継続に向けた校内組織とコーディネーターの教員の育成が重要になることが示されました。

みらいグロース

●渡辺弥生

(1) プログラムの特徴

1) 日本の学習指導要領を基盤

みらいグロースは、2020 年の学習指導要領で登場したアクティブ・ラーニングや、主体的で対話的で深い学びを目指す教育を意識しています。「生きる力」の下支えになる基礎力や思考力、さらには実践力を育てることを実現するため、SEL を中核に据えたプログラムです。

2) 三位一体のトレーニング構造

みらいグロースは、SEL の 5 つのコアとなるコンピテンスを育てることを念頭に置いています（図 4-4-1）。三位一体とは、例えればサンドイッチ型の学びの構造を意味しています。SEL を真ん中に据えており、挟む側の前半に , マインドフルネスの理論をベースに置き、注意力や落ち着く心を育てることを狙いとしました。まずは、学びの入り口を前にして、落ち着き、注意や関心を向けるという構えを育てることが大切だと考えたからです。そして、挟む側の後半に , アカデミックな学びにつなげていくことができるよう、考えるトレーニングを持ってきています。このように SEL の定義である種々のスキルを応用す

図 4-4-1　三位一体トレーニングの構造

るプロセスとして、学んだ社会性や感情のコンピテンスを学びへと結びつけ、実際の日常生活に活用できるよう工夫されています。

2）ICTを用いたオンライン型のデジタル教材

みらいグロースは「いつでも」「どこでも」「誰もが」取り組めるプログラムの一つのあり方を考えています。自宅でも、学校でも、例えば学童などでも、タブレットで動画を基本にした学びのシステムがこれからは必要だと考えました。現在は、小学校低学年から4年生を対象にしていますが，2年生以上は基本的に一人でも可能な言葉遣い、表現、理解度に応じた内容になっています。もちろん、1年生は特にですが、どの学年も家庭の中では保護者の方が，学校や学童では先生や仲間と一緒に考えながらできれば理想的だと思います。

3）標準基本単位

3ヶ月から1年間の中で繰り返し無理なく実施できるようなカリキュラムが考えられています。学びの過程で「わからない」場合には、繰り返し内容を見ることができるようになっています。動画を見て、それを応用できるようにPDF でダウンロードしたマイシートが各レッスンに含まれています。学びへの意欲を高め、維持できるようキーワードクイズにチャレンジするよう工夫しています。さらには、子どもたち自身が、またそばにいる大人が個々の子どもの主観的な学びの達成度や気持ちを理解できるように、「今の気持ちチェック」を4段階評定で尋ねています。

4）子どもが感情移入しやすい複数のキャラクター

図 4-4-2 にありますように、子どもたちの知的好奇心をくすぐり、学びの意欲を喚起し、維持できるようユニークなキャラクターを登場させています。学びの扉を開け、学びへの道に誘う颯爽としたミライオン（未来と動物の王者ライオンをかけています）。対象となる年齢では自発的に難しい気づきを与えるために、「アッハー」と気づきを喚起する「ココロッチ」。そして、子どもたちが感情移入しながら一緒に学びを伴走してくれる、穏やかでじっくり考える「シノベエ」と、対照的に心配性でドギマギする「ケロッチャ」が随所に登場してきます。

5）心理学的観点をツールで理解させる

同様に図 4-4-2 に描かれていますが、3つのツールを活用して、発達段階を向上させることが意図されています。SEL のコアとなる5つのコンピテンス（自己理解、セルフマネジメント、対人スキル、社会や他者理解、責任感・意思決定）の力をアップグレードするために、心理学の知見を活用したツールです。それぞれについて説明しましょう。

・ズームスコープ：自分の気持ちや他人の気持ちを理解するために、仕草や表

図 4-4-2　キャラクターとツール

情など人の動きに注意を促します。

・メタドローン：発達的には、小学校４年生に向けて「メタ認知」の力が育って行きます。自分を客観的に俯瞰する力のことを指しますが、自分自身をモニターするモニタリングの力と、モニターして改善すべきところを実行していくコントロールの視点に気づかせます。例えば、「あ、まだ自分はお友達のこんなところに気づいていない（モニタリング）」「だから、友達の表情をきちんと見て話そう（コントロール）」といった洞察を導きます。

・ダーレミラー：自分の気持ちが見えるミラーです。時には、心の中に「嬉しい」とか「悲しい」とか気持ちが一つだけあるのではなく、嬉しいけれど不安と言ったポジティブとネガティブな気持ちが入り混じっていることに気づかせていきます。ただ、こうした力は、放っておけば獲得できるというよりは、むしろそうした力を持てるように「足場かけ」を必要とします。こうした自分の心にある複数の気持ちに気づかせたり、受け止められるように注意や関心を喚起するツールです。

(2) レッスンの構成

1) レッスンの内容と順序

各レッスンの構造は先にも述べたようにまずは、落ち着いて集中できるようにマインドフルネスのエビデンスを基にした「集中パワートレーニング」、そして、SEL のトレーニングができるよう「感情パワートレーニング」、最後に学びへとつなげる「考えるパワートレーニング」の三位一体となっています（図 4-4-3）。3 つにおいても、つなぎのところは、休憩できるようになっていま

みらいグロース　レッスンの内容

トレーニングは、キャラクター達のアニメーションで進行していきます。
マイページでは、トレーニングの進行状況を簡単に知ることができ、レッスンを繰り返すこともできます。

レッスン	トレーニング	テーマ	動画再生時間（約）
レッスン 1	集中パワートレーニング	じっくり味わって食べる	10 分 20 秒
	感情パワートレーニング	気持ちについて考える	16 分 40 秒
	考えるパワートレーニング	うまく説明する	9 分 40 秒
レッスン 2	集中パワートレーニング	呼吸をゆったりと感じてみる	7 分 20 秒
	感情パワートレーニング	気持ちを表すことば	19 分 20 秒
	考えるパワートレーニング	きみのできるところを見つけて自信をもとう	8 分 40 秒
レッスン 3	集中パワートレーニング	音に注意を向ける	10 分
	感情パワートレーニング	気持ちは変わる	17 分 40 秒
	考えるパワートレーニング	そうぞうする力を育てる	9 分 30 秒
レッスン 4	集中パワートレーニング	ココロとカラダはつながっている	10 分 40 秒
	感情パワートレーニング	しあわせな気持ち（ハッピー）を感じる	13 分 20 秒
	考えるパワートレーニング	応用力を育てる	10 分

図 4-4-3　レッスンの構造と順序

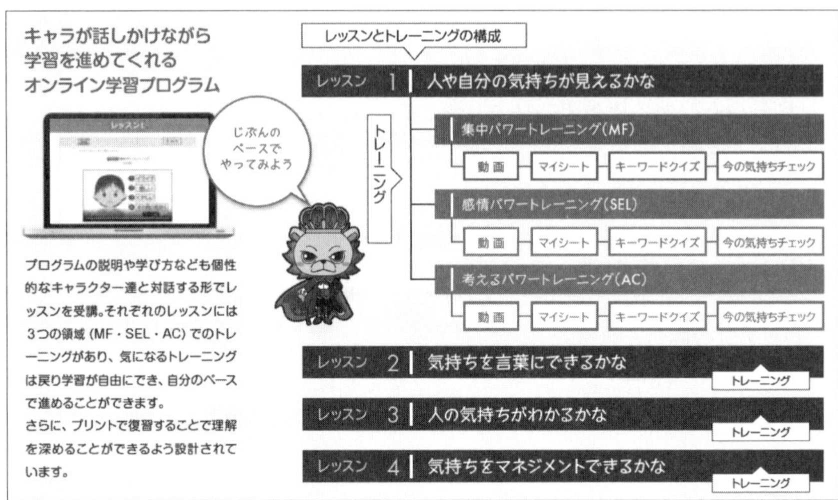

図 4-4-4　レッスンとトレーニングの構成

す。各トレーニングの中でも随時休憩することができます。

レッスン1から4まで4つありますが、前のレッスンをふまえて、学びが深まるような順序に配列しています。進行は、先に述べたキャラクターたちが、アニメーションで進行していきます（図4-4-4）。

2）日常生活への応用

動画を見て、選択肢に応えるだけでは生活への応用面が期待されないことから、各レッスンに図4-4-5のような「マイシート」という書かせる教材を作成しています。プログラムの動画を見て，学んだあとは，このシートにチャレンジして，さらにスキルを定着させることを目指しています。

(3) アセスメントによる効果の検証

これまでのプログラムは、心理的なアセスメントがないものや、アセスメン

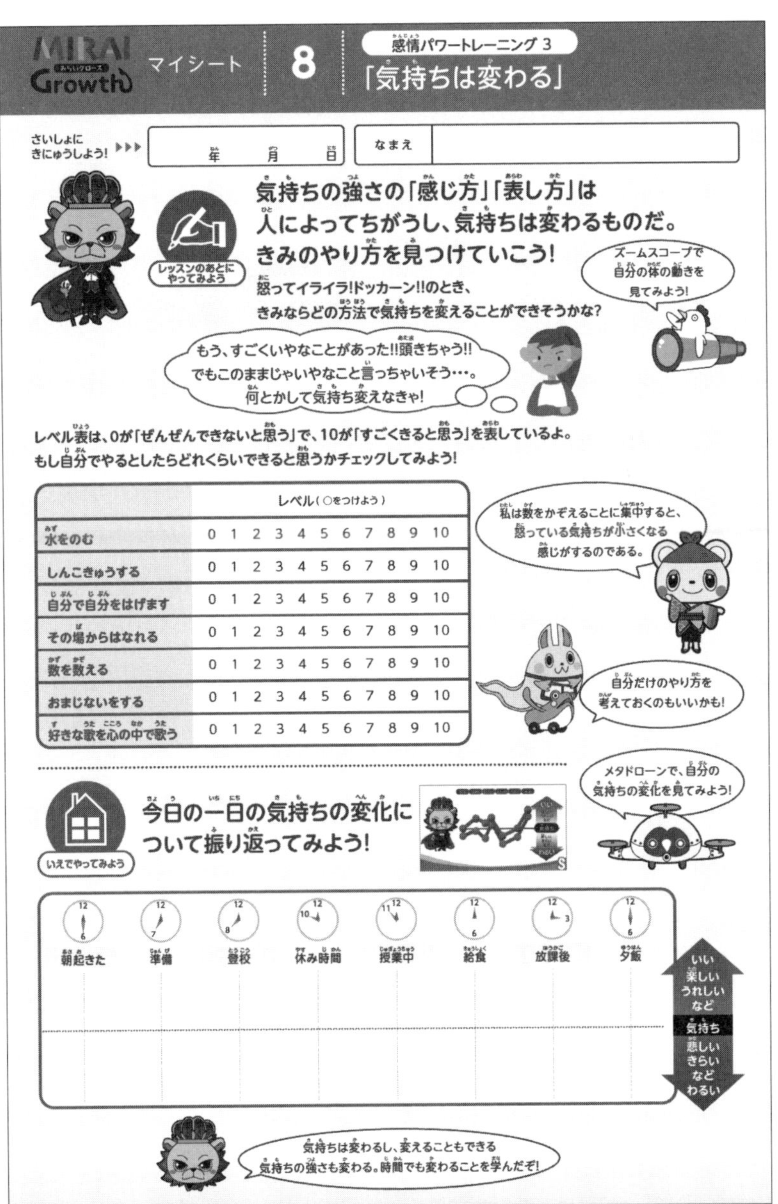

MIRAI Growth みらいグロース　マイシート　8　感情パワートレーニング 3　「気持ちは変わる」

さいしょに きにゅうしよう!　年　月　日　なまえ

レッスンのあとにやってみよう

気持ちの強さの「感じ方」「表し方」は人によってちがうし、気持ちは変わるものだ。きみのやり方を見つけていこう!

怒ってイライラ!ドッカーン!!のとき、
きみならどの方法で気持ちを変えることができそうかな?

レベル表は、0が「ぜんぜんできないと思う」で、10が「すごくきると思う」を表しているよ。
もし自分でやるとしたらどれくらいできると思うかチェックしてみよう!

	レベル（○をつけよう）
水をのむ	0 1 2 3 4 5 6 7 8 9 10
しんこきゅうする	0 1 2 3 4 5 6 7 8 9 10
自分で自分をはげます	0 1 2 3 4 5 6 7 8 9 10
その場からはなれる	0 1 2 3 4 5 6 7 8 9 10
数を数える	0 1 2 3 4 5 6 7 8 9 10
おまじないをする	0 1 2 3 4 5 6 7 8 9 10
好きな歌を心の中で歌う	0 1 2 3 4 5 6 7 8 9 10

いえでやってみよう

今日の一日の気持ちの変化について振り返ってみよう!

朝起きた	準備	登校	休み時間	授業中	給食	放課後	夕飯

図 4-4-5　マイシートの例

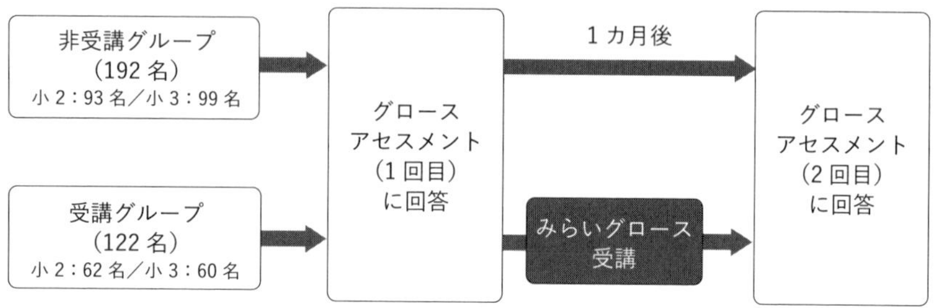

図 4-4-6　効果を検証

トによって受講していないグループとの比較をしていない研究が少なくありません。このプログラムは、プログラム自体の効果を明らかにするために、トレーニング前とトレーニングの後で学習の変化があったかどうかを非受講グループと比較しています（図 4-4-6）。

アセスメントの内容は、「長所と短所についての自覚」「感情の気づき」「感情のマネジメント」「目標のマネジメント」「学びの環境」「社会的気づき」「関係のスキル」「責任のある意思決定」の内容を含んでいる 24 項目から構成されています。図のように、プログラムの受講グループと非受講グループで 1 回目の得点と 2 回目の得点を比較しました。

その結果、「長所と短所についての自覚」においては、受講群において得点が高まったことが明らかになりました。他の効果についても検討中です。

このように、動画を見ながら自分だけでも SEL をタブレットなどを使って学習するプログラムは今後様々な場面で活用していくことができるでしょう。自分だけでもできますが、理想的には、保護者や教師などの大人が、一緒にコミュニケーションしながら学んでいくと、より楽しく、さらに生活に応用できる学びが深まると考えています（日本文化教育推進機構の研究会組織であるみらいグロース［mirai-growth.jp］で開発・監修しています）。

セカンドステップ

●宮﨑　昭

(1) セカンドステップとは

セカンドステップの起源は、アメリカの NPO 法人 CfC（Committee for Children）が 1985 年に開発した暴力防止プログラムです。2001 年には、アメリカの教育省から最優秀のプログラムとして表彰されています。そして、2011 年に社会性と情動の学習を促進するプログラムとして大きな改訂が行われました。2022 年現在、アメリカ以外にもオーストラリア、ブラジル、中国、フィンランド、ドイツ、リトアニア、メキシコ、ノルウェー、パナマ、スロバキア、トルコ、日本で翻訳されて使われています。日本では、NPO 法人日本こどものための委員会がライセンスを得て、プログラムの翻訳販売と研修を行っています。

プログラムの内容は、図 4-5-1 のように「学びのスキル」「共感」「情動の扱い」「問題の解決」の 4 つの章が系統的に構成されています。教材の「概要カード」でそれぞれの内容の全体像を把握することができます。

日本のプログラム構成は、幼児用のコース 0（28 レッスン）から中学生向けのコース 5（22 レッスン）まで、発達段階ごとのコースがあります。セカンドステッププログラムコース 1 の教材は図 4-5-2 のセットで販売されています。毎回のレッスンに使う「レッスンカード」、指導者のための「指導の手引き」、

図 4-5-1　系統的なセカンドステッププログラムの構成
（セカンドステップ研修会資料より許可を得て引用）

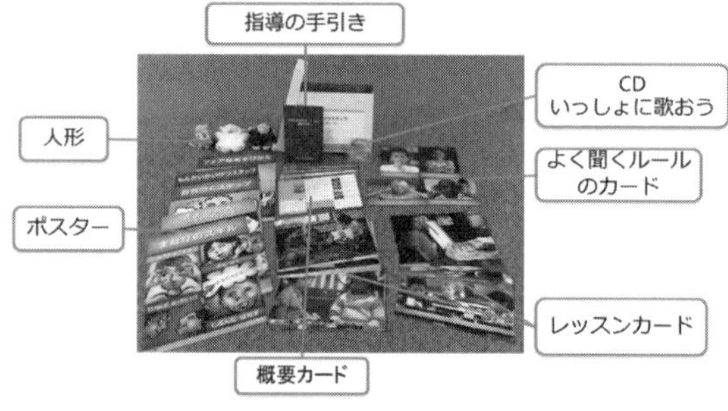

図 4-5-2　セカンドステッププログラムコース 1 の教材
（セカンドステップ研修会資料より許可を得て引用）

補助教材の音楽CD「いっしょに歌おう」、人形劇で使う「人形」、「よく聞くルールのカード」、「ポスター」などが1つの箱に入っています。指導の手引きには、保護者向けのお知らせのひな型も入っています。このセットがあれば、すぐに指導を始められるようになっています。

1回のレッスンの時間はコースや対象者によっても異なりますが30分ほどです。ウォーミングアップ、レッスンカードを使ったお話とディスカッション、スキルの練習、まとめの流れで行います。

セカンドステップの指導を始めるためには研修が必要です。日本こどものための委員会が数カ月ごとにセカンドステッププログラムの内容と指導の仕方を学ぶ研修会を開催しています。2021年からは、ご自宅から受講できるオンライン研修も実施されています。詳しくは日本こどものための委員会のホームページ（http://www.cfc-j.org/）をご覧ください。

(2) セカンドステッププログラムが大切にしていること

1) 学習の基礎となる「学びのスキル」が入っている

「頭の体操」として、指導者に注意を向けて見たり話を聞たりするスキル、ゲーム中に何をするか言葉や動作を覚えておいて使うワーキングメモリのトレーニング、いつどのような動きをしていつ止まるかコントロールする自己抑制力を学ぶなどのレッスンがあります。また、「よく聞くルール」を覚えて、「目でみる」「耳できく」「口はしずかに」「からだは落ち着く」スキルを動作で覚えます。ほかに、人形劇や歌やポスターが用意されています。

2) 情動に関する「共感」と「情動の扱い」のレッスンが充実している

アメリカの学校でセカンドステッププログラムが選ばれる理由の 1 つが、“情動（感情と意図）に関するレッスンが充実しているから”です。

「共感」は、自分の気持ちを表現し、相手の気持ちに共感して、お互いに理解し合い思いやりのある関係をつくることをねらいとして、6 つのレッスンがあります。セカンドステップでは、うれしい、悲しい、怒った、怖い、いやだなどの情動をよい・わるいと価値判断しないでどんな情動も大切にします。どなる、殴るなどの行動をしなければ、怒りの感情自体は自然な感情なのです。

相手の気持ちを理解するのに、笑っている子どものレッスンカード（図 4-5-3）を見て表情や身体の動きを観察して気持ちを推測するレッスンがあります。

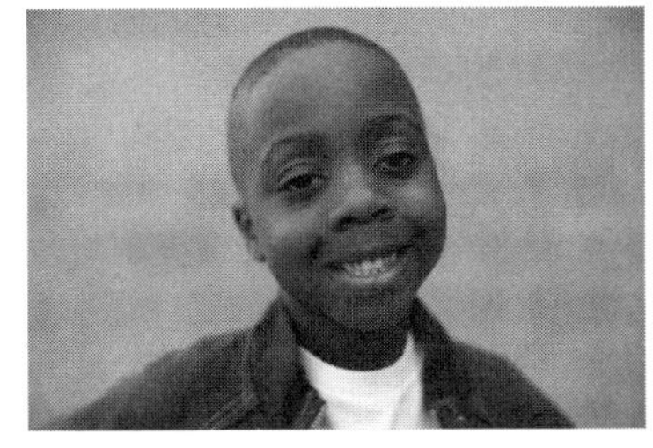

図 4-5-3　コース 1 第 6 週気持ち I－A のレッスンカード（表）
（セカンドステップ教材より許可を得て引用）

子どもたちは「うれしい」「たのしい」などと答えます。この時に「本当に悲しい時はこうなる」と答える子どもがいても「そうかもしれませんね」と否定しない応答をします。子どもたち一人ひとりのどのような感じ方も大切にします。笑っている子どもが本当はどんな気持ちなのかは「本人に聞いてみないとわからない」からです。誰でも気持ちを推測した結果が相手の気持ちと同じ場合もありますし違う場合もあります。推測が違っていたらいけないわけではありません。「相手に確かめてみる」ことが大切なのです。

相手の気持ちを推測するには、まず自分の様々な気持ちに気づくことが大切です。「自分の気持ちが分からない人が相手の気持ちが分かる」のは難しいでしょう。レッスンでは、「プレゼントをもらった」「高い所に登った」などのレッスンカードを使ってロールプレイングを行います。その時にどんな身体の感じになるのか気づいて気持ちに名前をつけます。同じ状況であっても、子どもたち一人一人に違った気持ちが起こることも学びます。また、感情だけでなく、「うっかり」と「わざと」という「意図」に関する学習も行います。「情動」という言葉を使うのはこのためです。

「情動の扱い」では、自分自身の我慢できない感情を認識し、それをうまく扱う力をつけます。我慢できない感情というのは、感情に振り回されて、すぐにどなったり、八つ当たりしたり、飛び出したり、固まったりしてしまう状態のことです。レッスンでは、具体的な怒りやイライラや失望や落胆などのレッスンカードで、その時の自分の身体の感じに気づくことから始めます。その上で、落ちつくステップ（お腹に手を当てる、「とまれ」と言う、自分の気持ちを言葉で言う、お腹で深呼吸する）のスキル練習をします。

3）個別の問題に対する解決策を教えるのではなく、どんな問題にも使える問題解決の手順を教える

「問題の解決」では、安全でフェアな方法で問題解決のスキルを学び、良好な人間関係を築くスキルを身につけます。そのためには、問題に直面してすぐに行動しないために、まず情動の扱いで学んだ「落ち着くステップ」を復習します。そして、自分の気持ちや意図、相手の気持ちや意図、自分と相手を取り巻く周りの人々の気持ちや意図を考えます。状況分析です。その上で、自分はどうしたいのかという問題解決の目的を考えます。解決方法としては、世界中

で最もよく使われているブレーンストーミングを学びます。解決のためのアイデアをたくさん出すことを大切にして、望ましくないと思われるアイデアも批判しないで質よりも量を求めて自由奔放に発想します。その後で、たくさんのアイデアの中から安全でフェアな解決方法を選び、さらにどんな姿勢や言葉で実行するかロールプレイングでやってみます。その結果、うまく解決できなかったときに次にどうするか練習します。これは、失敗した後の回復（レジリエンス）の学習となっています。日本のセカンドステッププログラムでは、これらのプロセスを 1 枚にまとめた「問題解決シート」が用意されています。

(3) セカンドステッププログラムの効果

1) 子どもたちの変化

セカンドステップは多くの科学的な実証研究において、社会性と情動の学習に効果が認められたプログラムです。スモルコウスキーら（Smolkowski et al., 2019）の 2 年間のランダム化比較試験の研究では、セカンドステップを学んだ幼稚園から小学 2 年生は、社会性と情動のスキルが向上し問題行動が減少しています。

日本では、品川区が 2017 年から「市民科」という教科を新設して、すべての小学校の 1 年生と 2 年生にセカンドステップを導入しました。最初に導入した小学校 3 校とまだ導入していなかった小学校 3 校の 1 年 6 カ月間の反社会的行動の変化を調べました。その結果は、図 4-5-4 のようにセカンドステッ

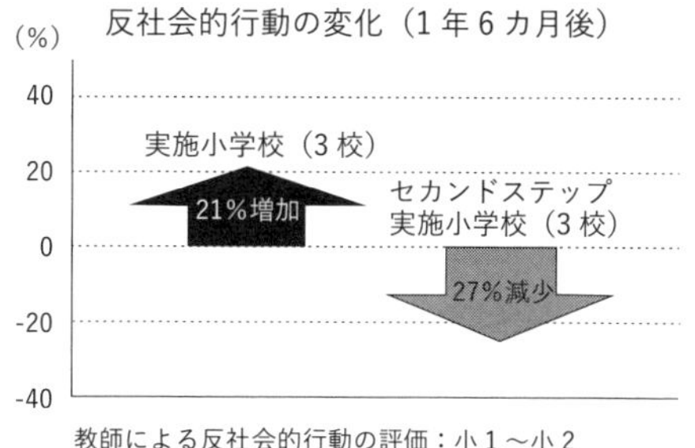

図 4-5-4　教師による反社会的行動の評価の変化
（宮﨑，2008）

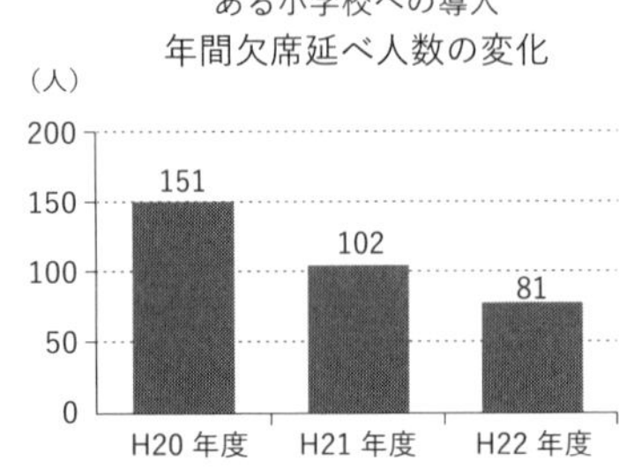

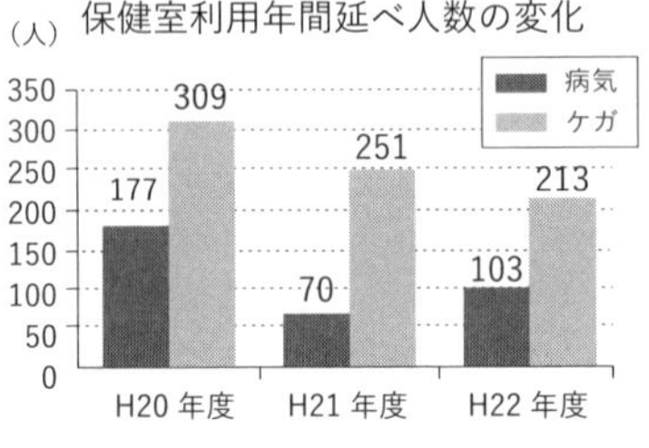

図 4-5-5　年間欠席と保健室利用の年間延べ人数の変化
（宮﨑，2011）

プ実施小学校では子どもたちの反社会的行動の評価が27%減少しました。一方、未実施小学校では21%増加していました。

これらの研究は、教師が子どもたちの状態を観察して質問紙で回答した評価を集計したものです。子どもたちの学校生活の変化という意味では、宮﨑（2011）は、平成21年度より2年間のセカンドステッププログラムを学校全体で取り入れた介入期間の効果として、図4-5-5に示すように、子どもたちの年間延べ欠席人数が減少し、保健室利用年間延べ人数が減少したなどの成果を示しています。学校での実践研究においては、こうした子どもたちの学校での活動や生活の様子を評価する効果検証が大切になると考えられます。

また、子どもたち自身が「自分で変わったと思うこと」を記述してもらったところ、次のような記述がみられました。

○貸してもらった時「ありがとう」ということが多くなったし、言ってもらうことが増えた。
○友だちが前より優しくなった。あまり、悪口など人がいやがる言葉を言わなくなった。
○これをやったらどうなるか、考えるようになった。悩むようになった。
○前より自分の気持ちを伝えられるようになった。

○先生を呼ばなくても、みんなで落ち着いて問題を解決できるようになった。

セカンドステップの効果は、学齢前の幼児の保育や教育に取り入れた研究でも認められています（金山，2014）。ほかにも、発達障害生徒や知的障害児や児童養護施設の児童に対して、それぞれの特性への配慮を加えた実践で成果が得られています（秋山ら，2004；宮﨑，2012；宮﨑ら，2013）。

2）経済効果

経済学者であるベルフィールドら（Belfield et al. 2015）は、セカンドステップの効果研究の文献からその経済的な効果を算出しています。セカンドステップの 1 年間の 25 回の授業でかかる経費は、教員の人件費も含めて児童 1 人あたり約 5 万円と算出されています。一方、その効果による攻撃性の低下によって、児童 1 人あたりの 1 年間の経済利益は約 35 万円あります。児童 1 人に対する 1 年間の純経済効果は約 30 万円です。1 クラス 35 人であれば、1 年間に 1,050 万円の純経済効果が見込まれます。

6

レジリエンス包括プログラム（レジりんプログラム）

●小林朋子

(1) レジリエンスが求められる時代に

地震や水害など大きな災害が頻発し、無差別に人を襲う殺人事件、そしてグルーバル化により加速した感染症の拡大、戦争やテロなど、少し前の時代では想像もできませんでした。現代の大人が経験したことがないことが頻発し、今の子どもたちの未来にどのようなことが待ち受けているのかわからない、そうした時代を生きる子どもたちのために、私たち大人は何ができるのかを迫られていると言えます。こうした背景もあり、レジリエンスが注目されるようになってきています。レジリエンスは「精神的回復力」などと訳され、その定義は「機能や発達に対する重大な脅威があった場合に、うまく適応する能力、プロセス、または結果」（Masten et al., 1990）、「重大な逆境やトラウマの経験にもかかわらず、個人が積極的な適応を示すダイナミックなプロセス」（Luthar & Cicchetti, 2000）などとされています。レジリエンスは、災害や人間関係などの様々な逆境などを経験して、落ち込んだり、メンタルヘルスの問題を抱えても、そこから回復していく過程を指しています。この過程の中では、逆境などのリスクが存在する時でもポジティブな適応に導く「保護因子」があり、「自己制御」や「大人との肯定的な関係」など様々な因子が指摘されています。様々なレジリエンスプログラムでは、このレジリエンスの保護因子を学ぶことが内容に取り入れられています。

(2) 相互作用によりレジリエンスを育む

他国と比べて日本の学校現場は多忙であることが知られています。「子どもたちのために SEL は必要……でもそれがわかっていても、余裕がない状況で新しい試みに挑戦する余裕がない……」、そんな先生方の声をよく耳にします。レジリエンスは何か特別なプログラムをやらなければ身につけられないわけではありません。子どものレジリエンスを強化するための実践は、子どもたちが日常生活を送る自然の文脈に最もよく溶け込んでいると言われています (Masten, 2011)。そのため、授業プログラムだけでなく、学校のカリキュラムや普段の教師の関わりなど日常行われている学校教育活動もレジリエンスを促進する枠組みの中に入れていく必要があります。図 4-6-1 は、日本の学校で子どもたちのレジリエンスを促進するための枠組みを示したものです。「教育活動型」ではカリキュラム、そして学級経営や教師の関わり、など学校教育活動の中でレジリエンスを育てていく内容です。「授業プログラム型」は、プログラムによるアプローチで、子どもたちに直接、レジリエンスの保護因子に関係する知識やスキルの獲得につながる学びを提供していきます。重要なのは、学校教育活動とプログラムの「相互作用」により、レジリエンスが促進されるという考え方です。授業によるプログラムで学んだ内容を教育活動に活かしていくこの相互作用によって、プログラムの内容が維持・般化さ

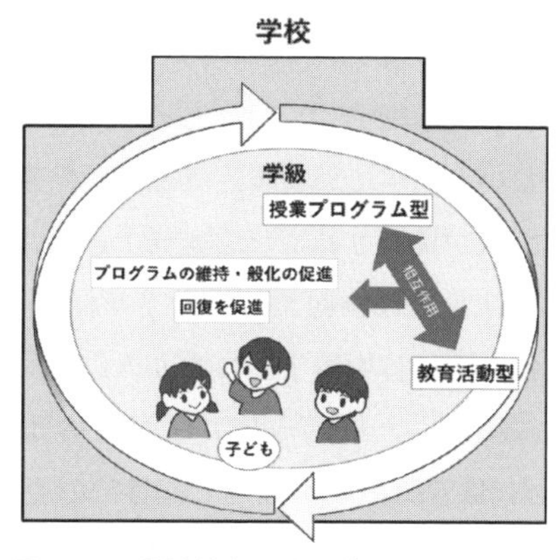

図 4-6-1　学校教育活動とプログラムの相互作用を活かしたモデル

れ、レジリエンスの育成が促進されると考えられます。

(3) 日本の学校になじむレジリエンス包括プログラムの実際

1) 教育活動をモデルに沿って組み立ててみる

先述したように、レジリエンスの育成は日常生活の中に溶け込んでいるとありました。しかし、「そう言われても、教育活動の中で何をどうしたらいいのか？」という疑問は残ります。日本の学校文化になじむ形で、プログラムと日常の教育活動をつなげるモデルがあると先生方にとって具体的にイメージしやすくなります。そのため、日本の学校文化になじみやすく、さらに学校や教師が日常的に取り組んでいることを活かし、主体的に取り組みやすい枠組みが必要です。そこで、筆者は戦争や災害などの困難から何度も復興してきた日本の社会、文化、生活の中にレジリエンスにつながる要因が含まれているのではないかと考えました。欧米ではレジリエンスプログラムが数多くあり、日本でも紹介されるようになってきていますが、日本の社会、文化、そして学校教育で大事にされてきた要素を尊重したモデルとして考案したのが、よく使われる「心」「技」「体」の要素を取り入れた「レジリエンス包括モデル」です（小林ら，2019）（図 4-6-2）。

満留（2014）は、レジリエンスを WHO の「健康」の定義で示されている 3 つの要素、「からだ」「こころ」「社会」の 3 つの面から考えていかなければならないと述べています。実際、レジリエンスは「身体」「心理」「社会」問題との関連が指摘されています（Hoge et al，2007）。そのため、レジリエンスを心理的、社会的な側面だけでなく身体も含めた「心」「技」「体」で捉えることは、自然な形で日本の学校に取り入れやすいと考えられます。

この「心」「技」「体」にはどのような内容が含まれるでしょうか。まず、「心」は自分の心を理解し、自分の心と上手に付き合う方法を身につけることを狙っていきます。困難に出会った時に、怒ったり不安を感じすぎて気力が出なくなったりすれば乗り切ることは難しくなります。そのため自分の強みを理

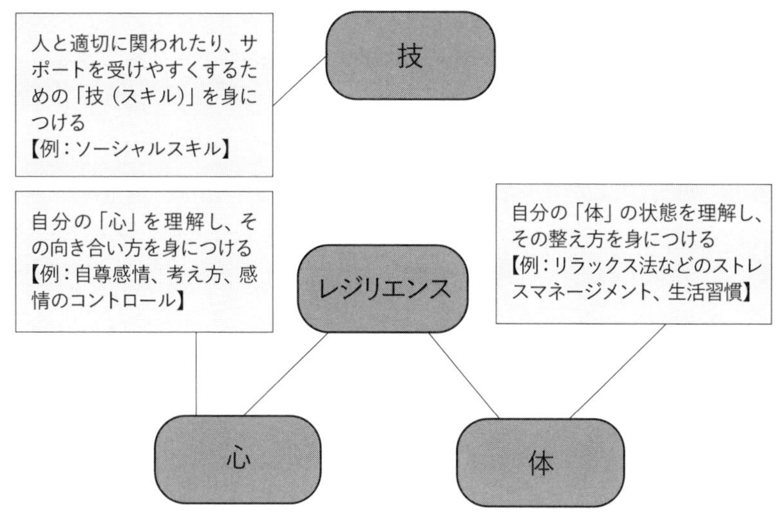

図 4-6-2　学校教育活動を活かした「レジリエンス包括モデル」

解したり、物事を自分の主観ではなく客観的に捉えたり、そして冷静に物事に対処できるように感情をコントロールする方法を学んでいきます。「技」は、周りの人たちと適切に関わることができるようソーシャル・スキルを身につけることなどが含まれます。例えば、困難を経験した時に、周囲の人にアドバイスなどを求めたりできますし、普段から人間関係が良好にあれば周囲からのサポートも受けやすくなります。そして、「体」は自分の体の状態を理解し、その整え方を身につけることとして、リラックス法などの「ストレス・マネジメント」、生活の基本となる生活習慣をきちんと行うことなどがあげられます。

日本の象徴である富士山を見てみると、ほとんどの人がその姿を見て「美しいな」と思うことでしょう。富士山の形はバランスの良い形をしています。その「バランス」に秘密があります。このモデルでは、子どもたちの「心」「技」「体」の状態を把握して、それをバランスよく整えていくことを大事にします。

実際、このモデルを活かした実践も報告されています。小中学校で学校教育活動をこのモデルを意識してバランスが取れるよう集団や個別で関わったところ、小学校で子どものレジリエンスが上昇したことが示されています。また中学校では思春期に入ると低下しやすいレジリエンスの低下を抑制できることもわかりました（小林ら，2017；勝沢・小林，2017）。また適応指導教室でも通級生のレジリエンスが上昇したことが示されています（山西ら，2019）。さらに高校での実践では、スクールワイドで行った実践があります。実践を行ったA高では、校訓（A高は「不撓不屈」）と学校教育目標（A高は「自律と共生の心を

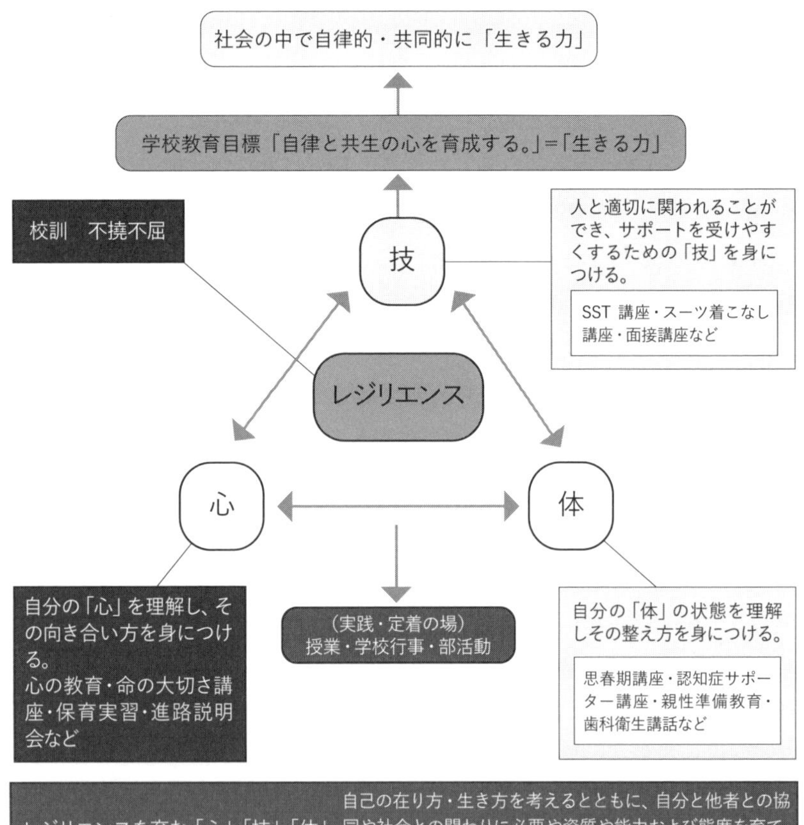

図 4-6-3　A高校におけるレジリエンス包括モデルを活かした取り組み
（鈴木，2021 より引用）

育成する」）をふまえて、これらの達成をレジリエンスの育成と捉えました。そして、それまで各担当で個別に計画していた教育活動を「心」「技」「体」に分類し、教育活動全体を整理していきました（鈴木，2021；小林・鈴木，2019）（図4-6-3）。さらにA高校では、カリキュラムの中にレジリエンスを定期的に学ぶ授業プログラムが提供され、またレジリエンスがグランドデザインの中に含まれることで教師がレジリエンスを意識した関わりを行い、学級経営も変化していきました。このように授業プログラムで学んだことが「維持・般化」されていくことにつながりました。就職した卒業生にインタビューをしたところ、授業プログラムが役に立っていると答えた人が多かったことが明らかになっており（鈴木，2021）、授業で学んだことが社会人生活において活かされていたことがわかりました。

こうしたエビデンス（科学的な根拠）を背景としたレジリエンス包括モデルは、日本の先生方の知恵を取り入れ、日本の学校になじむことを前提としたMade in Japanのモデルであることから、多くの学校で子どもたちのレジリエンスを育てる枠組みとして取り入れやすいでしょう。

2）レジリりんを通して学んでいく

すべての授業に共通していますが、子どもたちが楽しく学べる教材について先生方は日々工夫されています。そこで、授業プログラムを通して子どもたちに「レジリエンス」を教えていくにも、子どもたちにとってわかりやすい教材開発が非常に重要です。日本の現代文化の中で「ゆるキャラ」と言われるコンテンツは非常に一般的で、子どもたちにもなじみがあります。そこで、「レジりん」というゆるキャラを考案し、紙芝居を作成しています（図4-6-4）。紙芝居では、レジリエンスを育てていくために必要な「心」「技」「体」について解説したり、子どもたちの身近な場面をとりあげて、物事の捉え方やそれに伴う感情、行動などを扱っています。

例えば、「捉え方と感情」に関して紙芝居を用いた指導例を見てみましょう。紙芝居では、主人公のレジりんが自分のプリントがなくなっていることに気づ

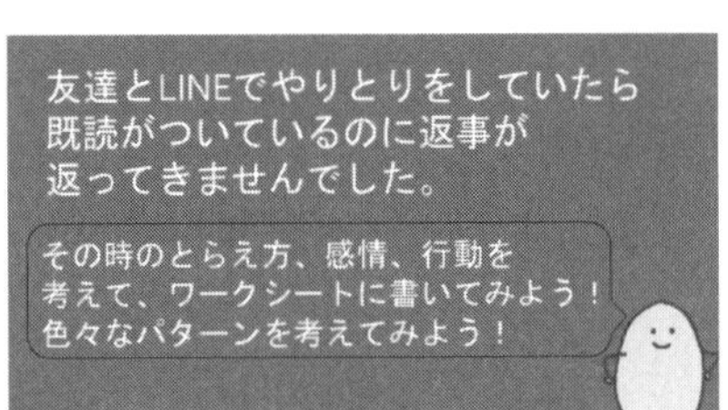

図 4-6-4 「物事の捉え方と感情」に関する教材例

きます。そして、それを「友だちがプリントを隠したに違いない」と考え、怒っていました。そこにやってきたこころの妖精のこころんがレジりんの怒りの気持ちを受け止めながら、「他の捉え方はできない？」と尋ねていきます。レジりんは「もしかしたら机の中に入っているのかも」と考え、中を見たところ机の中にプリントが入っていたことが分かりました。そして、プリントが入っていたことがわかり嬉しい気持ちになったというストーリーです。出来事を一つの捉え方からでしかしない（それが絶対に正しいと思いこむ）ことは危険であることを学びます。さらに深め合いとして、事例の出来事に対していくつかの捉え方をして、それをグループで共有していきます。自分にない捉え方をしている友だちの発表を聞くことで、「あ、そんな風に考えることができるんだ」と学び合いがおきてきます。さらに、出来事をどう捉えるかによって感情が変わることも理解していきます。「隠された」と捉えたら怒りが、「風で飛んでしまうから机の中に入れてくれたのかな」と捉えたらあたたかな感情がわいてきます。そうした例を比較して示すことによって、出来事の捉え方一つで感情、そしてそれにつながる行動も変わってしまうことを示します。

このように捉え方・感情・行動は強く結びついていて、そのため捉え方・感情・行動をつなげて考えることが大切であるということを伝えていきます。落ち込みすぎてしまったり怒りでいっぱいになってしまったりと感情に振り回されることが減ること、その後にきつい言い方をしたり物に当たったりといったトラブルにつながる行動を減らすことができることを学んでいくと、子どもたちの授業への動機づけも高まってきます。

(4) まとめ

日本の先生方は忙しい中でも子どもたちのために教育活動に熱心に取り組んでいます。このレジリエンス包括モデルは、日本の学校のやれているところ（強み）を活かした、取り組みやすいモデルやプログラムを取り入れているところが特徴です。日々の教育活動を活かし、発展させていくことで子どもたちのレジリエンスを育てることにつながります。

7

幼児用のSEL-8N

●山田洋平

(1) プログラムの特徴

1) プログラムの構造と内容、対象

SEL-8N プログラムは、「保育所・幼稚園などにおける 8 つの社会的能力育成のため社会性と情動の学習」(Social and Emotional Learning of 8 Abilities at Nursery School) の意味であり、就学前の幼児を対象とした SEL プログラムです。このプログラムは、本章第 1 節で紹介した小中学生対象の SEL-8S プログラムの枠組みを基に、幼児期の発達段階に合わせて開発されました。そのため、育成を目指す社会的能力は、本章第 1 節の表 4-1-1 に示された 5 つの基礎的社会的能力(自己への気づき、他者への気づき、自己のコントロール、対人関係、責任ある意思決定)と 3 つの応用的社会的能力(生活上の問題防止のスキル、人生の重要事態に対処する能力、積極的・貢献的な奉仕活動)です。

このプログラムでは、これらの社会的能力を身につけるために 8 つの学習領域(「基本的生活習慣」、「他者への気づき、聞く」、「伝える」など)で構成される全 26 の活動があります(山田・小泉, 2014)。これらの活動は、学習領域ごとに、保育所や幼稚園で生活する上での基礎的な事柄を学習する「ステップ 1」(例えば、あいさつをする、話を聞く、手洗い・うがいをする)と、友だちとより深く

（1 枚目：望ましくない行動）　（2 枚目：望ましい行動）

図 4-7-1　SEL-8Nプログラムの紙芝居教材（A1　あいさつ「おはよう」）

関わる上での事柄を学習する「ステップ 2」（例えば、感謝を伝える、一緒に遊ぶ、友だちの良いところを見つける）の 2 段階構成となっています。実施者である教師は、幼児の実態に合わせたステップの中から活動を選択します。

活動は、幼児が集中して取り組むことのできる時間を考慮して、15 ～ 20 分程度に設定しています。また、活動ごとに紙芝居教材が準備されており、教師は紙芝居の裏面の手順を読みながら、活動を進めることができます（図 4-7-1；詳細は小泉・山田（2018）を参照）。

2）プログラムの特徴

このプログラムの最大の特徴は、SEL-8S プログラムと同じ枠組みで活動が構成されている点です。これまでに紹介した通り、育成する社会的能力や学習領域が SEL-8S プログラムと同様の枠組みとなっていますが、それに加えて、学習内容の定着を図る学習のポイントも SEL-8S プログラムと対応しています。例えば、コミュニケーションの基本となるあいさつのポイントは、SEL-8N プログラムでは「大きな声で」「目を見て」の 2 つです。これに対して、小学生用の SEL-8S プログラムでは「大きな声で」「体を起こして」「目を見て」の 3 つが示されていて、そのうちの 2 つは SEL-8N と同じです。このようにポイントを統一することで、就学前から小学校・中学校と一貫した連続性のある取り組みや指導が可能になります。とりわけ、幼小接続期においては、小１プロブレムの予防的介入の一つとなることが期待できます。

3）教育課程への位置づけ

このプログラムで育成する社会的能力と幼稚園教育要領（文部科学省，2017）に記載されている５つの領域との関連を調べると、基礎的社会的能力については、「環境」領域を除いた「健康」「人間関係」「言葉」「表現」の各領域と深く関連しています。また、応用的社会的能力については、生活上の問題防止のスキルは「健康」領域の安全な生活に関する内容と、積極的・貢献的な奉仕活動は「人間関係」の身近な人と親しむことに関する内容との関連があります。また、進級・進学や転居などの人生の重要事態に対処する能力は、これら５領域との関連はあまりみられませんが、幼稚園などから小学校への移行を見越した教育活動との関連があると考えられます。保育所においても、保育所保育指針（厚生労働省，2017）における教育に関わる内容は、幼稚園教育要領とほぼ一致する５領域が定められています。このことから、SEL-8N プログラムは保育所や幼稚園などでのねらいと関連が深く、教育課程内での実践が可能な内容です。

（2）プログラムの実践

1）活動のプロセス

１回の活動は、1：導入、2：ロール・プレイ、3：まとめの３ステップで構成されています。1：導入では、テーマに対して望ましくない行動（図 4-7-1 の一枚目）を示し、望ましくない原因を検討します。そして、どうしたら望ましい行動になるのかを幼児と考えます（例：「気持ちの良いあいさつをするには、どうしたらよいかな？」）。その後、望ましい行動（図 4-7-1 の２枚目）とそのポイントを示します（例：「①大きな声で、②目を見て、あいさつをしましょう」）。2：ロール・プレイでは、望ましい行動のポイントを紙芝居の登場人物の役になって、教師と練習します（例：「気持ちの良いあいさつを練習してみましょう」）。幼児全員が練習できるように、ロール・プレイはペアで行ったり、一斉に行ったりすることがあります。3：まとめでは、活動で学習したポイントの確認と日常生活での活用を促す言葉かけを行います（例：「先生やお友だちにあったら、大きな声で、目を見て、あいさつをしましょう」）。その際、望ましい行動の紙芝居教材をそのまま教室などに掲示しておくと、学んだポイントを日常生活のちょっとした指導場面で活用することができます。

なお、このプログラムでは紙芝居教材が準備されていますが、ペープサートなどを自作して、導入やロール・プレイを行っている幼稚園もあります。

2）教育活動との関連づけ

SEL-8N プログラムの実践効果を高めるためには、学習後に関連する教育活動を行う「点から線へ」の展開が大切です。就学前の幼児を対象にする場合は、直後の教育活動と関連づけることが有効です。例えば、SEL-8N プログラムを通して「声かけのポイント（近づいて、大きな声で）」を学習し、「一緒に～しよう」と伝える練習をしたとします。その場合、その後に創作活動などグループでの活動を設定し、グループで一つの作品を作るために「一緒に色塗りしよう」「一緒にやろう」と、声かけのポイントを活用できるようにします。そして、幼児の行動を教師が適切に賞賛することで、声かけのポイントが強化され、日常生活への定着が促されます。

3）実施者への研修

このプログラムは学級単位での実践が一般的であるため、実施者である教師への研修が重要です。その主な理由は2点です。1点目は、実施における影響です。このプログラムを実施する際には、子どもの実態に合わせながらも、もともとのプログラムに規定された実施方法に従って実践することが大切です（小泉，2016）。そのために、定期的に教員研修を行い、プログラム実施のための資質向上と教員間での共通理解を図ることが必要です。

2点目は、通常の活動場面における指導への影響です。教員研修を繰り返すことで、教師に通常の活動場面での社会性の育成を意識化させることが促されると考えます。実際に、SEL-8N プログラムを実践した学級担任から集めた感想にも、「実際の保育の中で（ポイントを）タイミングよく伝えたり、声をかけたりできるようになった」といった教師の関わり方の変容に関する回答が得られています。

4）評価方法

実態に合わせた実践を行うためには、事前の実態調査が必要です。また、実践の改善を行うためには、実践中や実践後の幼児の変容や成果を確認することも不可欠です。就学前の幼児を対象にする場合は、向社会的な行動や攻撃的な行動などの具体的な行動についての教師による評定と保護者による評定が実施されます。

（3）プログラムの成果と今後の取り組み

1）幼児の行動の変容

このプログラムを幼稚園の年中・年長児を対象に約 8 カ月間実践した結果、幼児の問題行動の改善と向社会的行動の向上がみられました（山田・小泉、2020）。例えば、SDQ（Strengths and Difficulties Questionnaire）（Goodman, 1997）と呼ばれるアンケートにおいて、落ち着きがないことやうそをつくことなどの人間関係上の行動の困難さを示す「困難さ」得点では、SEL-8N プログラムを実施したグループの得点が、未実施のグループよりも上昇しています（得点が高いほど、困難さが低いことを示します）（図 4-7-2）。特に、もともと行動面での支援が必要とされる幼児のグループ（以下、HN［High Need］グループとする）の得点が上昇し、プログラムの実施後はもともと支援を必要としない幼児のグループ（以下、LN［Low Need］グループとする）と同じ水準まで変化しました。このことから、SEL-8N プログラム実践によって、幼児の問題行動の改善と向社会的行動の向上が見られ、特に、もともと行動面での支援が必要とされる幼児の

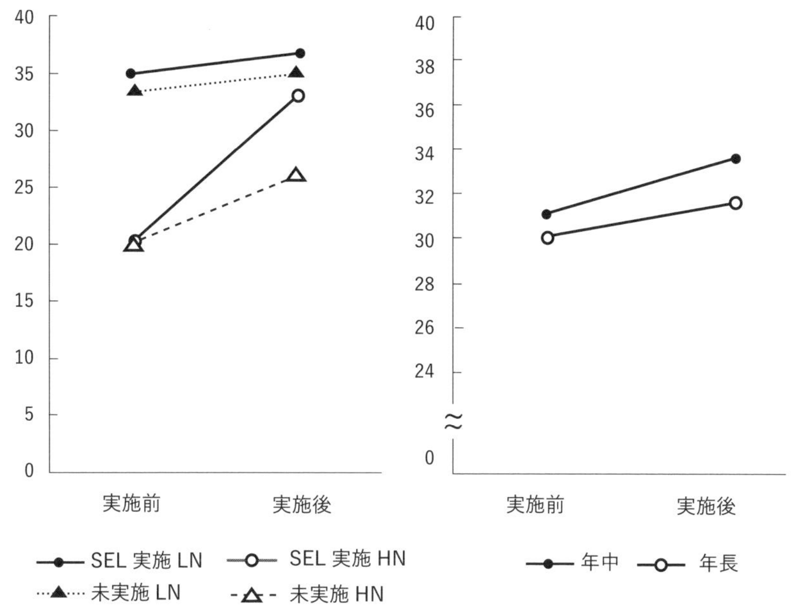

図 4-7-2　教師評定による実践前後の群ごとの「困難さ」得点

図 4-7-3　保護者評定による実践前後の学年ごとの「困難さ」得点

問題行動の改善効果が大きいことが示されました。

また、幼児の保護者にも SDQ を実践前後で評定してもらったところ、年中児・年長児ともに、問題行動の改善が示されました（図 4-7-3）。このことから、SEL-8N プログラムの実施による幼児の変化が、教育現場だけではなく家庭などの日常生活の中でも見られることが示され、学習した内容が日常生活にも定着していることが分かりました。

2）継続実施による効果

図 4-7-4 は、プログラムを 2 年間継続的に実践した際の SDQ の項目ごとの変化です。ご覧の通り、すべての項目で得点が右上がりに変化しています。このことから、プログラムの継続的な実践が、幼児の社会性の育成に高い効果を

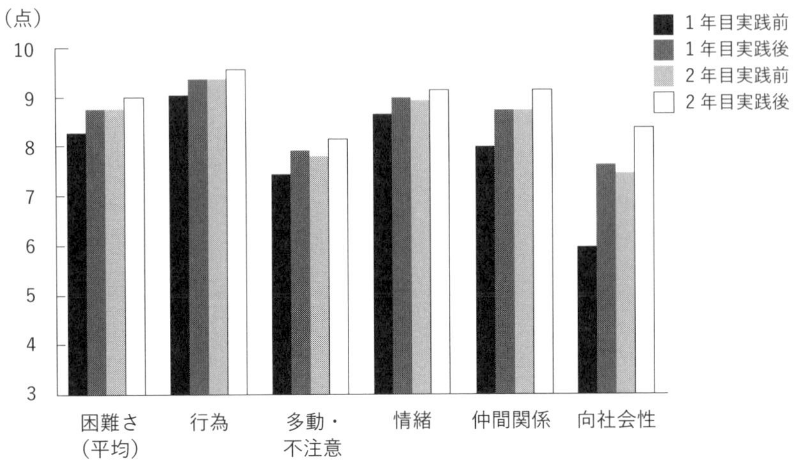

図 4-7-4　教師評定による 2 年間の SDQ の下位尺度得点の変容

示すことが分かりました。1 年間の実践でも一定の効果は示されますが、こうした取り組みが継続的に実施されることで、安定的な効果が見込まれます。そのためには、プログラムを教育課程の中に位置づけて計画的に取り組むことが求められます。また、幼小接続の視点で考えると、こうした取り組みを幼児教育と小学校教育で一貫して実践することができれば、さらなる効果が期待できます。先述の通り、SEL-8N プログラムは、小中学校での実践を想定した SEL-8S プログラムと同じ枠組みで活動が構成されているため、幼小一貫による実践は可能です。幼児の社会性を着実に育てるためには、SEL-8N プログラムの計画的・継続的な実践が重要と言えます。

資　料

SELリソース集

●山根隆宏

ここでは初学者や実践者がSELを学び、学校現場などで実践しようとする際に参考となる有用な文献やWebサイトを掲載することを目的としました。後半には実際にSELを実践している機関も掲載しています。読者の皆様の学習や実践に、本稿で紹介するリソースをぜひご活用ください。なお、本書で紹介されているプログラムに関する文献などは各章をご覧ください。

(1) 文献・Webサイト

・池迫浩子・宮本晃司（著）ベネッセ教育総合研究所（訳）「家庭、学校、地域社会における社会情動的スキルの育成」

（https://berd.benesse.jp/feature/focus/11-OECD/pdf/FSaES_20150827.pdf）

本レポートはOECDの報告書をもとに子どもの社会情動的発達を促す環境をより深く理解することを目的とし、国際的な研究に基づいたエビデンスをもとに、日本の教育実践・研究に対する示唆をまとめたものです。海外の社会情動的発達に関するエビデンスや学校ベースの介入プログラムとその成果だけでなく、国内の同様の研究についてもまとめられています。

・経済協力開発機構（OECD）（編著）無藤隆・秋田喜代美（監訳）（2018）．社会情動的スキル――学びに向かう力．明石書店

上記の資料と関連して、OECDの研究成果に基づき、社会情動的スキル（非認知的スキル）に関わる概念を整理し、どのような環境、政策、実践がそれらを高めるか、その方策が整理されています。また海外の取り組みや豊富なエビデンスが掲載されています。

・国立教育政策研究所「社会情緒的能力に関する研究」

（https://www.nier.go.jp/04_kenkyu_annai/div09-shido_02.html）

非認知能力（特に社会情緒的能力）に関する研究成果を閲覧できます。社会情緒的能力に関してその定義や内容、測定方法、発達に与える影響、わが国の実態などの情報を得ることができます。また、アメリカや中国における SEL の取り組みについても報告がなされています。

・McColskey, W.（2020）. Informational Resources on Improving Social and Emotional Learning and Outcomes. Greensboro, NC: Region 6 Comprehensive Center at the SERVE Center.

海外では SEL に関してオンラインで閲覧できる報告書、資料、出版物が多くあります。これらのリソースを集約し、整理したものがこの資料です。The National Comprehensive Center（NCC）の The Region 6 Comprehensive Center（RC6）でまとめられたものです。下記のサイトからダウンロードしてください。この他にも同サイトに様々な情報が掲載されています。

The Comprehensive Center Network at: https://www.compcenternetwork.org

The Region 6 Comprehensive Center at: https://www.region6cc.org/resources

・NCLD（https://www.ncld.org/）

National Center for Learning Disabilities（NCLD）では、障害のある子どもやマイノリティの子どもに対して SEL を導入する上での７つの原則を掲げています（https://www.ncld.org/wp-content/uploads/2021/06/SEL-Principles-for-Equity-and-Inclusion.pdf）。その他にも、特別なニーズのある子どもへの SEL に関する記事が掲載されています。

・小塩真司（編著）（2021）．非認知能力――概念・測定と教育の可能性．北大路書房

誠実性、批判的思考、レジリエンス、マインドフルネスなど非認知能力に関わる 15 の心理特性を取り上げ、それぞれの定義や基礎研究、介入研究、教育の可能性が論じられています。具体的なワークも紹介されていますので、支援者や教員は特に「教育の可能性」の節が参考になると思います。

（2）SELに関する学術団体

・CASEL（https://casel.org/）

Collaborative for Academic, Social, and Emotional Learning（CASEL）のウェブサイトでは、SEL プログラムの効果や評価、SEL に関する様々なエビデンスだけでなく、クラスや学校で SEL を実践や導入することや親・家庭や地域をどう巻き込んで実践していくために有用なガイドや Tips がたくさん掲載されています。

・日本SEL研究会（https://j-sel.org/）

SEL の研究・発展・普及に寄与することを目的とした学術団体です。年に 1 回の学術研究大会、各種 SEL プログラムに関する研修会、SEL 研究の発行、関連学術団体におけるシンポジウムの開催を行っています。会員になると SEL に関する情報や研修情報を得られるニューズレターを受け取ること、会員価格で研修を受けることができます。

（3）SELを実践している学校・企業・団体

・NPO法人日本こどものための委員会（http://www.cfc-j.org/）

生きる力と心を育む「セカンドステップ」教材の普及を目的に設立された団体です。セカンドステップに関する研修会、講演会、研修制度、教材についての情報が得られます。プログラム実施や実施資格についてはウェブサイトの問い合わせ先にご連絡ください。

・SEL-8 研究会（http://sel8group.jp/）

SEL で共通して注目されている社会的能力を日本の教育事情に合わせて効果的に育成できるように工夫された学習プログラム「SEL-8」の開発と実践に取り組む団体です。各種プログラムや実施校については下記にお問合せください。

問い合わせ先：office@sel8group.jp

・一般社団法人　日本レジリエンス教育研修センター（https://jret.or.jp/）

子どものレジリエンスや非認知能力の育成を目的に、子どもの育成のための事業、保護者の子育て支援事業、保育士や教員のための事業を行っています。フレンズプログラムやファンフレンズプログラム、またはそれらの実施園・学校については下記にお問合せください。

問い合わせ先：wellbeing.kinan@gmail.com

・一般社団法人　日本ポジティブ教育協会（https://j-pea.org/）

ポジティブ心理学の知見を教育に応用し、子どもの学ぶ力の育成に加え、日々の充実感や幸福感を支援する教育的アプローチ（ポジティブ教育）の実践・研究・普及に取り組む団体です。各種研修や教材、参考文献などが紹介されています。

・みらいグロース研究会（https://mirai-growth.jp/、教材開発元：一般社団法人日本文化教育推進機構）

SEL を中核とした「成長と生きる力のベースとなるメンタルの質を高め、学習能力を向上させ学習能力を向上させるための」プログラム「みらいグロース」を提供しています。SEL やマインドフルネス、アカデミックコンピテンシーを組み合わせたセルフトレーニングプログラムであるのが特徴です。詳細はHPにてお問合わせください。

・デコボコベース株式会社（https://www.decoboco-base.com/）

児童発達支援や放課後等デイサービスで実施可能な知的・発達障害のある児童生徒の感情調整支援プログラムである「PEACE」を実践しています。詳細は直接お問合わせください。またPEACEや研究プロジェクトの詳細については下記の研究グループサイトにお問合わせください。

気持ちと仲良しになる子どもプロジェクト（https://sites.google.com/tottori-u.ac.jp/peace/）

・茨城県教育研修センター（https://www.center.ibk.ed.jp/）

教職員の資質能力（特にコミュニケーション能力）の向上を目的に、SELの考え方を用いた教職員研修ツール集開発の取り組みを行っています。上記のサイトや報告書に教職員研修ツール集や心理学用語集が掲載されています。

「令和2・3年度教育相談に関する研究　教職員のコミュニケーション能力の向上――「教職員研修ツール」の開発と実践を通して」

（4）社会情緒的スキルやSELの効果を測定できる尺度

国内のSELに関する研究で用いられている尺度を次ページに掲載しました。実施するSELの目的に合致する場合、これらの尺度が利用できます。なお、これらのほかに、子どもたちの学校適応や心理的健康状態を測定するものも多く利用されていますが、ここでは社会情緒的能力を直接的に測定するもののみを掲載しています。

社会情緒的能力を測定できる尺度

尺度名	対象	文献・Webサイト
小学生版「社会性と情動」尺度	小学生	田中・真井・津田・田中（2011）
中学生版「社会性と情動」尺度	中学生	山田・小泉（2015）
中学生用社会性と情動の学習 8つの能力尺度II	中学生	小泉・米山（2020）
キャリア発達社会的能力尺度 （SEL-8Career 尺度）	高校生	小泉（2021）
小学校高学年・中学生用情動調整尺度	小中学生	村山ら（2017）
中学生用情動知能尺度	中学生	豊田・桜井（2007）
中学生用情動知覚尺度	中学生	石津・下田（2013）
学校生活スキル尺度（小学生版）	小学生	山口・飯田・石隈（2005）
児童用社会的スキル尺度教師評定版	小学生	磯部・佐藤・佐藤・岡安（2006）
学校生活スキル尺度（中学生版）	中学生	飯田・石隈（2002）
対人行動に関する尺度	中学生	吉村（2007）
レジリエンス尺度	幼児	高辻（2002）
レジリエンス尺度	中学生	石毛・武藤（2005）
子どもの強さと困難さアンケート	幼児～ 高校生	SDQ子どもの強さと困難さ アンケートHP
特性的自己効力感尺度	中高生	成田ら（1995）
児童用自動思考尺度	小学生	佐藤・嶋田（2006）
新版中学生用学級風土尺度	中学生	伊藤・宇佐美（2017）

引用・参考文献

第１章

第１節

Collaborative for Academic, Social, and Emotional Learning（CASEL）（n.d.a）. Fundamentals of SEL. https://casel.org/fundamentals-of-sel/（最終閲覧日：2022 年 3 月 15 日）

Collaborative for Academic, Social, and Emotional Learning（CASEL）（n.d.b）Program Guide>View All Programs. https://pg.casel.org/review-programs/#top-results（最終閲覧日：2022 年 3 月 12 日）

Elias, M. J., Zins, J. E., Weissberg, R. P., Frey, K., Greenberg, M. T., Haynes, N. M., Kessier, R., Schwab-Stone, M. E., & Shriver, T. P.（1997）. *Promoting social and emotional learning: Guidelines for educators*. Alexandria, VA: Association for Supervision and Curriculum Development.［M・J・イライアス他（著）小泉令三（編訳）（1999）．社会性と感情の教育――教育者のためのガイドライン 39．北大路書房］

小泉令三（2011）．社会性と情動の学習（SEL-8S）の導入と実践（子どもの人間関係能力を育てる SEL-8S 1）．ミネルヴァ書房

小泉令三（2016）．社会性と情動の学習（SEL）の実施と持続に向けて――アンカーポイント植え込み法の適用．教育心理学年報，*55*，203-217.

小泉令三・伊藤衣里子・山田洋平（2021）．高校生のための社会性と情動の学習（SEL-8C）――キャリア発達のための学習プログラム．ミネルヴァ書房

第２節

安達知郎（2012）．学校における心理教育実践研究の現状と課題――心理学と教育実践の交流としての心理教育．心理臨床学研究，*30*，246-255.

ユリー・ブロンフェンブレンナー（著）磯貝芳郎・福富護（訳）（1996）．人間発達の生態学（エコロジー）――発達心理学への挑戦．川島書店（Bronfenbrenner, U.（1979）. *The ecology of human development: Experiments by nature and design*. Cambridge, MA: Harvard University Press.）

Collaborative for Academic, Social, and Emotional Learning（CASEL）（n.d.）CASEL'S SEL Framework: What Are the Core Competence Areas and Where Are They Promoted? https://casel.org/casel-sel-framework-11-2020/（最終閲覧日：2022 年 3 月 15 日）

M・J・イライアス他（著）小泉令三（編訳）（1999）．社会性と感情の教育――教育者のためのガイドライン 39．北大路書房［Elias, M. J., Zins, J. E., Weissberg, R. P., Frey, K., Greenberg, M. T., Haynes, N. M., Kessier, R., Schwab-Stone, M. E., & Shriver, T. P.（1997）. *Promoting social and emotional learning: Guidelines for educators*. Alexandria, VA: Association for Supervision and Curriculum Development］

Interaction Institute for Social Change: Artist: Angus Maguire. http://interactioninstitute.org/illustrating-equality-vs-equity（最終閲覧日：2022 年 3 月 15 日）

小泉令三・山田洋平（2011）．子どもの人間関係能力を育てるSEL-8S 2　社会性と情動の学習〈SEL-8S〉の進め方 小学校編．ミネルヴァ書房，pp. 164-175.

富永良喜（2000）．1.ストレスマネジメント教育の実践例（第３章 心理教育プログラムの実践例）．学校臨床研究，*1*(2)，39-45.

WHO精神保健部（編）川畑徹朗・西岡伸紀・髙石昌弘・石川哲也（監訳）JKYB研究会（訳）（1997）．WHO・ライフスキル教育プログラム．大修館書店（Division of Mental Health, World Health Organization（1994）. Life skills education in schools.）

● 第３節

トレーシー・バーンズ，フランチェスカ・ゴットシャルク（著）経済協力開発機構（OECD）（編）西村美由起（訳）（2021）．教育のデジタルエイジ――子どもの健康とウェルビーイングのために．明石書店

Choi, A.（2018）. Emotional well-being of children and adolescents: Recent trends and relevant factors. *OECD Education Working Papers, No. 169*. OECD Publishing, Paris, https://dx.doi.org/10.1787/41576fb2-en

Donna Lord Black (2022). *Essentials of Social Emotional Learning (SEL): The Complete Guide for Schools and Practitioners*. Wiley.

Durlak, J. A., Weissberg, R. P., Dymnick, A. B., Taylor, R. D., & Schellinger, K. B.（2011）. The impact of enhancing students' Social and Emotional Learning: A Meta-Analysis of School-Based Universal Interactions. *Child Development, 82*(1), 405-432.

Helson, R., Kwan, U. S. Y., John, O. P., & Jones, C.（2002）. The growing evidence for personality change in adulthood. Findings from research with personality inventories. *Journal of Research in Personality. Vol. 86*(4), 281-306. https://doi.org/10.1016/s0092-6566（02）00010-7

経済協力開発機構（OECD）（編著）ベネッセ教育総合研究所（企画・制作）無藤隆・秋田喜代美（監訳）（2018）．社会情動的スキル――学びに向かう力．明石書店

OECD（2015）. *Skills for Social Progress & The Power of Social Emotional Skills*. OECD Skills Studies, OECD Publishing. http://dx.doi.org/10.1787/9789264226159-en

OECD（2019）. *PISA 2018 results（Volume III）: what school life means for students' lives.* PISA. OECD Publishing, Paris, https://dx.doi.org/10.1787/acd78851-en.

Pianta, R. C. & Hamre, B. K.（2009）. Conceptualization, measurement, and improvement of classroom processes: Standardized observation can leverage capacity. *Educational Researcher, vol. 38*(2), 109-119.

Schoon, L., Naism, B., Sehmi, R. Z., & Cook, R.（2015）. The impact of Early skills on Later Outcomes. Report for the OECD（Early Childhood Education and Care）. https://discovery.vcl.ac.uk/id/eprint/10051902

白井俊（2020）．OECD Education2030 プロジェクトが描く教育の未来――エージェンシー，資質・能力とカリキュラム．ミネルヴァ書房

渡辺弥生（2018）．ソーシャルスキルトレーニングの“これまで”と“これから”——介入に予防に，そして教育へと．日本学校心理士会年報，*10*，25-32.

●**第 4 節**

Cattell, R. B. (1963). Theory of fluid and crystalized intelligence; A critical experiment. *Journal of Educational Psychology, 54,* 1-22.

Cinque, M., Carretero, S., & Napierala, J. (2021). Non-cognitive Skills and other related concepts: towards a better understanding of similarities and differences. The Labour, Education and Technology working paper series.

Denham, S. A., Bassett, H. H., Brown, C. Way, E., & Steed, J. (2015). I know how you feel: Preschooler's emotion knowledge contributes to early school success. *Journal of Early Childhood Research, 13*(3), 252-262.

遠藤利彦（2017）．非認知的（社会情緒的）能力の発達と科学的検討手法についての研究に関する報告書（平成 27 年度プロジェクト研究報告書）．国立教育政策研究所

Gardner, H. (1975). *The shattered mind.* New York: Knopf.

Gardner, H. (1983). *Frames of mind: The theory of multiple intelligences.* Basic Books, Inc., Publishers.

Heckman, J. J. (2013). *Giving kids a fair chance.* Cambridge, MA: MIT Press. [ジェームズ・J・ヘックマン（著）古草秀子（訳）(2015)．幼児教育の心理学．東洋経済新報社]

Heckman, J. J. & Kautz, T. (2012). Hard evidence on soft skills. *Labour Economics, 19*(4), 452.

Hein, S. (2013). Emotional Literacy, http://core.eui.org/elit_draft15.pdf

Mayer, J. D. & Salovey, P. (1997). What is emotional intelligence? In P. Salovey & D. J. Sluyster (Eds). *Emotional development and emotional intelligence. Educational implications.* New York, NY: Basic Books.

大森美香（2020）．第 1 章 感情の持つ社会的機能とその応用．「社会性と感情教育」研究部会（著）社会性と感情の理論及び実践．野間教育研究所

小塩真司（2021）．非認知能力——概念・測定と教育の可能性．北大路書房

Ridway, D., Waters, E., & Kuczaj, S. A. (1985). Acquisition of emotion-descriptive language: Receptive and productive vocabulary, norms for ages 18months to 6 years. *Developmental Psychology, 21*(5), 901-908.

Saarni, C. (1999). *The Development of Emotional Competence.* New York. The Guilford Press.

Sroufe, L. A. (1996). *Emotional development: The organization of emotional life in the early years.* England, Cambridge University Press.

Sternberg, R. J. (1984). Toward a triarchic theory of human intelligence. *Behavioral and Brain Sciences, 7*(2), 269-316. https://doi.org/10.1017/s0140525x00044629

ロバート・J・スタンバーグ（著）小此木啓吾・遠藤公美恵（訳）(1998)．知脳革命——ストレスを超え実りある人生へ．潮出版社

渡辺弥生（2011）．子どもの「10 歳の壁」とは何か？——乗りこえるための発達心理学．光

文社
渡辺弥生（2019）．感情の正体——発達心理学で気持ちをマネジメントする．筑摩書房
渡辺弥生（2020）．第2章 子どもの社会性や感情の発達と支援．「社会性と感情教育」研究部会（著）社会性と感情の理論及び実践．野間教育研究所
渡辺弥生・藤野沙織（2016）．児童の感情リテラシーの発達——感情表現に焦点を当てて．法政大学文学部紀要，*73*，83-96.
Widen, S. C. (2012). Children's Interpretation of facial expressions: The long path from valence-based to specific discrete categories. *Emotion Review, 5*(1), 1-6.
Widen, S. C., & Russell, J. A. (2002). Gender and preschooler's perception of emotion. *Merrill-Palmer Quarterly, 48*, 248-262.
Wintre, M. G., Polivy, J., & Murray, M. A. (1990). Self-predictions of emotional response patterns: age, sex, and situational determinants. *Child Development, 61,* 1124-1133. https://doi.org/10.2307/1130880

第2章

●第1節

Connolly, M. (2022). *Teaching Social and Emotional Learning in Health Education.* Jones & Bartlett Learning.
Durlak, J. A. (1997) . *Successful prevention programs for children and adolescents.* New York: Plenum.
Durlak, J. A., Weissberg, R. P., Dymnicki,, A. B,., Taylor,, R. D., & Schellinger,, K. B. (2011). The impact of enhancing students' social and emotional learning: a meta-analysis of school-based universal interventions. *Child Development, Jan-Feb; 82*(1), 405-32. doi: 10.1111/j.1467-8624.2010.01564.x. PMID: 21291449.
M・J・イライアス他（著）小泉令三（編訳）（1999）．社会性と感情の教育——教育者のためのガイドライン39．北大路書房
藤原正光・山口豊一（2020）．社会性を育てる学級集団づくり——広義のSELプログラム研究からの考察．日本学校心理士会年報，*13*，43-49.
Gueldner,, B. A.,, Feuerborn,, L. L.,, & Merrell,, K. W. (2020). *Social and Emotional Learning in the classroom.* Guilford Press.
経済協力開発機構（OECD）（編著）ベネッセ教育総合研究所（企画・制作）無藤隆・秋田喜代美（監訳）（2018）．社会情動的スキル——学びに向かう力．明石書店
松本有貴（2013）．第5章 オーストラリアの予防教育．山崎勝之・戸田有一・渡辺弥生（編著）世界の学校予防教育——心身の健康と適応を守る各国の取り組み．金子書房
Philibert, C. T. (2016). *Everyday SEL in elementary school: Integrating Social-Emotional Learning and mindfulness into your classroom.* Taylor & Francis.
瀧澤悠・松本有貴・石本雄真（2022）．子どもを対象として実施されたユニバーサルSELプログラムのメタ分析．日本SEL研究会第12回大会論文集

Taylor, R. D., Oberle, E., Durlak, J. A., & Weissberg, R. P.（2017）. Promoting Positive Youth Development Through School-Based Social and Emotional Learning Interventions: A Meta-Analysis of Follow-Up Effects. *Child Development, 88*（4）, 1156–1171. https://doi.org/10.1111/cdev.12864

渡辺弥生・大森美香・飯田純子・藤枝静暁・小林朋子（2020）．社会性と感情の理論および実践．野間教育研究所紀要 第63集．野間教育研究所.（2020）.

Zins, J., Weissberg, R. P., Wang, M. C., & Walberg, H. J.（Eds.）（2004）. *Building academic success on Social and Emotional Learning: What does the research say?* Teachers College Press.

●第２節

有本美佳子（2019）．平成29・30年度　研究のまとめ　小学生の不適応行動回線及び社会的能力育成の試み――社会性と情動の学習におけるSSTの個別指導と全体指導の組み合わせを用いて.

黒水温（2016）．平成26・27年度　研究のまとめ　対人スキルアップ学習の実施とその効果の検証――核のプログラムとショートプログラムを組み合わせたスキル定着のための手立てを通して.

小泉令三（2011）．子どもの人間関係能力を育てるSEL-8S 1　社会性と情動の学習〈SEL-8S〉の導入と実践．ミネルヴァ書房

小泉令三（2020）．公立A中学校の４年間にわたる社会性と情動の学習「SEL-8Sプログラム」の実践――アンカーポイント植え込み法の観点からの検討．福岡教育大学紀要　第六分冊，*69*，53-60.

小泉令三・伊藤衣里子・山田洋平（2021）．高校生のための社会性と情動の学習（SEL-8C）――キャリア発達のための学習プログラム．ミネルヴァ書房

小泉令三・山田洋平（2011a）．子どもの人間関係能力を育てるSEL-8S 2　社会性と情動の学習〈SEL-8S〉の進め方 小学校編．ミネルヴァ書房

小泉令三・山田洋平（2011b）．子どもの人間関係能力を育てるSEL-8S 3　社会性と情動の学習〈SEL-8S〉の進め方 中学校編．ミネルヴァ書房

小泉令三・山田洋平・箱田裕司・小松佐穂子（2013）．心理教育プログラムの実施回数による学習効果差の検討――小中学校におけるSEL-8S学習プログラムの実践を通して．日本教育心理学会第55回総会発表論文集，342

佐竹真由子（2019）．A中学校校内職員会資料.

大和和雄（2016）．平成26～27年度　研究のまとめ　研究主題　家庭と学校で共に歩む子どもの学校適応に関する研究―― SEL-8Sによる人間関係づくりと「共育」の取組を通して.

●第３節

American School Counselor Association（ASCA）（2012）. *The ASCA national model: A framework for school counseling programs* (*3rd ed.*). Alexandria, VA: Author

Bowers, J. & Hatch, P. (2005). *The ASCA National Model: A Framework for School Counseling Programs. Second Edition*. American School Counselor Association.

California Department of Education (2012). Support Personnel Accountability Report Card (SPARC). https://www.sparconline.net/2011-2012 (2016/2/29 現地訪問時の紹介資料をもとに整理)

California Teacher Commission (CTC) (2017). Pupil Personnel Services Credential for Individuals Prepared in California. https://www.ctc.ca.gov/docs/default-source/leaflets/cl606c.pdf?sfvrsn=48a2868d_0 (最終閲覧日：2022 年 1 月 30 日)

キャンベル, C. A. & ダヒア、C. A.（著）中野良顯（訳）(2000). スクールカウンセリングスタンダード――アメリカのスクールカウンセリングプログラム国家基準．図書文化社

Durlak, J. A., Weissberg, R. P., Dymnicki, A. B. & Schellinger, K., B. (2011). The Impact of Enhancing Students' Social and Emotional Learning: A Meta-Analysis of School-Based Universal Interventions. *Child Development, 82*. 405-432.

Gysbers, N. C., Stanley, B. J., Kosteck-Bunch, L., Magnuson, C. S., & Starr, M. (2011). *Missouri Comprehensive Guidance and Counseling Program: A manual for program development, implementation, evaluation, and enhancement*. Jefferson City, MO: Department of Elementary and Secondary Education.

今西一仁・金山健一 (2017).「チームとしての学校」に向けた校内支援体制づくり――システム・サイクル・コーディネーターに焦点を当てて．親和女子大学大学院研究紀要, *13*, 51-62.

鎌田雅史 (2019). 学校における分散型リーダーシップ理論に関する小展望．就実論叢, *48*, 105-118.

鎌田雅史・西山久子・迫田裕子 (2017). 学校における教育相談定着化に向けた上方向の影響方略の有効性．心理学研究, *88-2*, 177-183.

文部科学省 (2016).「チームとしての学校」を実現するための具体的な改善方策.

西山久子 (2018). アメリカにおけるスクール・カウンセリングからみた「チーム学校」における多職種の協働．生徒指導学研究, *16*, 24-31.

西山久子 (2018a). Comprehensive School Counseling Program における Framework の検討 I ――ミズーリ州におけるガイダンス・カリキュラムの構築をとりあげて．福岡教育大学大学院教職実践専攻年報, *4*, 201-208.

西山久子 (2018b). 一次的援助サービスが定着する学校づくり（7 章）．水野治久・家近早苗・石隈利紀（編）チーム学校での効果的な援助――学校心理学の最前線．ナカニシヤ出版

西山久子・渡辺弥生・押尾恵吾 (2022). 安心安全な場づくりに向けた支援ツールによる学校危機予防の認知――校種・役割による傾向の概括および養護教諭を対象とした検

討から．学校心理学研究，*22-1*（印刷中）

芳川玲子・岡田守弘（2011）．輔導教師を中心としたスクールカウンセリングシステム——台北市小中学校モデルの検討．日本学校心理士会年報，*3*，31-41.

●コラム1

文部科学省（2015）．チームとしての学校のあり方と今後の改善方策について（答申）．https://www.mext.go.jp/b_menu/shingi/chukyo/chukyo0/toushin/__icsFiles/afieldfile/2016/02/05/1365657_00.pdf

小高佐友里（2022）．スクールカウンセラーによる学校危機予防教育——ソーシャル・エモーショナル・ラーニングの導入．風間書房

●コラム2

秋光恵子・白木豊美（2010）．チーム援助に関するコーディネーション行動とその基盤となる能力・権限が養護教諭の職務満足感に及ぼす影響．教育心理学研究，*58*，34-45.

第3章

●第1節

Brackett, M.（2019）. *Permission to feel: Unlocking the power of emotions to help own kids, ourselves, and own society thrive.* New York: Celadon.

Brackett, M. A., Reyers, M. R., Rivers, S. E., Elbertson, N. A., & Salovey, P.（2009）. Classroom emotional climate, teacher, affliation, and student conduct. *Journal of Classroom Interaction, 46*（1）, 28-37.

Burneilaite, N., & Jabutyle, R.（Eds.）（2020）. Annex All Social and Emotional Competence self-Assessment Tool for Head of School., In *Tookit for assessing social and emotional skills at school*（pp. 148-152）.

CASEL（2021a）. Personal assessment and reflection. SEL competencies for School leaders, staff, and adults. In the CASEL to Schoolwide SEL. Essentials: A printable compilation of key activities and tools for school teams.（pp. 35-38）. Retrieved from https://schoolguide.casel.org/uploads/sites/2/2019/09/2020.10.22.School-GuideEssentials.pdf.

CASEL (2021b). The CASEL Guide to Schoolwide SEL Essentials. https://schoolguide.casel.org/resource/the-casel-guide-to-schoolwide-sel-essentials/

Crain, T. L., Schonert-Reich, K. A., & Roeser, R. W.（2017）. Effects of a randomized controlled trial on work, home and sleep outcomes. *Journal of Occupational Health Psychology, 22*（2）, 138.

Darling-Hammond, L.（2001）. The challenge of staffing in own schools. *Educational Leadership, 58*, 12-17.

Esen-Aygun, H., & Salim-Tasking, C.（2017）. Teachers' views of social-emotional skills and their perspectives on social-emotioal learning programs. *Journal of Education and Practice, 8*（7）, 205-215.

Gouda, S., Luorg, M. T., Schmidt, S, & Bauer, J.（2016）. Students and teachers benefit for mindfulness-based stress reduction in a school-embedded pilot study. *Frontiers in Psychology, 7*, 590.

Gueldner, B. A., Feuerborn, L. L., & Merrell, K. W.（2020）. Social and Emotional Learning in the Classroom, second edition. Promoting Mental Health and Academy Success Guilford.

Iizuka, C. A., Barrett, P. M., Gillies, R., Cook, C. R. & Marinovie, W.（2014）. A combined intervention targeting both teachers and students' social-emotional skills: Preliminary evolution of students' outcomes. *Journal of Psychologists and Counsellors in schools, 24*（2）, 152-166.

Jennings, P. A., & Greenberg, M. T.（2009）. The prosocial classroom: Teacher social and emotional competence in relation to student and classroom outcomes, *Review of Educational Research, 79*（1）, 491-525. https://doi.org/10.3102/0034654308325693

Jones, S. M., Bailey, R., & Jacob, R.（2014）. Social-emotional learning is essential to classroom management. Phi Delta Kappan, 96(2), 19-24. https://doi.org/10.1177/0031726714553405.

Jennings, P. A., Frank, T. L., Snowberg, K. E., Coccia, M. A., & Greenberg, M. T.（2013）. Improving classroom learning environments by cultivating awareness and resilience in education（CARE）: Results of a randomized and controlled trial. *School Psychology Quarterly, 28*（4）, 374.

Karimzadeh, M. Goodarzi, A., & Rezaei, S.（2012）. The effect of social emotional skills training to enhance general health and emotional intelligence in the primary teachers. *Procedia: Social and Behavioral Sciences, 46*, 57-64.

McCray（2021）. *Multifaceted Strategies for Social-Emotional Learning and Whole Learner Education*. IGI Global.

Rivers, S. E., Brackett, M. A., Reyes, M. R., Elbertson, N. A., & Salovey, P.（2013）. Improving the social and emotional climate of classroom: A clustered randomized controlled trial testing the RULER approach. *Prevention Science, 14*(1), 77-87.

Roeser, R. W., Schonert-Reich, K. A., Jha, A. Cullen, M., Walkee, L., Wilensky, R., et al.（2013）. Mindfulness training and reductions in teacher stress and burnout. Results from two randomized waitlist-control field trials. *Journal of Educational Psychology, 105*(3), 787-804.

澤田葉月（2021）．小学校・中学校の教師によるソーシャル・エモーショナル・コンピテンスの評価．法政大学大学院紀要，*87*，39-48.

渡辺弥生（2015）．健全な学校風土をめざすユニヴァーサルな学校予防教育——免疫力を高めるソーシャル・スキル・トレーニングとソーシャル・エモーショナル・ラーニング．教育心理学年報，*54*，126-141．https://doi.org/10.5926/arepj.54.126

第２節

American Institutes for Research.（2019）. Are You Ready to Assess Social and Emotional Learning and Development?（Second Edition）Retrieved from: https://www.air.org/resource/are-you-ready-assess-social-and-emotional-learning-and-development-second-edition

Durlak, J. A., & DuPre, E. P.（2008）. Implementation matters: A review of research on the influence of implementation on program outcomes and the factors affecting implementation. *American Journal of Community Psychology, 41*（3）, 327-350.

Garibaldi, M., Ruddy, S., Kendziora, K., & Osher, D.（2015）. Assessment of climate and conditions for learning. In J. A. Durlak, C. E. Domitrovich, R. P. Weissberg, & T. P. Gullotta（Eds.）, *Handbook of social and emotional learning: Research and practice*（pp. 348–359）. New York: Guilford Press.

Greenberg, M. T., Weissberg, R. P., O'Brien, M. U., Zins, J. E., Fredericks, L., Resnik, H., & Elias, M. J.（2003）. Enhancing school-based prevention and youth development through coordinated social, emotional, and academic learning. *American Psychologist, 58*（6-7）, 466.

Gueldner, B. A., Feuerborn, L. L., & Merrell, K. W.（2020）. *Social and emotional learning in the classroom: Promoting mental health and academic success*. Guilford Publications.

河村茂雄（1998）．たのしい学校生活を送るためのアンケート「Q-U」実施・解釈ハンドブック（小学校編）．図書文化

河村茂雄（1999）．たのしい学校生活を送るためのアンケート「Q-U」実施・解釈ハンドブック（中学校編）．図書文化

河村茂雄（2014）．よりよい学校生活と友達づくりのためのアンケート hyper-QU．図書文化

栗原慎二・井上弥（2019）．アセスの使い方・活かし方．ほんの森出版

Osher, D., Kendziora, K., & Friedman, L.（2014）. Cross-district implementation summary: Social and emotional learning in eight school districts. *Washington, DC: American Institutes for Research*, 1-72.

Schonert-Reichl, K. A.（2017）. Social and emotional learning and teachers. *The future of children*, 137-155.

●コラム

澤田葉月・渡辺弥生（2021）．教師の社会性と感情のコンピテンスの向上に向けた取り組み．教育実践学会第 29 回大会発表論文集，31-32.

第 4 章

●第 1 節

有本美佳子・小泉令三（2019）．小学生の不適応行動改善及び社会的能力育成の試み――社会性と情動の学習における SST の個別指導と全体指導の組み合わせを用いて．福岡教育大学大学院教職実践専攻年報，9，15-22.

M・J・イライアス他（著）小泉令三（編訳）（1999）．社会性と感情の教育――教育者のためのガイドライン 39．北大路書房

泉徳明・小泉令三（未刊行）．SEL-8S プログラムによる小学校における「荒れ」の予防に関する取組．

香川尚代・小泉令三（2015）．小学校での SEL-8S プログラムの導入による社会的能力の向上と学習定着の効果．日本学校心理士会年報，*7*，97-109.

木村敏久・小泉令三（2020）．中学校におけるいじめ抑止の意識向上に向けた社会性と情動の学習の効果検討――教師による実践及び生徒の社会的能力との関連．教育心理学研究，*68*，185-201.

小泉令三（2011）．子どもの人間関係能力を育てるSEL-8S 1　社会性と情動の学習〈SEL-8S〉の導入と実践．ミネルヴァ書房

小泉令三（2020）．公立A中学校の4年間にわたる社会性と情動の学習「SEL-8Sプログラム」の実践――アンカーポイント植え込み法の観点からの検討．福岡教育大学紀要第六分冊, *69*, 53-60.

小泉令三・井上豊久（2017）．小学校でのSEL-8Sプログラム実践による保護者の子育て支援――実践校における「子ども対象のSELによる子育て支援モデル」の検証．福岡教育大学紀要，*66*（4），117-124.

小泉令三・山田洋平（2011a）．子どもの人間関係能力を育てるSEL-8S 2　社会性と情動の学習〈SEL-8S〉の進め方　小学校編．ミネルヴァ書房

小泉令三・山田洋平（2011b）．子どもの人間関係能力を育てるSEL-8S 3　社会性と情動の学習〈SEL-8S〉の進め方　中学校編．ミネルヴァ書房

●第2節

松本有貴（訳）（2008）．ファンフレンズプログラム 家族の冒険ワークブック―― 4・5・6歳児のレジリエンスを育てる活動．パスウェイズ・ジャパン

松本有貴（訳）（2013）．フレンズ・フォー・ライフワークブック．パスウェイズ・ジャパン

松本有貴（訳）（2015）．レジリエンスプログラム・ワークブック．パスウェイズ・ジャパン

Matsumoto, Y. & Nishida, C. (2013). A universal preventive program in Japanese primary school: Impact of Cognitive Behavioral Therapy on children's difficulties and strengths in Japanese context. World Congress of Behavioral and Cognitive Therapies 2013, Lama, Peru.

Matsumoto Y., & Shimizu, E. (2016). The FRIENDS Cognitive Behavioral Program in Japanese schools: An examination of the treatment effects. *School Psychology International*, *37*, 397-409. DOI: 10.1177/0143034316649639

●第3節

原田恵理子（2018）．6章　情報モラル教育の実際――ネットいじめに対するSSTの実践．西野泰代・原田恵理子・若本純子（編著）情報モラル教育――知っておきたい子どものネットコミュニケーションとトラブル予防．金子書房

原田恵理子・渡辺弥生（2011）．高校生を対象とする感情の認知に焦点をあてたソーシャル・スキル・トレーニングの効果．カウンセリング研究，*44*，81-91.

原田恵理子・渡辺弥生（2021）．ソーシャル・エモーショナル・ラーニングによる高校生のソーシャルスキルとレジリエンスへの効果．教育実践学研究，*24*，1-14.

渡辺弥生（1996）．ソーシャル・スキル・トレーニング．日本文化科学社

渡辺弥生（2019）．感情の正体――発達心理学で気持ちをマネジメントする．筑摩書房
渡辺弥生・原田恵理子（編）（2015）．中学生・高校生のためのソーシャルスキル・トレーニング――スマホ時代に必要な人間関係の技術．明治図書出版
Yale Center for Emotional Intelligence（2022）. RULER. https:// ycei.org/ruler（最終閲覧日：2022年3月13日）

●**第5節**

秋山道太郎ほか（2004）．中学生のADHDに対する心理教育プログラム．山形大学心理教育相談室紀要，*2*，33-42.
Belfield, C., Bowden, A. B., Klapp, A., Levin, H., Shand, R., & Zander, S.（2015）. The Economic Value of Social and Emotional Learning. *Journal of Benefit-Cost Analysis*, *6*, 508-544.
金山元春（2014）．保育所における「セカンドステップ」の評価．心理臨床学研究，*32*（1），132-136.
Low, S., Smolkowski, K., Cook, C., & Desfosses, D.（2019）. Two-year impact of a universal social-emotional learning curriculum: Group differences from developmentally sensitive trends over time. *Developmental Psychology*, *55*（2），415-433.
宮﨑昭（2008）．セカンドステップ．文部科学省『新教育システム開発プログラム』小学校中学校一貫教育の効果検証．品川区教育委員会，123-134.
宮﨑昭（2011）．社会性と情動の学習（SEL）の効果――セカンドステッププログラムの小学校への適用事例．日本カウンセリング学会第44回大会発表論文集，72.
宮﨑昭（2012）．児童養護施設におけるSEL（Social-Emotional Learning）の実践（2）　Second Stepプログラム導入による4年間の変化．日本カウンセリング学会第45回大会発表論文集，201.
宮﨑昭ほか（2013）．知的障がい生徒の人間関係の形成を図る自立活動の指導（2）　中学部生徒に対するセカンドステップの効果．日本特殊教育学会第51回大会発表論文集，O-27.

●**第6節**

Hoge, E. A., Austin, E. D., & Pollack, M. H.（2007）. Resilience: Research evidence and conceptual considerations for posttraumatic disorder. *Depression and Anxiety*, *24*, 139-152.
勝沢たえ子・小林朋子（2017）．生徒のレジリエンスを育むための手立てを探る――養護教諭による「心技体」の富士山モデルの取組．静岡大学教育実践総合センター紀要，*26*，241-248.
小林朋子（2019）．しなやかな子どもを育てるレジリエンスワークブック．東山書房
小林朋子・石田秀・大森純子（2017）．子どものレジリエンスを育てるための『心・技・体』による包括モデルの実践．静岡大学教育学部研究報告　人文・社会・自然科学編，67，89-103.

小林朋子・鈴木純（2019）．学校全体での進め方．小林朋子（編）しなやかな子どもを育てるレジリエンス・ワークブック．東山書房

Luthar, S. S., & Cicchetti, D.（2000）. The construct of resilience: implications for interventions and social policies. Development and psychopathology, 12(4), 857–885. https://doi.org/10.1017/s0954579400004156

Masten, A. S., Best, K. M., & Garmezy, N.（1990）. Resilience and development: Contributions from the study of children who overcome adversity. *Development and psychopathology, 2* (4), 425-444. https://doi.org/10.1017/S0954579400005812

Masten, A. S.（2011）. Resilience in children threatened by extreme adversity: Frameworks for research, practice, and translational synergy. *Development and Psychopathology, 23* (2), 493-506. https://doi.org/10.1017/S0954579411000198

満留昭久（2014）．からだの病気と抵抗力・回復力．児童心理，*68* (11)，58-63.

鈴木純（2021）．中学校生活に困難を抱えていた生徒への高等学校での支援の在り方．日本高校教育学会年報，*28*，4-13.

山西舞・小林朋子・澤田智之・中村景子・植田温子・豊田博之（2019）．適応指導教室におけるソーシャルスキルトレーニングを取り入れたレジリエンスプログラムの効果．静岡大学教育実践総合センター紀要，*29*，47-54.

●第7節

Goodman, R.（1997）. The Strengths and Difficulties Questionnaire: A Research Note. *Journal of Child Psychology and Psychiatry, 38*, 581–586.

小泉令三（2016）．社会性と情動の学習（SEL）の実施と持続に向けて――アンカーポイント植え込み法の適用．教育心理学年報，*55*，203-217.

小泉令三・山田洋平（2018）．こどものきもちを育む♪紙芝居作成ブック――CD-ROM付き．世界文化社

厚生労働省（2017）．保育所保育指針〈平成29年告示〉．フレーベル館

文部科学省（2017）．幼稚園教育要領〈平成29年告示〉．フレーベル館

山田洋平・小泉令三（2014）．幼児のための社会性と情動の学習プログラム（SEL-8N）の試案構成．福岡教育大学紀要第4分冊，*63*，139-147.

山田洋平・小泉令三（2020）．幼児を対象とした社会性と情動の学習（SEL-8N）プログラムの効果．教育心理学研究，*68* (2)，216-229.

おわりに

●小泉令三

SELとの出会い

私が初めて「社会性と情動の学習」(SEL)に出合ったのは、1997年の夏にフルブライト奨学金を得て、アメリカ・シカゴのイリノイ大学シカゴ校に訪問研究員として滞在した時です。そのときの受け入れ教授だったワイスバーグ教授が、SELの推進組織であるキャセルの主要メンバーであったことから、初対面の日に話を聞いた記憶があります。そして、その場で見せられたのが本書10ページで紹介したPromoting Social and Emotional Learning：Guidelines for Educators(邦訳『社会性と感情の教育 —— 教育者のためのガイドライン39』, 北大路書房, 1999年)です。

私の個人的な印象として、アメリカではかなりよく似た概念でも、それぞれの研究者や専門家が独自に"旗"を立てて推し進めていくやり方が多いと感じていました。ですから、SELの紹介を受けた時も、それまでに実施されていた社会的スキル学習(SST)やストレスマネジメント教育などと大きな差異は感じず、また何か新しい"旗"が立てられたのだろうといった程度の受け止め方でした。

教育運動としてのSEL

ただ、しばらく接してみると、単に研究面での独自色を出すというよりも、地域や家庭の事情で教育的ニーズのある子どもを何とかしたいという、教育実践面での熱意を感じるようになりました。当時接した研究者は、実践のための専門スタッフと協力して、環境面で厳しい状況にいる子供たちを対象に積極的に介入研究、すなわち直接子どもたちに関わって、開発中のSELプログラムの効果検証を行うような研究を実施していました。それらの研究者の中には、臨床心理学やコミュニティ心理学をベースにしていて、例えば当時は不治の病とされていたエイズ患者の住む地域で、大学を出てのアウトリーチ活動としての研究を行っている人もいました。

私がお世話になったワイスバーグ教授も、キャセルの最初の事務局があったイェール大学にいた頃は、SEL プログラムを学校に導入するために、子どもの家を1件1件戸別訪問して保護者の説得にあたったと話していました。ですから、SEL が特定の学習プログラムを意味するのではなく、むしろ子どもの健全育成のためのムーブメントを志向していると考えた方が適切だと考えるようになりました。

日本でのSEL推進に向けて

私の SEL との出合いはこうした経緯でしたが、正直なところ、当時は今のように SEL の概念がアメリカやヨーロッパを中心に広く受け入れられ、普及が進むとは予想していませんでした。もちろん、そうあってほしいという願いはありましたが、それをはるかに超える規模とスピードで広まりつつあると感じています。

日本に目を向けると、OECD の取り組みへの注目やまた学習指導要領の改訂にみられるように（第1章3節）、徐々にではありますが SEL に注目する動向が見られるようになりました。本書が、SEL のさらなる普及と推進のための一助になればと切に願っています。

最後になりましたが、各執筆者にはそれぞれ多忙な中で執筆にあたっていただきました。あらためてここに深く感謝いたします。また、福村出版編集部の榎本統太様には、最初から最後まで大変お世話になりました。ここに記して感謝いたします。

2022年　残暑見舞いを出す時期に

◉編者

渡辺弥生（わたなべ・やよい）

法政大学文学部教授。教育学博士。筑波大学大学院博士課程で心理学を学び、筑波大学、静岡大学での教鞭を経る。途中ハーバード大学大学院教育学研究科、カリフォルニア大学サンタバーバラ校で客員研究員を経験。

主著：『子どもの「10歳の壁」とは何か？——乗りこえるための発達心理学』（光文社，2011年）、『中学生・高校生のためのソーシャルスキル・トレーニング——スマホ時代に必要な人間関係の技術』（共編著，明治図書出版，2015年）、『感情の正体——発達心理学で気持ちをマネジメントする』（筑摩書房，2019年）

小泉令三（こいずみ・れいぞう）

福岡教育大学名誉教授。博士（心理学）。公立小中学校教諭の後、兵庫教育大学大学院学校教育研究科修士課程および広島大学大学院教育学研究科博士課程前期修了。福岡教育大学教育学部および同大学院での教鞭を経る。

主著：『社会性と感情の教育——教育者のためのガイドライン39』（編訳，北大路書房，1999年）、『教師のための社会性と情動の学習（SEL-8T）——人との豊かなかかわりを築く14のテーマ』（共著，ミネルヴァ書房，2017年）、『高校生のための社会性と情動の学習（SEL-8C）——キャリア発達のための学習プログラム』（共著，ミネルヴァ書房，2021年）

◉執筆者（五十音順、所属は初版刊行時のもの）

石本雄真（いしもと・ゆうま）	鳥取大学教員養成センター（第3章2）
小泉令三	編者（第1章1・2、第2章2、第4章1）
小高佐友里（こたか・さゆり）	東京成徳大学応用心理学部（第2章コラム1）
小林朋子（こばやし・ともこ）	静岡大学教育学部（第4章6）
澤田葉月（さわだ・はづき）	法政大学大学院人文科学研究科博士後期課程（第3章コラム）
瀧澤　悠（たきざわ・ゆう）	都留文科大学文学部（第2章1）
西山久子（にしやま・ひさこ）	福岡教育大学教職大学院（第2章3）
原田恵理子（はらだ・えりこ）	東京情報大学総合情報学部（第4章3）
松本有貴（まつもと・ゆき）	徳島文理大学人間生活学部（第2章1、第4章2）
宮﨑　昭（みやざき・あきら）	立正大学心理学部（第1章コラム、第4章5）
薬師寺潤子（やくしじ・じゅんこ）	法政大学大学院人文科学研究科博士後期課程（第2章コラム2）
山田洋平（やまだ・ようへい）	福岡教育大学教職大学院（第4章7）
山根隆宏（やまね・たかひろ）	神戸大学大学院人間発達環境学研究科（資料）
渡辺弥生	編者（第1章3・4、第3章1、第4章4）

ソーシャル・エモーショナル・ラーニング（SEL）
非認知能力を育てる教育フレームワーク

2022 年 11 月 5 日　初版第 1 刷発行
2024 年 2 月 25 日　　第 2 刷発行

編著者　渡辺弥生
　　　　小泉令三
発行者　宮下基幸
発行所　福村出版株式会社
　　　　〒 113-0034　東京都文京区湯島 2-14-11
　　　　電話　03-5812-9702
　　　　FAX　03-5812-9705
　　　　https://www.fukumura.co.jp
印　刷　株式会社文化カラー印刷
製　本　協栄製本株式会社

Printed in Japan　ISBN978-4-571-10198-4　C3037